200 Math Drills For 1st Grade Timed Test

Addition and Subtraction Problem Worksheets for Daily Practice

Grade 1 Math Workbooks 200 Addition and Subtraction Drills

Volume 3

OLIVIA DAVIS

DATE__________ START_______ FINISH_______ SCORE_____

6 + 2	6 - 3	7 + 2	8 + 5	9 + 8	7 - 4	11 - 2	6 + 7	16 - 8
17 - 9	2 + 6	8 + 3	5 - 4	6 - 2	5 + 7	4 - 3	9 - 3	3 + 3
7 + 5	5 + 4	13 - 9	8 - 6	7 + 7	9 + 6	8 + 9	9 - 1	10 - 8
8 + 4	4 + 9	6 - 5	3 - 2	4 + 3	13 - 7	9 - 4	7 + 4	12 - 4
4 + 8	5 - 3	8 + 7	7 - 5	17 - 8	7 - 3	12 - 5	4 + 5	18 - 9
2 + 4	2 + 2	11 - 3	4 + 2	5 + 3	4 - 2	10 - 3	9 + 7	15 - 8
3 + 8	1 + 8	16 - 7	8 - 4	8 + 8	10 - 9	14 - 8	14 - 6	6 + 8
8 - 5	7 + 8	12 - 9	2 + 8	1 + 3	11 - 6	2 + 1	2 + 5	1 + 4
6 + 9	8 - 7	7 + 6	9 - 0	5 + 2	8 + 6	11 - 4	6 + 5	9 - 5

DATE__________ START______ FINISH______ SCORE____

2 + 8	9 + 9	5 + 5	6 + 9	13 - 8	15 - 7	17 - 8	5 - 3	13 - 7
8 + 6	4 - 3	8 + 7	14 - 6	5 + 3	16 - 7	6 + 7	6 + 3	15 - 8
2 + 1	1 + 7	7 + 5	8 + 1	13 - 6	9 + 5	6 + 8	8 - 4	13 - 9
3 + 7	16 - 8	3 - 2	12 - 6	12 - 8	1 + 3	4 + 9	10 - 9	3 + 3
8 - 6	7 + 7	6 - 5	7 - 4	14 - 8	7 - 5	11 - 4	6 - 4	8 - 5
9 - 1	3 + 1	4 + 8	6 + 6	7 + 2	15 - 6	1 + 4	5 + 2	4 + 2
6 - 3	17 - 9	11 - 8	11 - 2	9 - 7	7 + 3	7 - 3	9 - 4	2 + 7
4 + 6	5 + 4	8 + 2	13 - 5	3 + 8	7 + 9	15 - 9	8 + 8	7 + 6
4 + 3	6 - 2	13 - 4	10 - 4	6 + 4	2 + 3	5 + 9	7 + 4	9 - 3

DATE__________ START______ FINISH______ SCORE____

3 + 5	4 + 5	7 - 6	14 - 8	12 - 7	1 + 5	9 + 8	4 - 3	15 - 7
5 + 1	2 + 8	10 - 8	6 - 5	13 - 9	7 + 8	4 + 6	7 + 3	12 - 5
15 - 8	3 + 8	18 - 9	3 + 9	10 - 5	4 + 7	9 + 4	9 + 6	6 - 4
11 - 6	14 - 5	16 - 8	8 - 5	5 - 3	6 + 7	16 - 7	12 - 9	2 + 9
13 - 6	7 + 4	14 - 6	3 + 4	6 + 4	15 - 9	9 + 9	5 + 6	5 + 3
9 + 7	5 + 4	2 + 6	6 + 6	17 - 8	4 + 4	11 - 9	14 - 7	8 - 6
17 - 9	11 - 4	7 + 7	11 - 3	6 + 8	3 - 2	8 + 3	13 - 5	4 - 2
7 + 6	6 - 3	3 + 6	13 - 4	10 - 7	8 + 8	6 + 2	8 + 5	2 + 5
3 + 2	8 + 9	10 - 4	2 + 7	6 + 5	9 - 7	8 + 4	9 - 4	8 - 3

DATE__________ START______ FINISH______ SCORE____

7 + 9	11 - 5	4 + 4	13 - 8	7 + 6	7 - 5	11 - 4	7 + 7	9 - 6
6 + 2	6 + 1	17 - 9	11 - 8	6 - 3	8 + 1	3 + 5	15 - 9	3 + 7
5 - 4	4 + 1	1 + 4	5 + 3	3 - 2	16 - 7	6 + 3	7 - 4	15 - 7
6 + 6	8 + 3	3 + 8	12 - 5	3 + 2	9 + 7	8 + 9	3 + 9	7 + 4
15 - 8	11 - 2	13 - 4	1 + 5	5 + 2	12 - 6	11 - 7	4 - 3	8 + 5
2 + 1	6 - 5	18 - 9	3 + 4	7 + 5	5 - 3	5 - 2	2 + 2	14 - 5
17 - 8	10 - 4	8 + 4	1 + 6	9 + 5	13 - 9	13 - 5	8 + 7	9 - 8
16 - 9	7 - 6	5 + 9	12 - 8	9 + 4	6 - 2	4 + 3	16 - 8	14 - 8
8 + 2	12 - 7	2 + 9	10 - 3	1 + 1	5 + 7	2 + 5	4 + 2	10 - 5

DATE__________ START_______ FINISH_______ SCORE_____

2 + 1	5 + 5	14 - 7	7 - 4	4 + 4	14 - 9	6 - 4	18 - 9	11 - 3
5 + 1	6 + 6	3 + 5	5 + 6	6 + 7	13 - 7	8 + 9	4 + 6	17 - 8
3 + 6	7 + 7	2 + 5	7 - 5	13 - 8	12 - 8	6 + 5	5 + 3	4 + 3
2 + 3	2 + 2	1 + 3	9 - 5	16 - 8	9 + 2	17 - 9	14 - 8	7 + 6
8 + 3	6 - 3	16 - 7	15 - 9	9 + 5	9 - 2	7 + 8	9 - 0	6 - 2
3 + 9	4 + 8	11 - 7	8 - 2	5 - 2	13 - 5	8 + 4	9 - 4	15 - 8
8 + 7	1 + 8	3 + 3	5 + 2	15 - 6	6 - 5	7 + 1	6 + 3	13 - 6
8 - 7	14 - 6	5 + 9	12 - 7	8 + 5	10 - 4	10 - 2	12 - 6	9 + 7
9 + 6	3 + 2	2 + 6	3 + 7	10 - 3	5 - 4	4 - 2	6 + 2	3 - 2

DATE__________ START______ FINISH______ SCORE____

7 + 1	2 + 6	5 + 3	5 + 4	15 - 7	5 + 9	8 + 4	17 - 8	12 - 7
8 + 8	4 + 4	13 - 4	16 - 8	3 - 2	6 - 2	11 - 3	7 + 7	6 + 7
2 + 2	1 + 5	17 - 9	8 + 2	4 - 3	1 + 2	9 - 3	6 + 3	6 - 3
13 - 8	10 - 5	4 + 1	3 + 9	9 + 7	3 + 4	8 + 3	10 - 8	9 - 6
11 - 2	10 - 1	14 - 6	6 + 2	7 + 3	4 + 7	3 + 8	2 + 7	1 + 6
3 + 5	7 + 2	12 - 8	10 - 4	9 - 5	7 - 3	11 - 5	16 - 9	10 - 2
7 - 4	13 - 6	9 - 4	6 + 8	2 + 9	4 + 9	18 - 9	13 - 9	8 + 9
6 - 5	10 - 6	5 - 4	5 - 3	10 - 3	2 + 4	8 + 7	14 - 5	5 + 7
8 + 6	7 + 4	12 - 6	12 - 5	4 + 3	1 + 8	8 - 6	1 + 7	7 + 6

DATE__________ START______ FINISH______ SCORE____

5 + 8	3 - 2	9 - 1	16 - 7	12 - 5	8 + 5	9 - 5	10 - 5	9 - 4
5 + 5	7 + 6	1 + 2	8 + 1	15 - 7	2 + 3	5 - 4	15 - 8	6 - 2
11 - 4	7 - 5	3 + 3	8 - 6	6 + 6	3 + 7	9 + 7	8 + 3	10 - 8
4 + 4	6 + 7	6 - 4	7 + 8	17 - 8	8 - 7	9 - 3	6 + 4	3 + 8
8 - 3	3 + 5	14 - 5	7 + 7	3 + 9	11 - 7	8 + 2	4 + 3	10 - 3
6 + 3	5 + 7	3 + 2	2 + 5	10 - 6	11 - 6	14 - 6	16 - 8	5 + 2
3 + 4	6 + 8	5 - 3	4 + 7	2 + 9	13 - 5	18 - 9	7 + 2	1 + 5
9 + 4	3 + 1	14 - 8	7 + 3	17 - 9	5 + 4	4 + 2	4 - 3	8 + 8
11 - 8	12 - 7	6 + 2	10 - 1	2 + 7	12 - 9	8 - 5	11 - 5	4 - 2

DATE__________ START_______ FINISH_______ SCORE_____

14 - 8	8 + 8	12 - 3	4 + 6	4 - 2	8 + 6	17 - 9	4 + 7	11 - 5
9 + 9	7 - 5	12 - 5	5 + 5	1 + 5	5 + 2	14 - 7	3 - 2	10 - 3
14 - 9	5 + 7	16 - 7	17 - 8	16 - 8	3 + 7	13 - 7	15 - 7	18 - 9
1 + 7	4 + 3	7 + 2	8 - 3	5 - 4	1 + 8	3 + 8	6 + 1	8 - 2
3 + 3	2 + 7	8 + 4	7 - 3	3 + 2	2 + 8	10 - 4	15 - 9	8 + 5
15 - 6	4 + 8	6 + 7	8 + 7	9 - 3	6 - 5	8 - 4	6 + 5	6 + 6
11 - 3	13 - 8	10 - 5	7 + 9	5 + 8	11 - 9	5 - 3	7 + 4	16 - 9
4 + 9	2 + 2	1 + 3	3 + 4	4 - 3	6 + 8	9 + 2	7 + 7	1 + 2
15 - 8	5 + 6	8 - 6	14 - 6	4 + 2	6 + 2	13 - 4	11 - 4	13 - 6

DATE__________ START_______ FINISH_______ SCORE____

5 - 3	5 + 2	5 + 8	12 - 5	9 + 9	14 - 7	13 - 9	5 - 4	7 + 9
8 + 5	3 - 2	16 - 8	10 - 6	3 + 7	7 + 5	3 + 4	5 + 5	7 - 6
9 + 7	6 + 7	7 + 4	17 - 8	8 - 2	12 - 4	4 - 3	6 - 5	13 - 5
2 + 7	6 + 2	4 - 2	18 - 9	2 + 3	17 - 9	1 + 8	8 + 2	9 - 4
5 + 3	8 + 7	8 + 4	3 + 6	9 - 5	9 - 3	13 - 7	2 + 8	4 + 7
5 - 2	12 - 9	6 - 4	4 + 2	7 + 3	11 - 5	14 - 6	3 + 9	14 - 9
4 + 9	6 + 8	5 + 1	8 + 3	11 - 6	3 + 3	15 - 8	3 + 5	8 - 4
11 - 8	5 + 4	11 - 7	3 + 2	8 - 6	8 - 7	6 + 4	13 - 6	2 + 2
8 + 9	2 + 6	11 - 2	12 - 6	4 + 8	10 - 5	9 + 3	4 + 4	8 - 5

DATE__________ START______ FINISH______ SCORE____

10 - 3	8 + 9	15 - 8	7 + 7	8 + 6	8 - 4	8 + 2	3 + 7	16 - 8
12 - 8	9 - 8	11 - 7	3 + 3	7 - 2	4 + 4	5 - 3	1 + 3	3 + 1
4 + 7	7 - 6	5 + 3	11 - 8	13 - 7	13 - 6	15 - 7	6 + 4	6 - 4
17 - 8	6 + 3	14 - 7	7 + 3	3 + 4	2 + 6	3 - 2	4 + 3	7 + 5
4 - 2	6 - 5	1 + 5	12 - 7	4 + 5	15 - 6	6 - 2	2 + 5	18 - 9
17 - 9	1 + 6	11 - 2	10 - 6	8 + 3	2 + 8	5 + 2	1 + 2	13 - 5
4 + 6	7 - 5	5 + 1	8 - 2	6 + 8	5 - 4	9 + 4	4 + 2	3 + 2
15 - 9	12 - 4	9 + 2	5 + 8	16 - 7	11 - 3	5 + 7	7 + 2	9 + 9
13 - 8	9 + 3	4 - 3	14 - 5	6 + 5	9 + 7	7 - 4	1 + 1	8 - 5

DATE__________ START______ FINISH______ SCORE____

7 - 5	3 + 7	2 + 8	8 + 3	2 + 9	15 - 8	7 + 9	14 - 8	18 - 9
17 - 8	8 - 4	8 + 2	2 + 2	5 + 2	7 + 5	10 - 5	5 + 1	11 - 9
14 - 6	9 + 2	7 + 7	5 + 9	4 + 3	8 + 6	2 + 7	5 + 7	9 + 6
12 - 5	8 + 5	9 - 7	7 + 1	11 - 3	15 - 9	4 - 3	6 + 6	14 - 5
9 - 8	8 + 7	9 + 7	3 + 2	13 - 7	8 - 7	9 - 2	10 - 2	16 - 7
2 + 4	3 + 1	15 - 6	5 + 8	4 - 2	16 - 9	7 + 3	12 - 7	10 - 3
3 + 8	11 - 8	7 - 4	1 + 9	1 + 7	2 + 3	11 - 7	10 - 4	10 - 9
5 - 3	3 + 6	1 + 6	2 + 5	17 - 9	9 + 8	5 + 5	3 + 4	12 - 3
5 - 2	15 - 7	6 + 1	12 - 4	14 - 7	9 - 4	10 - 6	2 + 6	4 + 5

DATE__________ START_______ FINISH_______ SCORE_____

13 - 8	10 - 3	9 + 4	5 + 8	4 - 3	6 + 8	7 + 8	10 - 4	6 + 4
15 - 9	13 - 5	5 + 1	18 - 9	10 - 8	7 + 7	3 + 8	2 + 6	6 - 5
8 + 5	12 - 7	6 - 3	1 + 7	11 - 5	5 + 7	8 + 1	9 - 2	17 - 8
7 + 6	5 + 3	8 - 5	7 + 5	5 + 5	5 - 2	9 - 3	2 + 8	5 - 3
3 + 5	17 - 9	6 + 6	12 - 8	11 - 7	9 + 8	9 - 5	4 + 7	4 + 8
13 - 6	1 + 6	4 + 3	6 - 4	3 + 9	9 - 7	2 + 3	13 - 7	4 + 9
6 + 5	8 - 4	5 + 9	2 + 7	9 + 9	10 - 7	14 - 7	7 - 3	11 - 3
16 - 8	8 + 8	7 - 6	15 - 6	5 + 6	8 + 4	9 + 1	8 - 3	5 + 4
7 + 3	3 + 4	11 - 8	6 - 2	14 - 9	6 + 3	8 + 7	15 - 8	15 - 7

DATE__________ START______ FINISH______ SCORE____

17 - 8	5 + 7	4 + 3	2 + 5	10 - 9	9 + 6	13 - 7	7 + 9	7 + 2
10 - 7	3 + 7	11 - 6	3 + 1	11 - 3	2 + 4	5 - 3	4 + 2	5 + 5
7 + 4	2 + 8	9 - 0	1 + 4	5 + 4	3 - 2	9 - 1	5 + 2	3 + 8
1 + 6	8 + 9	13 - 8	15 - 7	6 - 3	16 - 7	13 - 4	15 - 9	6 + 3
12 - 5	10 - 4	18 - 9	17 - 9	1 + 9	4 - 2	14 - 7	7 - 3	2 + 3
9 - 8	4 + 6	3 + 6	1 + 5	6 + 2	3 + 5	5 - 2	14 - 6	12 - 7
7 - 5	3 + 3	9 + 1	15 - 8	4 + 5	4 + 7	7 - 4	13 - 9	8 + 2
9 - 7	7 + 1	7 + 3	8 + 7	6 + 5	16 - 8	3 + 4	9 - 3	7 + 7
1 + 2	6 - 5	1 + 3	6 + 9	11 - 4	8 - 7	9 - 5	5 - 4	8 - 5

DATE__________ START______ FINISH______ SCORE____

14 - 7	13 - 8	2 + 4	8 + 3	2 + 2	9 - 8	5 + 1	6 + 2	14 - 9
5 + 4	6 + 4	9 + 5	2 + 1	10 - 7	1 + 8	16 - 8	8 + 2	10 - 3
17 - 9	3 - 2	14 - 6	3 + 4	13 - 4	5 - 4	4 + 9	2 + 9	7 + 7
1 + 6	8 + 4	11 - 3	18 - 9	14 - 8	8 - 7	2 + 5	17 - 8	4 + 8
7 - 6	3 + 8	5 - 2	2 + 6	3 + 5	1 + 9	4 - 3	9 + 3	8 - 4
5 + 7	6 - 4	15 - 6	1 + 7	6 + 5	8 + 7	11 - 7	16 - 9	7 - 3
2 + 8	2 + 3	14 - 5	15 - 7	8 + 6	16 - 7	5 + 8	12 - 9	4 - 2
11 - 2	9 + 6	7 + 3	7 + 2	9 - 6	6 - 5	5 + 5	5 - 3	6 + 6
9 - 1	4 + 7	8 - 6	11 - 6	9 - 7	8 + 5	3 + 7	9 - 5	1 + 4

DATE__________ START______ FINISH______ SCORE____

9 + 8	7 + 6	5 + 9	2 + 3	6 + 4	6 - 5	8 + 6	11 - 6	8 - 3
5 + 8	11 - 9	7 + 3	10 - 2	5 - 3	2 + 5	10 - 8	2 + 8	4 + 7
8 - 4	5 + 5	6 + 2	7 + 4	4 + 3	8 + 5	1 + 8	3 - 2	8 + 9
15 - 8	17 - 9	16 - 8	16 - 9	3 + 6	3 + 4	8 - 2	7 + 7	17 - 8
11 - 7	14 - 6	7 - 3	13 - 5	7 + 2	6 - 3	4 - 2	11 - 5	7 - 2
18 - 9	5 - 4	10 - 7	10 - 4	12 - 4	6 + 8	13 - 7	8 + 2	6 + 9
2 + 9	14 - 7	7 - 6	4 + 9	9 - 2	12 - 5	5 + 3	7 - 4	11 - 2
4 - 3	9 + 7	14 - 8	3 + 5	13 - 6	7 + 1	8 + 7	5 - 2	3 + 2
6 + 6	5 + 2	8 - 7	7 + 8	5 + 6	6 + 7	9 + 1	7 + 5	3 + 3

DATE__________ START______ FINISH______ SCORE____

5 - 3	6 + 8	4 + 2	2 + 2	13 - 5	17 - 8	4 + 9	3 + 3	5 + 9
7 + 2	12 - 5	3 + 6	2 + 3	16 - 8	8 + 4	14 - 6	9 - 1	3 - 2
15 - 7	7 + 8	11 - 7	14 - 8	5 + 6	12 - 6	4 + 5	12 - 8	10 - 2
13 - 6	8 - 5	7 + 3	14 - 5	14 - 9	7 + 9	8 + 5	8 + 8	18 - 9
14 - 7	4 + 3	2 + 9	11 - 5	4 - 3	6 - 4	11 - 2	3 + 4	8 - 7
3 + 5	7 - 2	12 - 4	15 - 8	7 - 5	5 + 8	3 + 2	4 + 7	6 + 6
10 - 5	16 - 7	4 + 1	6 - 3	2 + 7	5 + 2	9 + 5	1 + 6	6 + 9
2 + 5	6 + 4	5 + 1	10 - 4	3 + 7	17 - 9	11 - 4	9 - 6	9 + 3
8 + 2	13 - 9	7 + 6	5 - 4	9 - 2	10 - 7	4 + 4	8 + 6	2 + 1

DATE__________ START______ FINISH______ SCORE____

10 - 9	2 + 7	6 + 8	9 - 4	8 - 3	15 - 7	8 + 5	11 - 4	6 - 5
3 + 2	15 - 6	13 - 4	7 + 8	18 - 9	17 - 8	5 + 6	9 - 1	6 + 2
8 - 4	3 + 5	7 + 9	5 - 4	1 + 1	17 - 9	4 + 8	6 + 7	6 - 4
5 - 3	3 + 3	4 - 2	2 + 4	13 - 8	14 - 9	10 - 7	15 - 8	16 - 9
10 - 2	3 - 2	6 + 3	4 + 2	3 + 1	13 - 5	14 - 6	6 + 9	4 + 4
7 + 2	4 + 3	6 - 2	3 + 7	2 + 8	6 - 3	3 + 9	7 - 3	1 + 4
5 - 2	8 + 6	1 + 5	11 - 5	4 - 3	8 - 7	14 - 8	4 + 6	5 + 1
3 + 4	13 - 9	2 + 6	10 - 5	9 + 4	7 + 6	7 + 3	12 - 7	1 + 6
8 + 7	5 + 4	8 + 1	14 - 7	16 - 8	10 - 3	8 + 8	6 + 4	2 + 5

DATE__________ START______ FINISH______ SCORE____

6 + 6	3 - 2	8 + 8	4 - 3	14 - 8	3 + 4	17 - 8	7 - 4	9 - 4
6 - 5	3 + 7	5 - 4	9 - 1	11 - 9	3 + 6	9 + 1	5 + 3	2 + 2
7 + 7	15 - 6	12 - 6	8 + 2	8 - 3	9 - 3	6 + 4	6 + 1	16 - 7
6 + 3	11 - 5	4 - 2	6 - 2	14 - 5	7 + 5	5 + 6	2 + 8	6 - 3
16 - 8	8 + 5	7 + 6	3 + 3	1 + 6	8 + 4	8 - 7	4 + 3	4 + 4
18 - 9	1 + 5	8 + 9	12 - 4	13 - 5	9 + 7	13 - 8	7 - 6	2 + 4
8 + 6	11 - 6	16 - 9	6 + 8	15 - 7	3 + 2	9 - 2	8 - 6	9 + 4
3 + 9	2 + 3	4 + 5	5 + 2	3 + 5	2 + 6	13 - 6	8 - 4	7 + 3
1 + 3	13 - 4	17 - 9	7 - 3	4 + 2	9 - 5	15 - 8	12 - 5	6 + 9

DATE__________ START______ FINISH______ SCORE____

8 + 5	3 + 8	5 + 2	12 - 4	7 - 6	3 + 5	1 + 4	7 + 9	14 - 6
11 - 4	17 - 8	9 + 4	7 - 4	17 - 9	6 + 3	6 - 3	2 + 8	13 - 6
9 - 2	3 + 7	7 + 6	2 + 3	10 - 2	3 + 3	10 - 9	8 + 6	7 - 3
5 - 4	6 + 9	9 + 1	9 + 8	7 + 1	9 - 6	5 + 3	13 - 7	5 - 3
4 + 2	8 - 7	5 + 5	7 + 4	9 - 1	1 + 6	2 + 9	9 - 7	3 + 6
5 + 6	6 + 2	13 - 9	3 + 9	4 + 6	14 - 8	10 - 3	10 - 4	3 + 4
11 - 5	11 - 6	16 - 7	2 + 6	3 - 2	16 - 8	1 + 5	2 + 1	14 - 7
7 + 8	10 - 5	11 - 8	4 - 3	7 + 5	8 + 9	2 + 2	15 - 9	13 - 8
6 - 5	2 + 4	6 - 4	14 - 5	15 - 6	15 - 8	5 + 7	2 + 5	5 + 9

DATE__________ START______ FINISH______ SCORE____

16 - 9	8 + 3	12 - 4	6 - 2	5 - 4	4 + 2	14 - 9	3 + 7	1 + 2
12 - 6	8 + 6	12 - 3	13 - 5	12 - 7	7 + 3	11 - 7	11 - 3	3 + 5
14 - 6	6 + 4	13 - 6	9 - 7	10 - 2	13 - 8	16 - 8	5 + 3	15 - 8
2 + 6	7 - 6	4 + 6	9 + 6	10 - 5	18 - 9	5 - 3	5 + 8	11 - 8
7 + 2	6 - 4	7 + 5	2 + 2	7 + 9	3 - 2	9 + 2	4 + 3	14 - 5
4 - 3	3 + 4	7 - 2	8 + 2	6 - 3	8 - 3	5 - 2	8 + 7	3 + 6
4 + 7	17 - 9	7 - 5	3 + 2	1 + 5	6 + 5	3 + 8	2 + 3	8 + 1
6 + 9	8 - 4	15 - 7	9 - 4	8 + 9	3 + 1	7 + 4	1 + 3	1 + 7
15 - 9	7 + 7	8 + 4	5 + 5	7 + 8	14 - 7	13 - 9	8 - 6	5 + 9

DATE__________ START______ FINISH______ SCORE____

17 - 9	6 + 8	7 + 5	6 + 2	2 + 8	13 - 7	2 + 4	13 - 6	15 - 9
8 + 2	8 - 5	13 - 8	4 + 2	5 + 9	6 + 1	4 + 6	6 + 7	1 + 7
4 - 2	15 - 7	4 - 3	7 + 3	8 + 8	9 + 8	7 - 4	7 + 4	5 - 2
10 - 8	2 + 6	6 + 9	4 + 9	8 - 6	9 + 2	7 + 9	16 - 8	8 - 2
1 + 4	8 - 4	1 + 8	9 - 5	17 - 8	15 - 8	16 - 9	7 + 8	11 - 4
11 - 7	11 - 3	10 - 3	8 + 9	4 + 3	3 + 8	4 + 4	3 + 6	7 - 6
10 - 7	18 - 9	3 + 4	5 - 3	5 + 5	2 + 1	5 + 2	10 - 5	8 + 3
7 + 2	14 - 7	7 + 7	12 - 8	2 + 2	9 - 0	3 - 2	6 - 4	9 - 8
4 + 1	5 + 3	11 - 2	6 - 2	7 - 5	10 - 6	12 - 4	1 + 1	1 + 9

DATE__________ START______ FIVISH______ SCORE____

8 - 7	5 + 7	6 - 2	8 + 5	11 - 4	4 + 3	14 - 6	9 + 8	6 + 5
2 + 4	5 - 4	17 - 9	7 - 6	8 - 4	15 - 7	1 + 6	9 + 1	5 + 5
7 - 2	8 - 6	10 - 3	4 + 4	6 + 8	6 + 4	8 - 3	6 + 6	13 - 5
2 + 5	4 + 1	5 + 4	5 + 2	12 - 6	3 - 2	7 + 6	16 - 8	6 + 7
7 + 7	10 - 5	3 + 3	16 - 7	9 + 4	12 - 8	13 - 8	4 - 2	6 + 2
15 - 6	2 + 9	9 - 8	18 - 9	10 - 8	2 + 1	14 - 5	4 + 7	2 + 6
8 + 4	10 - 4	5 - 2	6 + 9	5 + 1	12 - 9	3 + 5	2 + 3	1 + 2
4 + 6	6 - 4	9 - 3	1 + 5	14 - 8	11 - 6	6 - 5	4 + 5	4 - 3
10 - 6	3 + 9	3 + 8	17 - 8	8 - 2	3 + 6	8 + 8	10 - 9	6 + 1

DATE__________ START______ FINISH______ SCORE____

10	4	8	9	7	9	17	3	5
- 4	+ 3	- 2	+ 9	- 2	- 3	- 9	+ 9	+ 2
6	9	5	3	6	7	5	8	2
+ 4	+ 2	- 3	+ 5	- 3	+ 4	+ 7	+ 2	+ 2
5	4	10	11	6	16	6	4	1
- 4	+ 5	- 5	- 5	+ 8	- 7	- 2	- 3	+ 7
11	8	5	8	6	3	6	10	7
- 8	- 6	+ 3	- 4	+ 1	+ 4	+ 7	- 7	- 5
18	11	13	8	5	12	6	9	8
- 9	- 4	- 7	+ 3	+ 8	- 5	+ 6	+ 8	+ 5
14	9	13	4	16	10	12	9	7
- 8	- 8	- 6	+ 4	- 8	- 6	- 6	+ 7	- 4
6	3	7	9	7	7	14	15	8
+ 5	- 2	+ 9	- 7	+ 7	+ 8	- 6	- 8	- 7
4	10	7	2	4	5	8	3	2
+ 2	- 3	- 3	+ 7	- 2	+ 5	+ 4	+ 7	+ 3
6	1	2	8	8	6	15	8	2
+ 3	+ 8	+ 5	- 3	+ 7	- 5	- 9	+ 8	+ 4

DATE__________ START______ FINISH______ SCORE____

14 - 9	12 - 8	16 - 8	1 + 7	8 + 5	4 + 7	7 + 8	10 - 6	3 + 2
1 + 5	8 - 5	16 - 7	8 - 4	9 - 7	7 + 2	3 - 2	13 - 9	5 - 4
6 + 1	10 - 5	7 + 5	8 + 3	6 - 2	8 + 7	5 - 3	4 + 8	3 + 4
4 + 4	2 + 2	4 - 2	12 - 6	3 + 3	4 - 3	14 - 7	5 + 4	6 - 5
9 + 8	9 + 4	15 - 8	3 + 8	1 + 8	8 + 6	10 - 7	11 - 4	7 + 6
1 + 6	16 - 9	9 - 8	13 - 8	7 + 4	8 - 3	6 + 5	17 - 8	8 + 8
9 - 1	7 - 5	6 + 2	17 - 9	8 + 2	3 + 9	2 + 7	5 + 8	8 + 4
3 + 5	4 + 5	4 + 2	4 + 3	9 - 3	14 - 6	6 - 3	7 - 6	10 - 3
4 + 9	11 - 8	18 - 9	2 + 1	6 + 7	9 - 5	12 - 9	5 + 6	12 - 5

DATE__________ START______ FINISH______ SCORE____

3 + 4	5 + 1	8 + 5	7 - 2	8 + 3	3 + 3	7 + 9	7 - 6	6 - 3
15 - 7	5 + 9	17 - 9	12 - 4	13 - 7	17 - 8	10 - 9	8 + 4	3 + 6
14 - 8	10 - 4	18 - 9	14 - 5	4 + 1	5 + 3	1 + 6	9 + 3	3 + 8
4 - 2	15 - 8	5 - 4	7 - 3	11 - 8	7 + 3	2 + 2	4 + 5	8 - 4
1 + 7	5 + 8	5 + 2	13 - 6	6 - 4	3 + 2	4 + 9	10 - 2	12 - 8
4 + 8	7 - 4	7 + 1	4 + 4	4 - 3	16 - 8	9 - 3	7 + 6	5 + 7
9 - 7	12 - 7	4 + 6	9 + 4	2 + 8	9 - 2	8 + 1	8 + 9	6 - 5
6 + 8	8 - 7	6 + 4	14 - 7	9 - 6	3 + 5	8 - 5	7 + 2	5 + 5
7 - 5	5 + 4	11 - 7	9 + 5	12 - 6	2 + 6	7 + 5	8 - 3	16 - 9

DATE__________ START_______ FINISH_______ SCORE_____

4 + 3	4 + 2	15 - 9	16 - 9	3 + 3	6 + 1	4 + 9	16 - 8	17 - 8
3 - 2	5 - 4	3 + 8	10 - 1	12 - 9	4 + 8	9 + 4	4 + 5	17 - 9
3 + 7	3 + 4	2 + 4	8 + 4	4 - 2	18 - 9	4 + 1	7 + 5	7 - 3
14 - 9	5 + 2	16 - 7	5 + 5	15 - 7	5 + 8	9 + 7	2 + 8	9 + 6
7 + 8	7 + 1	11 - 4	2 + 1	6 + 3	4 - 3	10 - 8	6 + 6	2 + 5
10 - 2	3 + 1	2 + 2	10 - 4	11 - 8	4 + 7	11 - 9	7 + 3	12 - 8
10 - 3	8 - 6	10 - 5	2 + 3	6 - 5	1 + 4	14 - 7	9 - 4	8 - 4
5 - 3	7 - 5	13 - 7	4 + 6	2 + 7	12 - 4	12 - 5	9 - 3	6 - 2
8 + 3	2 + 9	7 + 7	9 - 1	13 - 9	7 + 6	11 - 3	6 + 9	8 + 8

DATE__________ START______ FINISH______ SCORE____

17 - 9	6 + 9	11 - 5	2 + 6	2 + 4	4 + 3	13 - 5	11 - 7	8 + 9
6 - 2	1 + 4	8 - 2	2 + 9	2 + 3	2 + 7	1 + 9	1 + 3	14 - 6
7 - 4	6 + 8	7 + 4	9 - 1	6 + 5	4 - 3	6 - 4	18 - 9	1 + 8
6 - 5	13 - 7	9 - 6	7 + 7	3 + 4	7 - 5	7 - 6	14 - 8	5 + 2
5 - 4	8 + 3	4 + 8	15 - 8	4 + 4	8 - 3	9 + 6	13 - 4	5 + 3
9 - 5	4 + 6	14 - 9	16 - 7	15 - 7	9 + 7	17 - 8	10 - 5	9 + 8
1 + 2	12 - 7	12 - 9	12 - 8	6 - 3	6 + 4	8 + 4	13 - 6	10 - 4
3 + 3	2 + 5	12 - 6	7 + 9	8 + 7	6 + 2	9 - 2	1 + 7	4 - 2
7 - 3	8 + 2	5 + 8	6 + 1	9 + 1	1 + 6	8 + 5	11 - 3	15 - 6

DATE__________ START______ FINISH______ SCORE____

<table>
<tr><td>8
+ 3</td><td>13
- 8</td><td>7
+ 5</td><td>6
+ 4</td><td>12
- 5</td><td>8
- 4</td><td>12
- 8</td><td>8
+ 1</td><td>10
- 6</td></tr>
<tr><td>4
+ 8</td><td>7
+ 6</td><td>8
+ 8</td><td>6
- 3</td><td>11
- 8</td><td>8
+ 7</td><td>9
- 1</td><td>14
- 9</td><td>2
+ 8</td></tr>
<tr><td>8
+ 2</td><td>16
- 9</td><td>4
+ 2</td><td>9
+ 6</td><td>3
+ 6</td><td>16
- 8</td><td>4
+ 7</td><td>9
+ 2</td><td>5
+ 6</td></tr>
<tr><td>8
- 3</td><td>2
+ 9</td><td>14
- 6</td><td>13
- 4</td><td>12
- 7</td><td>8
+ 5</td><td>6
+ 8</td><td>2
+ 6</td><td>4
- 3</td></tr>
<tr><td>11
- 5</td><td>4
- 2</td><td>1
+ 2</td><td>14
- 8</td><td>9
- 8</td><td>5
- 2</td><td>4
+ 6</td><td>14
- 7</td><td>3
+ 3</td></tr>
<tr><td>2
+ 7</td><td>3
+ 2</td><td>13
- 7</td><td>2
+ 2</td><td>2
+ 3</td><td>17
- 9</td><td>2
+ 4</td><td>17
- 8</td><td>15
- 9</td></tr>
<tr><td>16
- 7</td><td>10
- 5</td><td>7
- 2</td><td>1
+ 7</td><td>6
- 2</td><td>7
+ 2</td><td>9
+ 4</td><td>12
- 4</td><td>5
+ 1</td></tr>
<tr><td>18
- 9</td><td>6
- 4</td><td>5
+ 4</td><td>5
+ 7</td><td>10
- 2</td><td>8
- 7</td><td>7
+ 8</td><td>13
- 6</td><td>7
+ 7</td></tr>
<tr><td>9
- 6</td><td>6
- 5</td><td>5
+ 2</td><td>8
+ 9</td><td>4
+ 3</td><td>11
- 3</td><td>11
- 9</td><td>7
+ 3</td><td>4
+ 5</td></tr>
</table>

DATE__________ START______ FINISH______ SCORE____

8 - 4   6 - 5   7 - 6   4 - 3   4 + 7   14 - 6   8 + 3   1 + 7   17 - 8

9 - 0   6 - 4   10 - 7   3 + 6   5 - 4   11 - 7   3 + 8   17 - 9   13 - 8

9 - 6   14 - 5   15 - 6   9 - 7   9 + 6   8 + 7   2 + 9   7 - 3   15 - 8

12 - 6   3 + 5   11 - 3   8 + 1   5 + 6   2 + 8   6 + 9   9 - 5   2 + 2

13 - 6   4 + 4   1 + 2   6 + 2   9 - 4   6 + 3   9 + 4   6 + 8   3 + 4

6 - 2   14 - 7   6 - 3   3 - 2   9 - 1   6 + 1   2 + 4   8 - 7   7 + 8

14 - 8   12 - 9   10 - 3   7 + 6   10 - 8   2 + 3   8 + 4   1 + 5   9 + 9

7 + 7   4 + 3   13 - 7   3 + 1   11 - 5   6 + 7   2 + 6   3 + 9   2 + 5

8 + 5   8 + 2   7 + 3   8 - 2   4 + 8   7 - 2   4 - 2   11 - 9   3 + 7

DATE__________ START_______ FINISH_______ SCORE____

3	5	5	9	3	7	16	4	12
- 2	+ 2	+ 7	- 7	+ 5	- 4	- 9	+ 3	- 8
7	7	13	7	7	13	6	8	8
+ 3	- 6	- 9	+ 6	+ 5	- 4	- 4	+ 5	+ 2
11	13	6	5	4	13	2	9	10
- 5	- 8	+ 3	- 2	+ 4	- 7	+ 4	+ 6	- 6
5	4	14	9	6	2	12	8	3
+ 5	+ 5	- 8	+ 3	+ 2	+ 7	- 6	+ 6	+ 1
7	14	4	14	11	6	10	7	3
+ 2	- 5	- 2	- 7	- 9	+ 4	- 8	- 5	+ 2
4	15	8	3	9	6	5	4	2
+ 9	- 6	+ 3	+ 4	- 5	+ 7	+ 6	- 3	+ 9
15	3	6	7	17	1	7	7	9
- 7	+ 8	+ 5	+ 8	- 9	+ 4	- 3	+ 7	+ 5
8	6	10	15	7	16	16	8	4
- 4	+ 6	- 7	- 8	- 2	- 8	- 7	- 5	+ 2
8	5	6	15	12	13	8	9	1
+ 8	- 4	+ 9	- 9	- 4	- 6	+ 1	- 6	+ 7

DATE__________ START______ FINISH______ SCORE____

16 - 9	7 - 4	6 + 7	13 - 7	2 + 7	14 - 7	8 - 4	6 + 5	8 + 7
9 - 1	1 + 4	1 + 1	11 - 2	4 + 2	6 + 8	14 - 8	9 + 3	8 + 4
4 + 4	3 + 7	7 - 3	18 - 9	14 - 5	3 + 8	16 - 8	4 - 3	4 + 6
12 - 6	2 + 4	4 - 2	14 - 6	5 + 6	17 - 9	6 + 6	12 - 8	8 + 8
11 - 3	10 - 3	15 - 7	9 + 1	7 + 3	3 + 3	8 - 3	7 + 5	3 - 2
5 + 2	3 + 4	2 + 9	13 - 8	15 - 6	8 - 6	6 + 3	11 - 6	5 + 4
12 - 4	5 - 4	10 - 5	11 - 8	15 - 8	2 + 3	4 + 7	8 + 9	2 + 2
9 - 6	4 + 3	2 + 8	12 - 9	6 - 3	8 - 2	3 + 5	7 + 7	1 + 6
9 - 7	17 - 8	7 - 6	6 + 4	9 + 5	5 + 3	8 + 3	10 - 6	3 + 6

DATE__________ START______ FINISH______ SCORE____

7	9	8	3	5	8	12	9	1
+ 3	+ 5	+ 9	+ 3	- 3	- 3	- 3	- 8	+ 6
8	13	4	4	15	2	3	3	17
- 7	- 4	+ 5	+ 4	- 7	+ 5	+ 6	+ 9	- 8
5	5	3	6	13	5	7	6	3
+ 7	+ 2	- 2	+ 3	- 9	- 4	- 5	+ 4	+ 4
9	7	11	13	7	16	7	15	5
+ 9	+ 4	- 2	- 6	- 6	- 8	- 3	- 8	+ 8
11	8	7	10	1	8	8	3	9
- 9	+ 1	+ 7	- 6	+ 2	+ 8	+ 5	+ 8	+ 6
13	5	4	7	12	7	11	12	1
- 8	- 2	+ 3	- 2	- 6	+ 8	- 7	- 4	+ 5
5	16	3	2	2	8	5	16	6
+ 3	- 7	+ 5	+ 6	+ 7	- 4	+ 9	- 9	+ 1
6	17	2	7	9	14	10	4	3
- 5	- 9	+ 2	+ 6	+ 2	- 7	- 7	+ 6	+ 7
14	11	9	8	14	4	4	8	2
- 5	- 4	- 7	+ 6	- 8	- 2	- 3	- 5	+ 3

DATE__________ START_______ FINISH_______ SCORE_____

14	8	15	10	6	10	2	3	14
- 6	+ 5	- 7	- 8	+ 4	- 7	+ 6	+ 4	- 8
5	7	15	8	5	6	2	8	10
+ 8	+ 4	- 9	+ 4	+ 6	+ 8	+ 2	- 7	- 4
8	7	18	2	3	7	7	4	14
+ 6	- 5	- 9	+ 5	+ 2	+ 7	- 2	+ 7	- 9
4	8	5	3	11	8	12	16	9
- 3	+ 7	+ 3	- 2	- 8	+ 2	- 6	- 8	+ 8
5	13	17	4	11	2	12	16	5
- 3	- 5	- 8	+ 6	- 5	+ 3	- 7	- 9	- 2
8	8	17	13	3	8	2	1	13
- 6	- 5	- 9	- 6	+ 9	- 2	+ 8	+ 8	- 4
15	3	4	9	9	13	4	6	10
- 8	+ 3	+ 2	+ 5	+ 1	- 8	+ 5	+ 7	- 5
8	4	9	11	14	13	6	7	6
+ 9	+ 8	+ 7	- 3	- 5	- 7	+ 5	+ 1	+ 1
12	7	7	11	9	7	1	8	12
- 9	+ 8	+ 2	- 4	- 8	+ 6	+ 2	+ 8	- 4

DATE__________ START______ FINISH______ SCORE____

13 - 7	16 - 7	3 + 3	18 - 9	6 + 6	17 - 9	14 - 7	9 + 6	8 - 5
9 - 4	7 + 2	7 + 8	5 + 5	7 - 6	4 + 4	7 + 3	2 + 8	16 - 8
11 - 4	6 + 7	10 - 7	12 - 3	5 + 2	2 + 4	6 + 8	10 - 2	8 + 8
5 - 3	11 - 7	15 - 8	4 + 6	8 + 6	7 + 9	9 - 1	4 + 1	12 - 4
13 - 9	9 + 2	3 - 2	6 + 9	5 + 6	6 - 3	3 + 7	6 + 4	3 + 5
5 - 4	6 - 4	4 - 2	4 - 3	3 + 2	13 - 5	12 - 8	11 - 6	2 + 3
2 + 6	8 + 4	9 + 7	2 + 7	4 + 5	7 + 6	12 - 9	4 + 8	12 - 7
9 - 7	13 - 6	7 + 5	12 - 6	15 - 7	5 + 7	8 + 7	3 + 6	17 - 8
2 + 2	4 + 2	16 - 9	10 - 4	8 + 3	3 + 9	6 - 5	12 - 5	10 - 5

DATE__________ START_______ FINISH_______ SCORE_____

<table>
<tr><td>6
+ 8</td><td>5
+ 1</td><td>12
- 7</td><td>2
+ 6</td><td>2
+ 4</td><td>7
- 3</td><td>7
+ 5</td><td>11
- 3</td><td>13
- 7</td></tr>
<tr><td>7
+ 2</td><td>8
+ 5</td><td>5
- 2</td><td>4
- 2</td><td>2
+ 1</td><td>12
- 5</td><td>6
+ 3</td><td>11
- 2</td><td>3
+ 6</td></tr>
<tr><td>13
- 6</td><td>15
- 9</td><td>17
- 9</td><td>8
+ 8</td><td>8
- 2</td><td>4
+ 4</td><td>11
- 4</td><td>1
+ 6</td><td>10
- 6</td></tr>
<tr><td>12
- 6</td><td>15
- 6</td><td>4
+ 1</td><td>8
+ 7</td><td>16
- 7</td><td>2
+ 3</td><td>5
- 4</td><td>8
- 7</td><td>17
- 8</td></tr>
<tr><td>4
+ 8</td><td>7
+ 9</td><td>18
- 9</td><td>10
- 1</td><td>3
+ 5</td><td>16
- 9</td><td>3
+ 8</td><td>9
+ 5</td><td>14
- 7</td></tr>
<tr><td>7
+ 4</td><td>6
+ 1</td><td>6
+ 7</td><td>6
+ 5</td><td>6
- 5</td><td>5
+ 3</td><td>14
- 8</td><td>6
+ 2</td><td>10
- 5</td></tr>
<tr><td>5
+ 5</td><td>2
+ 9</td><td>2
+ 5</td><td>11
- 6</td><td>5
+ 9</td><td>8
- 4</td><td>5
+ 8</td><td>11
- 5</td><td>3
+ 1</td></tr>
<tr><td>10
- 3</td><td>8
+ 1</td><td>7
+ 3</td><td>3
+ 3</td><td>11
- 9</td><td>8
+ 2</td><td>4
- 3</td><td>13
- 8</td><td>9
- 2</td></tr>
<tr><td>4
+ 5</td><td>7
- 5</td><td>6
- 4</td><td>8
- 3</td><td>4
+ 2</td><td>9
- 8</td><td>1
+ 5</td><td>7
- 4</td><td>4
+ 6</td></tr>
</table>

DATE_________ START______ FINISH______ SCORE____

3 + 7	6 - 4	2 + 5	3 + 8	11 - 3	7 - 4	8 - 6	3 + 5	8 - 3
7 + 7	16 - 8	9 - 0	8 - 2	4 + 4	8 + 5	17 - 8	7 + 5	8 + 3
5 + 7	2 + 6	6 - 2	18 - 9	5 - 2	7 + 2	15 - 7	4 - 2	8 - 4
16 - 7	6 + 3	4 + 8	12 - 8	9 - 4	13 - 7	2 + 4	4 - 3	5 + 4
9 + 7	2 + 1	3 - 2	4 + 5	8 + 7	3 + 4	9 - 7	5 - 4	6 + 8
10 - 2	4 + 2	2 + 2	9 + 1	3 + 3	13 - 8	9 - 1	16 - 9	6 + 7
6 + 5	5 + 2	8 + 6	13 - 6	2 + 3	1 + 1	1 + 2	2 + 7	11 - 8
17 - 9	12 - 5	6 - 3	2 + 8	14 - 6	12 - 7	3 + 2	8 + 2	4 + 3
7 - 6	8 + 9	7 - 5	15 - 8	7 - 3	5 + 8	12 - 3	6 - 5	9 + 5

DATE__________ START______ FINISH______ SCORE____

7 + 7	6 - 4	9 - 8	4 - 2	5 + 6	3 + 4	16 - 8	17 - 8	7 + 9
16 - 9	9 - 3	9 + 4	3 + 2	13 - 7	15 - 9	5 + 2	9 + 1	9 + 2
2 + 2	12 - 8	11 - 3	16 - 7	9 + 5	2 + 5	10 - 7	8 - 7	8 + 8
9 + 8	1 + 8	3 + 1	5 + 3	8 + 5	5 + 9	2 + 1	3 + 7	1 + 2
10 - 8	11 - 5	7 + 5	13 - 6	7 + 1	5 + 7	10 - 2	6 - 2	10 - 3
5 - 2	5 + 8	1 + 1	15 - 6	4 + 4	14 - 8	6 - 5	3 - 2	13 - 9
10 - 5	6 + 6	3 + 6	14 - 6	6 + 1	8 + 9	5 + 4	11 - 6	9 - 2
11 - 4	2 + 7	7 + 2	8 - 5	12 - 3	9 + 6	7 + 8	5 - 4	8 - 3
11 - 2	7 - 2	8 + 6	13 - 8	3 + 8	8 + 2	12 - 7	1 + 7	14 - 7

DATE__________ START______ FINISH______ SCORE____

16 - 8	3 - 2	2 + 5	13 - 5	5 - 2	8 + 2	17 - 9	3 + 2	15 - 7
3 + 4	3 + 8	8 + 8	12 - 3	9 - 6	2 + 8	5 + 6	2 + 1	9 + 1
15 - 9	4 - 2	11 - 7	14 - 7	11 - 4	8 - 7	18 - 9	6 + 3	7 + 3
17 - 8	5 + 3	7 + 2	7 + 1	10 - 8	8 + 6	9 + 2	9 + 7	8 - 2
4 + 3	8 + 4	9 + 3	13 - 8	13 - 9	1 + 6	13 - 7	5 + 8	16 - 7
5 + 2	1 + 7	5 - 4	12 - 6	4 + 6	2 + 9	6 - 5	12 - 8	7 + 5
1 + 8	8 + 7	6 + 7	12 - 7	11 - 8	9 + 6	7 - 4	3 + 5	12 - 4
7 + 6	15 - 8	8 - 6	12 - 5	1 + 2	8 - 4	7 + 8	14 - 5	9 - 7
9 - 4	4 - 3	5 + 9	8 + 3	14 - 8	4 + 9	1 + 5	14 - 6	7 + 9

DATE__________ START______ FINISH______ SCORE____

2 + 2	7 + 8	7 + 5	9 + 7	11 - 6	13 - 6	12 - 8	9 - 3	5 - 2
15 - 6	7 + 7	6 - 3	9 - 2	6 + 8	8 - 4	3 + 9	4 + 9	6 - 4
9 - 4	4 + 8	3 + 1	9 + 1	3 - 2	12 - 7	9 - 5	2 + 9	4 + 3
9 - 6	5 + 6	5 + 7	10 - 8	7 + 1	4 - 2	6 - 2	8 + 6	2 + 5
5 + 3	2 + 4	9 - 8	11 - 8	14 - 9	7 - 3	18 - 9	4 - 3	9 + 9
5 - 4	9 + 5	16 - 8	4 + 1	7 + 3	14 - 5	5 - 3	8 + 7	5 + 5
1 + 4	15 - 7	9 + 6	13 - 7	14 - 6	13 - 5	1 + 6	3 + 5	13 - 8
7 + 9	3 + 7	15 - 8	6 + 9	9 - 1	4 + 7	3 + 6	12 - 6	4 + 6
9 + 4	8 + 9	6 - 5	6 + 3	8 - 7	4 + 4	13 - 4	10 - 3	8 + 4

DATE________ START______ FINISH______ SCORE____

4 + 4	5 + 2	7 + 2	3 + 2	4 + 5	6 - 5	11 - 5	10 - 4	13 - 9
12 - 4	3 - 2	10 - 1	9 - 2	7 - 6	16 - 8	4 - 3	5 - 4	7 - 3
14 - 7	2 + 3	15 - 6	4 + 3	3 + 8	2 + 6	2 + 7	8 - 2	6 + 2
6 - 3	12 - 5	5 + 1	1 + 6	7 + 4	12 - 9	9 + 4	17 - 8	11 - 6
7 + 6	18 - 9	15 - 9	14 - 6	5 - 2	9 + 1	4 + 2	5 + 4	3 + 5
5 + 3	5 + 5	16 - 7	7 - 4	9 + 6	7 + 3	17 - 9	8 - 7	6 + 6
8 + 8	13 - 6	2 + 5	6 + 5	9 + 9	7 + 1	4 + 8	13 - 5	2 + 9
12 - 3	9 + 3	9 + 5	11 - 8	11 - 7	8 + 5	8 - 3	2 + 4	6 + 8
12 - 7	5 + 9	3 + 3	3 + 1	5 - 3	6 + 9	13 - 7	14 - 8	15 - 7

DATE__________ START______ FINISH______ SCORE____

9	2	3	9	7	2	3	7	3
- 8	+ 9	- 2	- 6	- 5	+ 7	+ 3	+ 5	+ 8
6	6	12	16	3	1	6	11	15
+ 7	+ 1	- 6	- 8	+ 9	+ 3	+ 3	- 5	- 9
4	12	8	6	6	10	6	10	15
- 3	- 5	+ 2	- 4	+ 5	- 1	- 3	- 4	- 6
8	17	2	6	1	4	17	14	3
+ 8	- 9	+ 4	+ 4	+ 4	+ 6	- 8	- 9	+ 2
6	8	5	11	2	7	12	3	3
+ 8	- 5	+ 4	- 6	+ 3	+ 6	- 8	+ 7	+ 5
4	4	7	3	7	8	7	9	5
+ 8	+ 5	+ 3	+ 1	+ 2	- 7	- 2	- 4	- 3
4	13	7	12	7	11	18	3	11
+ 3	- 4	+ 4	- 7	- 3	- 4	- 9	+ 4	- 8
6	5	6	12	9	2	14	5	13
+ 2	+ 5	- 2	- 4	+ 3	+ 5	- 8	+ 7	- 6
9	9	15	2	8	13	14	1	12
- 2	+ 6	- 7	+ 6	+ 3	- 8	- 5	+ 5	- 3

DATE__________ START______ FINISH______ SCORE____

2 + 2	13 - 7	8 - 7	4 + 2	16 - 8	9 + 3	3 + 6	3 + 5	5 - 3
8 + 5	2 + 6	7 + 7	8 + 4	13 - 9	18 - 9	7 + 3	8 - 3	9 + 7
5 + 2	6 + 5	4 + 4	6 + 8	13 - 4	4 - 3	7 - 5	7 - 3	14 - 7
2 + 4	2 + 1	9 + 2	9 + 6	16 - 9	4 + 5	3 + 4	13 - 6	17 - 9
4 + 3	8 + 7	11 - 8	15 - 9	15 - 7	5 + 6	5 + 4	3 - 2	11 - 9
8 + 9	9 + 4	17 - 8	14 - 6	7 - 2	11 - 6	5 + 5	5 + 7	6 + 3
11 - 3	4 + 6	6 - 4	13 - 8	9 - 8	16 - 7	5 - 4	9 - 2	8 - 5
12 - 6	4 + 9	10 - 8	10 - 7	7 + 1	1 + 4	10 - 9	8 + 8	5 + 9
2 + 5	3 + 1	6 + 9	15 - 8	10 - 3	4 + 8	8 + 6	7 - 6	12 - 4

DATE__________ START______ FINISH______ SCORE____

9 - 5	6 + 2	3 + 8	2 + 6	17 - 8	4 + 3	8 + 7	3 + 5	17 - 9
13 - 5	7 + 4	6 - 4	4 - 3	4 + 7	2 + 5	15 - 7	3 - 2	7 - 6
5 + 1	12 - 7	16 - 7	6 + 1	8 + 4	12 - 5	18 - 9	2 + 1	14 - 8
13 - 7	7 - 3	4 + 5	8 + 3	4 + 8	12 - 6	6 + 4	9 - 3	6 + 8
15 - 6	8 + 2	9 + 2	4 + 4	7 + 3	3 + 7	9 - 0	6 + 3	3 + 2
5 - 4	7 + 1	2 + 8	5 - 3	5 + 7	8 - 7	3 + 6	12 - 8	11 - 9
10 - 4	5 + 4	2 + 4	5 - 2	7 + 5	6 - 5	11 - 3	9 - 2	8 + 6
8 - 4	16 - 8	15 - 9	2 + 3	1 + 4	7 + 6	9 + 8	8 - 3	13 - 8
10 - 7	11 - 7	9 + 3	3 + 3	7 - 4	14 - 6	7 - 5	9 + 5	2 + 9

DATE__________ START_______ FINISH_______ SCORE_____

3 - 2	4 + 1	1 + 8	5 + 8	17 - 8	7 - 4	4 + 2	3 + 5	8 + 6
12 - 8	12 - 4	9 + 6	5 - 4	12 - 5	8 + 5	2 + 9	7 + 4	2 + 8
11 - 6	5 - 2	4 + 3	6 - 3	16 - 8	2 + 5	8 - 3	1 + 1	8 + 3
3 + 8	10 - 6	6 + 2	5 + 5	9 + 4	9 + 5	17 - 9	3 + 4	15 - 9
16 - 7	2 + 2	11 - 4	11 - 5	11 - 2	5 - 3	4 + 8	16 - 9	8 + 7
9 + 1	6 - 2	8 + 2	14 - 6	4 - 2	11 - 8	9 - 6	7 - 6	5 + 3
7 + 9	10 - 5	13 - 7	14 - 8	12 - 9	2 + 3	10 - 2	6 + 6	5 + 2
10 - 3	4 + 9	6 - 5	10 - 9	8 + 9	4 + 7	8 + 8	7 - 3	10 - 1
12 - 6	7 + 1	4 + 5	2 + 6	6 + 3	8 - 4	8 - 7	6 + 7	8 + 4

DATE__________ START______ FINISH______ SCORE____

7 + 1	13 - 7	15 - 8	12 - 5	10 - 9	7 + 3	14 - 6	8 + 4	6 - 2
8 - 7	5 + 8	14 - 5	3 + 4	10 - 4	4 + 6	6 + 7	2 + 4	2 + 7
4 - 3	5 + 6	6 + 3	17 - 8	2 + 5	3 + 6	4 + 4	18 - 9	3 + 3
6 + 6	6 - 4	9 + 7	2 + 3	13 - 6	7 + 9	5 - 3	3 + 7	6 - 3
4 - 2	3 - 2	7 - 2	5 + 5	5 + 9	1 + 5	16 - 9	2 + 1	13 - 9
11 - 4	2 + 8	8 - 6	10 - 3	9 - 1	2 + 2	13 - 4	8 + 2	15 - 7
3 + 8	6 + 8	13 - 8	6 + 2	5 + 3	8 + 6	9 - 0	7 - 6	1 + 4
4 + 5	9 + 3	17 - 9	8 + 5	14 - 7	10 - 6	8 - 3	11 - 5	16 - 8
8 + 1	8 + 9	4 + 8	5 - 2	11 - 6	6 - 5	9 + 9	1 + 6	11 - 7

DATE__________ START______ FINISH______ SCORE____

<table>
<tr><td>3
+ 7</td><td>9
- 5</td><td>5
+ 9</td><td>8
+ 2</td><td>7
+ 3</td><td>6
- 3</td><td>4
+ 9</td><td>9
- 3</td><td>2
+ 8</td></tr>
<tr><td>12
- 6</td><td>11
- 7</td><td>9
+ 7</td><td>10
- 8</td><td>14
- 5</td><td>4
+ 7</td><td>4
+ 2</td><td>8
- 7</td><td>3
+ 5</td></tr>
<tr><td>5
- 3</td><td>11
- 9</td><td>10
- 6</td><td>8
- 5</td><td>5
- 2</td><td>1
+ 8</td><td>8
+ 3</td><td>7
+ 1</td><td>3
+ 1</td></tr>
<tr><td>4
+ 4</td><td>10
- 4</td><td>8
+ 6</td><td>15
- 7</td><td>1
+ 1</td><td>4
+ 3</td><td>3
+ 3</td><td>12
- 5</td><td>7
+ 7</td></tr>
<tr><td>4
- 3</td><td>4
+ 8</td><td>7
- 5</td><td>1
+ 7</td><td>2
+ 6</td><td>7
- 4</td><td>9
+ 2</td><td>4
+ 1</td><td>17
- 8</td></tr>
<tr><td>8
+ 8</td><td>5
+ 3</td><td>9
- 7</td><td>15
- 8</td><td>9
+ 3</td><td>2
+ 4</td><td>9
- 0</td><td>6
+ 4</td><td>10
- 5</td></tr>
<tr><td>5
+ 2</td><td>8
+ 1</td><td>7
- 2</td><td>9
- 4</td><td>2
+ 2</td><td>13
- 9</td><td>9
+ 6</td><td>10
- 7</td><td>11
- 6</td></tr>
<tr><td>8
+ 7</td><td>8
- 3</td><td>11
- 3</td><td>16
- 8</td><td>15
- 6</td><td>5
+ 7</td><td>6
- 2</td><td>18
- 9</td><td>16
- 7</td></tr>
<tr><td>13
- 6</td><td>14
- 7</td><td>4
- 2</td><td>7
+ 2</td><td>7
+ 8</td><td>17
- 9</td><td>6
+ 9</td><td>6
+ 6</td><td>3
+ 2</td></tr>
</table>

DATE__________ START_______ FINISH_______ SCORE_____

<table>
<tr><td>9
- 2</td><td>7
- 6</td><td>3
+ 5</td><td>18
- 9</td><td>2
+ 6</td><td>5
- 4</td><td>12
- 5</td><td>4
+ 3</td><td>5
+ 2</td></tr>
<tr><td>17
- 9</td><td>7
- 5</td><td>4
+ 2</td><td>3
+ 3</td><td>4
+ 1</td><td>14
- 9</td><td>17
- 8</td><td>1
+ 5</td><td>8
+ 6</td></tr>
<tr><td>15
- 7</td><td>8
+ 3</td><td>11
- 3</td><td>4
+ 9</td><td>16
- 8</td><td>8
+ 7</td><td>8
- 6</td><td>4
- 2</td><td>5
+ 3</td></tr>
<tr><td>9
+ 5</td><td>6
+ 9</td><td>6
- 4</td><td>9
- 6</td><td>16
- 7</td><td>9
- 4</td><td>5
+ 9</td><td>10
- 2</td><td>10
- 4</td></tr>
<tr><td>4
+ 7</td><td>8
+ 1</td><td>5
+ 4</td><td>3
- 2</td><td>10
- 5</td><td>9
- 3</td><td>14
- 8</td><td>12
- 6</td><td>9
- 1</td></tr>
<tr><td>8
+ 9</td><td>9
+ 6</td><td>14
- 6</td><td>14
- 5</td><td>9
+ 1</td><td>13
- 8</td><td>6
+ 6</td><td>10
- 6</td><td>6
+ 4</td></tr>
<tr><td>3
+ 1</td><td>3
+ 9</td><td>10
- 1</td><td>6
+ 3</td><td>9
+ 7</td><td>7
+ 7</td><td>4
- 3</td><td>2
+ 9</td><td>7
+ 8</td></tr>
<tr><td>12
- 3</td><td>2
+ 4</td><td>8
- 3</td><td>5
+ 5</td><td>15
- 8</td><td>3
+ 8</td><td>2
+ 2</td><td>7
- 2</td><td>3
+ 2</td></tr>
<tr><td>9
+ 8</td><td>6
- 2</td><td>8
+ 5</td><td>2
+ 8</td><td>16
- 9</td><td>9
- 8</td><td>4
+ 6</td><td>8
- 5</td><td>9
+ 3</td></tr>
</table>

DATE__________ START______ FINISH______ SCORE____

<table>
<tr><td>9
- 7</td><td>4
+ 5</td><td>12
- 6</td><td>13
- 5</td><td>10
- 8</td><td>3
- 2</td><td>13
- 6</td><td>7
- 5</td><td>7
+ 6</td></tr>
<tr><td>5
+ 8</td><td>1
+ 1</td><td>17
- 8</td><td>14
- 7</td><td>3
+ 8</td><td>8
+ 3</td><td>3
+ 2</td><td>5
+ 2</td><td>9
- 0</td></tr>
<tr><td>5
+ 9</td><td>9
- 5</td><td>15
- 8</td><td>8
+ 2</td><td>3
+ 6</td><td>8
+ 7</td><td>12
- 7</td><td>11
- 6</td><td>2
+ 5</td></tr>
<tr><td>4
+ 7</td><td>5
- 3</td><td>1
+ 9</td><td>18
- 9</td><td>6
+ 2</td><td>6
- 4</td><td>6
+ 4</td><td>15
- 7</td><td>15
- 9</td></tr>
<tr><td>12
- 4</td><td>12
- 5</td><td>2
+ 3</td><td>3
+ 7</td><td>8
+ 8</td><td>2
+ 6</td><td>16
- 9</td><td>9
+ 9</td><td>2
+ 9</td></tr>
<tr><td>7
+ 7</td><td>8
- 6</td><td>5
+ 1</td><td>6
+ 3</td><td>14
- 6</td><td>9
+ 3</td><td>7
+ 3</td><td>6
- 2</td><td>4
+ 2</td></tr>
<tr><td>6
- 5</td><td>10
- 5</td><td>1
+ 3</td><td>9
- 3</td><td>17
- 9</td><td>3
+ 4</td><td>1
+ 5</td><td>6
+ 6</td><td>9
+ 2</td></tr>
<tr><td>14
- 8</td><td>4
+ 6</td><td>4
+ 8</td><td>7
+ 1</td><td>10
- 2</td><td>13
- 8</td><td>9
- 2</td><td>5
- 4</td><td>13
- 7</td></tr>
<tr><td>7
+ 2</td><td>8
- 4</td><td>7
- 3</td><td>6
+ 7</td><td>5
- 2</td><td>10
- 7</td><td>9
+ 4</td><td>10
- 9</td><td>6
+ 1</td></tr>
</table>

DATE__________ START______ FINISH______ SCORE____

7 - 3	10 - 4	8 + 5	9 + 6	10 - 9	11 - 4	18 - 9	12 - 6	4 - 3
2 + 7	7 - 5	6 + 7	6 + 3	1 + 7	9 - 5	13 - 5	15 - 7	5 + 7
2 + 4	8 + 1	9 + 5	14 - 9	12 - 4	5 + 2	1 + 5	6 + 8	9 + 1
16 - 8	6 - 5	14 - 7	8 - 4	9 + 3	6 - 4	13 - 6	11 - 8	4 + 7
1 + 3	11 - 6	5 - 4	9 - 8	1 + 4	3 - 2	7 + 5	2 + 5	13 - 7
7 - 4	2 + 1	9 + 9	4 + 8	4 + 5	8 + 6	3 + 8	3 + 7	6 - 2
8 - 3	17 - 8	7 + 9	7 + 2	5 + 3	4 + 2	7 + 7	1 + 8	1 + 1
2 + 3	16 - 9	8 + 2	3 + 3	5 - 3	16 - 7	6 - 3	15 - 6	3 + 4
5 - 2	1 + 2	9 + 8	9 - 3	14 - 6	15 - 8	12 - 8	2 + 6	10 - 3

DATE__________ START______ FINISH______ SCORE____

5	9	9	8	18	13	5	11	5
+ 2	- 5	- 4	+ 7	- 9	- 5	+ 6	- 6	+ 3

16	6	14	14	2	2	9	10	16
- 7	- 3	- 8	- 7	+ 4	+ 9	- 3	- 9	- 9

15	17	6	8	17	4	2	7	15
- 7	- 8	+ 5	- 2	- 9	+ 2	+ 8	+ 2	- 6

4	8	6	8	4	8	9	6	4
- 2	- 4	- 4	+ 5	+ 4	+ 9	- 8	+ 2	- 3

5	4	16	12	7	2	8	5	6
+ 8	+ 6	- 8	- 7	- 3	+ 6	+ 6	- 3	- 5

15	6	3	4	6	10	11	3	8
- 8	+ 4	+ 4	+ 5	+ 9	- 5	- 7	+ 8	+ 4

4	9	3	5	7	2	9	6	1
+ 7	+ 1	+ 3	- 2	+ 9	+ 7	+ 5	- 2	+ 8

7	6	9	7	9	8	9	3	5
+ 8	+ 3	+ 7	- 2	- 6	- 5	+ 9	- 2	- 4

7	6	1	12	3	1	9	10	9
- 6	+ 8	+ 7	- 9	+ 5	+ 1	+ 6	- 6	+ 4

DATE__________ START______ FINISH______ SCORE____

11 - 3	6 + 5	6 + 2	8 + 3	9 - 2	5 - 4	2 + 9	10 - 9	4 - 3
8 + 4	2 + 1	3 + 6	14 - 6	6 - 5	12 - 4	14 - 5	15 - 7	8 - 6
7 + 5	7 + 6	4 + 7	17 - 9	1 + 4	7 - 4	5 + 7	4 + 3	8 - 7
13 - 4	16 - 7	11 - 4	6 + 1	7 - 5	5 + 8	4 - 2	18 - 9	8 + 6
9 - 7	16 - 8	13 - 8	10 - 1	12 - 5	1 + 8	7 - 6	17 - 8	8 - 2
6 - 4	3 + 5	5 + 2	4 + 1	8 + 7	8 + 5	6 + 4	5 - 3	10 - 8
4 + 5	5 - 2	10 - 6	8 - 4	8 - 5	13 - 5	9 + 3	5 + 3	8 + 8
4 + 8	2 + 5	5 + 4	7 - 3	6 + 3	3 + 2	9 + 4	4 + 2	3 + 9
2 + 7	3 - 2	15 - 8	6 + 6	2 + 6	1 + 7	9 + 5	3 + 4	14 - 8

DATE__________ START______ FINISH______ SCORE____

9 - 5	2 + 1	5 + 6	1 + 1	15 - 7	16 - 8	6 + 6	6 + 3	6 - 4
14 - 6	8 + 8	7 + 8	12 - 6	6 - 3	9 + 5	3 + 7	11 - 5	17 - 9
9 - 4	6 + 7	8 - 4	3 + 6	2 + 4	15 - 8	1 + 3	7 + 7	4 + 5
3 - 2	6 + 8	13 - 8	4 + 2	3 + 8	1 + 9	7 - 6	15 - 9	5 - 4
12 - 5	18 - 9	4 + 3	12 - 8	4 + 7	8 + 2	2 + 9	5 + 9	4 - 3
2 + 2	7 - 3	8 + 5	4 - 2	6 + 1	5 - 2	14 - 7	3 + 3	5 + 1
10 - 6	9 + 2	9 - 8	13 - 4	9 + 4	11 - 7	2 + 3	4 + 1	8 - 3
13 - 5	4 + 4	4 + 8	17 - 8	7 + 5	4 + 9	13 - 7	2 + 5	10 - 8
5 + 3	12 - 4	9 - 7	11 - 6	5 - 3	7 + 3	9 - 2	14 - 5	7 + 1

DATE__________ START______ FINISH______ SCORE____

17 - 9	10 - 9	6 + 8	18 - 9	4 + 2	2 + 8	8 + 4	4 + 1	11 - 7
14 - 7	8 + 3	5 + 7	4 + 6	8 + 7	2 + 6	9 + 6	7 + 6	1 + 6
15 - 7	12 - 4	11 - 3	4 - 2	13 - 4	7 + 7	2 + 4	2 + 9	2 + 7
1 + 2	15 - 6	14 - 8	16 - 7	3 - 2	5 - 3	13 - 8	6 + 7	9 - 2
7 - 4	7 + 2	6 + 5	5 + 9	1 + 8	2 + 2	5 + 6	7 - 5	3 + 9
17 - 8	16 - 9	11 - 5	15 - 8	1 + 5	13 - 7	2 + 5	6 + 6	9 - 4
3 + 4	4 - 3	7 - 6	12 - 7	1 + 4	7 - 3	5 - 4	2 + 1	6 - 2
6 + 3	16 - 8	14 - 6	9 - 0	9 + 4	5 - 2	6 + 4	10 - 6	3 + 8
8 + 5	12 - 6	3 + 5	5 + 8	5 + 2	7 + 5	6 - 4	10 - 2	9 - 6

DATE__________ START_______ FINISH_______ SCORE_____

8 + 1	8 - 7	4 + 8	18 - 9	17 - 8	5 + 5	8 + 8	14 - 8	12 - 3
14 - 6	9 - 6	2 + 3	4 + 6	7 - 2	8 + 2	6 - 3	5 - 2	7 + 5
3 + 7	3 + 4	9 + 2	8 - 3	10 - 9	8 + 7	7 + 7	7 + 4	5 + 8
8 - 6	8 - 4	5 - 4	14 - 7	2 + 8	4 - 3	6 + 7	7 + 1	6 - 4
2 + 2	11 - 8	3 + 9	6 + 4	7 - 5	8 + 6	2 + 1	17 - 9	15 - 9
6 + 5	4 + 9	10 - 6	7 - 4	13 - 9	3 - 2	16 - 9	10 - 5	9 + 7
12 - 8	7 - 3	15 - 7	7 + 2	5 + 7	4 + 1	9 - 2	4 + 4	13 - 5
15 - 8	13 - 6	1 + 5	6 + 8	16 - 7	1 + 6	3 + 8	1 + 4	4 + 7
11 - 6	6 + 1	9 + 6	9 - 7	5 + 4	6 + 2	11 - 3	9 + 5	10 - 8

DATE__________ START______ FINISH______ SCORE____

18 - 9	9 + 2	9 - 2	1 + 5	12 - 4	1 + 4	8 + 6	3 + 2	4 + 2
7 - 5	9 + 4	6 - 2	6 - 4	16 - 8	4 + 6	12 - 8	3 + 5	8 + 2
5 + 5	2 + 3	2 + 4	11 - 9	4 + 7	13 - 5	4 + 3	7 + 7	14 - 6
9 - 6	4 + 8	7 + 4	13 - 8	6 - 5	8 + 7	4 + 4	6 + 4	10 - 1
7 + 5	2 + 7	5 - 4	12 - 6	8 + 4	7 + 8	14 - 8	10 - 4	10 - 5
6 + 5	3 + 6	4 - 3	7 + 6	9 - 1	6 + 6	14 - 7	5 - 3	9 - 0
5 + 9	8 - 5	10 - 3	17 - 9	4 + 5	7 + 9	16 - 9	11 - 3	10 - 8
5 + 8	15 - 8	6 + 8	17 - 8	13 - 7	3 + 4	9 + 3	3 - 2	6 + 7
9 - 3	9 - 8	3 + 7	15 - 9	8 - 3	4 - 2	7 + 3	1 + 3	2 + 5

DATE__________ START______ FINISH______ SCORE____

6 + 4	4 - 3	6 - 5	10 - 5	16 - 7	9 + 8	14 - 7	2 + 1	6 - 3
6 + 7	1 + 3	13 - 4	10 - 3	7 + 3	2 + 5	4 + 4	17 - 8	1 + 2
11 - 8	6 - 2	5 + 3	12 - 5	5 - 3	7 + 4	15 - 8	7 + 7	4 + 6
7 + 5	9 + 6	16 - 8	7 - 6	2 + 8	15 - 7	6 - 4	7 + 6	3 + 2
15 - 9	4 + 5	17 - 9	10 - 2	8 + 3	5 + 8	12 - 8	13 - 6	11 - 6
5 + 2	4 + 2	6 + 6	2 + 4	9 - 4	6 + 9	5 - 4	8 - 5	11 - 3
1 + 5	9 - 5	7 + 8	5 + 7	5 + 9	4 + 3	3 - 2	8 + 2	1 + 8
1 + 9	3 + 3	9 - 2	14 - 8	8 - 7	7 - 2	3 + 8	13 - 8	13 - 7
7 + 1	8 + 1	8 - 6	10 - 4	3 + 6	10 - 8	6 + 5	9 - 7	8 + 7

DATE__________ START______ FINISH______ SCORE____

6 - 2	8 - 7	13 - 5	6 + 8	4 - 3	11 - 5	18 - 9	1 + 2	6 + 1
12 - 7	8 + 6	13 - 8	8 + 1	6 + 6	5 + 2	15 - 7	7 + 1	15 - 9
9 + 6	7 - 5	16 - 7	1 + 7	10 - 7	6 + 4	7 - 3	16 - 8	6 + 2
7 + 4	12 - 9	15 - 8	3 + 3	12 - 3	11 - 6	1 + 3	3 + 8	8 + 3
4 - 2	14 - 8	6 - 3	7 + 6	7 + 8	3 + 4	8 + 5	12 - 6	8 + 7
13 - 6	7 - 4	5 + 6	5 - 4	6 + 5	3 + 6	6 - 4	8 - 3	5 + 7
9 - 7	5 - 3	8 - 2	10 - 6	1 + 4	4 + 2	8 - 4	6 - 5	14 - 7
5 - 2	17 - 8	2 + 3	5 + 1	3 + 2	8 + 9	5 + 5	4 + 3	9 - 4
12 - 4	6 + 3	8 + 2	2 + 7	9 - 5	4 + 5	7 + 3	4 + 6	2 + 6

DATE__________ START______ FINISH______ SCORE____

3 + 2	10 - 8	9 + 6	8 + 8	7 + 6	12 - 7	4 + 1	5 + 5	7 - 6
5 - 4	4 + 7	5 + 1	14 - 8	5 + 6	8 + 9	7 - 2	6 + 2	12 - 6
8 - 4	6 - 4	10 - 6	3 + 1	17 - 8	8 + 6	14 - 7	2 + 2	8 + 5
9 - 4	6 + 4	11 - 8	7 + 5	7 + 8	6 + 7	11 - 9	4 + 9	4 + 6
7 + 3	9 - 5	5 + 3	5 + 9	9 - 6	2 + 6	3 + 9	12 - 9	13 - 7
7 + 4	4 + 3	8 + 7	5 + 4	6 + 5	6 - 5	1 + 8	14 - 6	16 - 9
18 - 9	7 + 9	15 - 7	11 - 4	17 - 9	5 - 3	2 + 8	1 + 7	8 - 7
7 + 2	6 + 8	13 - 6	10 - 7	13 - 5	13 - 9	4 - 2	4 - 3	12 - 8
4 + 2	7 - 3	13 - 8	9 + 3	5 + 2	3 + 5	6 - 2	11 - 5	16 - 7

DATE__________ START_______ FINISH_______ SCORE_____

16 - 8	5 + 2	2 + 5	11 - 8	12 - 4	4 + 2	11 - 7	3 - 2	8 + 2
9 - 2	5 + 8	2 + 2	9 - 1	6 - 3	8 + 4	14 - 6	17 - 8	10 - 3
17 - 9	3 + 4	7 + 3	3 + 6	3 + 7	6 + 1	8 + 7	2 + 3	14 - 9
1 + 3	15 - 8	8 + 5	15 - 7	6 + 6	7 - 6	5 + 3	8 + 1	14 - 7
8 + 6	12 - 5	7 + 8	3 + 9	4 + 8	18 - 9	4 + 5	6 + 7	13 - 7
5 + 1	1 + 6	9 - 6	10 - 8	4 - 3	2 + 4	8 + 9	4 - 2	4 + 4
2 + 9	8 - 6	7 - 2	12 - 6	1 + 2	6 - 2	6 - 4	13 - 9	1 + 1
7 + 2	13 - 5	8 + 3	7 - 3	9 + 2	5 - 4	8 - 5	3 + 8	13 - 6
11 - 3	2 + 8	13 - 4	3 + 3	9 - 7	10 - 6	4 + 6	10 - 7	8 + 8

DATE__________ START_______ FINISH_______ SCORE_____

17 - 9	15 - 7	2 + 8	12 - 7	10 - 5	16 - 8	9 + 5	13 - 4	8 - 5
15 - 8	9 - 5	3 + 5	6 - 5	2 + 5	8 - 4	7 + 8	7 + 2	3 + 3
2 + 9	9 + 8	3 + 6	6 + 6	8 + 4	8 + 3	5 + 3	17 - 8	11 - 9
9 + 9	2 + 4	6 + 1	10 - 8	6 + 9	6 - 4	12 - 6	14 - 8	5 + 8
9 + 4	4 + 7	1 + 3	15 - 6	6 + 3	9 - 0	16 - 7	16 - 9	4 - 3
8 + 6	15 - 9	5 - 2	6 - 3	7 + 7	8 + 7	5 - 3	3 - 2	7 - 2
5 - 4	9 + 6	6 + 2	4 + 9	9 - 4	14 - 6	4 + 3	7 + 3	8 + 8
4 + 2	7 + 4	3 + 8	7 - 4	4 + 8	11 - 4	6 + 8	9 + 7	5 + 7
18 - 9	13 - 7	8 - 7	8 + 5	13 - 6	12 - 5	8 + 2	11 - 8	6 - 2

DATE__________ START_______ FINISH_______ SCORE_____

9 + 5	11 - 8	16 - 8	2 + 4	17 - 9	9 + 7	12 - 8	2 + 5	13 - 4
3 + 6	5 - 4	11 - 5	1 + 7	8 + 1	8 - 7	11 - 2	8 + 6	15 - 8
7 + 2	15 - 7	9 - 0	12 - 6	14 - 9	7 + 5	6 + 7	13 - 6	6 + 3
17 - 8	4 + 2	8 - 2	4 - 2	1 + 2	8 + 5	7 - 3	7 + 8	6 + 1
3 + 5	8 + 7	7 + 9	5 - 3	7 - 4	18 - 9	16 - 7	2 + 6	8 - 5
4 - 3	14 - 7	10 - 4	1 + 5	8 + 4	2 + 1	5 + 2	9 + 1	4 + 8
13 - 8	4 + 3	6 - 5	6 + 8	3 - 2	9 - 2	7 - 2	9 + 2	7 + 4
8 - 3	9 - 6	13 - 9	1 + 4	3 + 2	5 + 3	1 + 3	6 + 4	10 - 2
3 + 7	9 - 3	9 - 4	4 + 6	11 - 4	8 + 9	4 + 7	9 - 5	8 + 2

DATE__________ START_______ FINISH_______ SCORE____

2	3	3	4	11	6	5	1	4
+ 2	+ 3	+ 9	+ 2	- 2	+ 6	- 2	+ 9	+ 9
12	9	4	5	12	3	2	13	6
- 6	- 7	+ 1	+ 6	- 8	- 2	+ 6	- 6	- 3
5	15	11	7	18	6	5	10	10
+ 7	- 8	- 4	- 6	- 9	+ 2	+ 3	- 9	- 6
17	1	2	12	16	6	1	10	7
- 9	+ 4	+ 1	- 4	- 8	+ 7	+ 8	- 5	+ 3
13	13	8	10	10	8	1	7	5
- 5	- 8	+ 2	- 2	- 8	+ 7	+ 2	+ 9	+ 4
14	11	6	6	5	16	2	9	5
- 9	- 8	+ 5	- 4	+ 2	- 7	+ 3	- 3	+ 1
4	15	13	5	1	8	14	7	6
+ 5	- 7	- 7	+ 8	+ 7	+ 1	- 8	- 3	- 5
9	8	2	8	8	9	16	5	17
+ 7	+ 8	+ 4	+ 6	- 5	- 4	- 9	- 3	- 8
3	9	7	9	3	5	14	10	7
+ 2	+ 5	+ 7	+ 4	+ 8	- 4	- 7	- 3	+ 4

DATE__________ START_______ FINISH_______ SCORE_____

4	2	8	7	18	16	2	17	1
+ 7	+ 3	+ 7	- 6	- 9	- 9	+ 7	- 8	+ 6
15	6	15	4	1	13	9	7	5
- 7	+ 6	- 9	+ 9	+ 3	- 5	+ 1	- 5	+ 8
6	6	9	8	9	8	7	17	8
+ 3	+ 5	+ 5	+ 1	- 5	- 5	- 4	- 9	+ 8
4	9	5	9	5	16	3	6	3
+ 6	+ 8	+ 6	+ 2	+ 7	- 8	+ 6	+ 2	+ 8
11	10	5	9	8	4	2	11	13
- 8	- 3	- 2	- 7	+ 2	- 3	+ 1	- 5	- 7
7	3	11	9	2	3	7	3	12
+ 7	+ 2	- 4	- 1	+ 6	+ 4	+ 2	+ 9	- 8
13	4	9	12	7	10	5	9	16
- 8	+ 4	- 6	- 3	+ 4	- 6	- 4	+ 3	- 7
6	5	5	7	3	15	5	8	10
- 3	- 3	+ 3	+ 3	- 2	- 8	+ 5	+ 4	- 9
9	4	5	2	10	8	11	7	1
- 4	- 2	+ 9	+ 2	- 5	- 4	- 6	- 3	+ 9

DATE__________ START______ FINISH______ SCORE____

13 - 8 | 7 - 4 | 17 - 8 | 11 - 2 | 3 + 5 | 16 - 9 | 11 - 4 | 2 + 2 | 4 + 5

6 + 1 | 8 + 6 | 7 - 6 | 16 - 8 | 4 - 3 | 10 - 8 | 8 - 7 | 14 - 9 | 2 + 1

7 - 5 | 8 + 5 | 13 - 9 | 9 + 2 | 7 + 4 | 12 - 4 | 12 - 8 | 18 - 9 | 4 + 3

8 + 7 | 3 - 2 | 9 - 4 | 4 + 4 | 8 + 1 | 4 + 7 | 7 + 3 | 9 - 2 | 9 + 9

5 + 6 | 3 + 1 | 6 + 3 | 17 - 9 | 7 + 5 | 8 - 6 | 9 - 5 | 3 + 8 | 8 - 5

13 - 5 | 6 + 4 | 6 - 2 | 1 + 7 | 13 - 4 | 10 - 4 | 7 + 6 | 9 - 8 | 1 + 1

11 - 6 | 8 + 9 | 6 + 5 | 6 + 2 | 16 - 7 | 8 + 8 | 14 - 8 | 2 + 8 | 9 + 4

2 + 7 | 5 + 3 | 14 - 5 | 5 - 4 | 1 + 9 | 2 + 9 | 14 - 6 | 4 + 1 | 10 - 3

6 + 9 | 6 - 4 | 8 - 3 | 5 + 4 | 6 - 5 | 4 - 2 | 9 + 5 | 1 + 4 | 5 + 5

DATE__________ START_______ FINISH_______ SCORE_____

8 + 4	10 - 8	16 - 9	13 - 8	10 - 3	10 - 4	5 + 3	5 + 8	13 - 5
6 - 5	1 + 6	12 - 7	7 - 3	11 - 3	9 + 2	8 + 8	2 + 2	7 + 4
6 + 6	6 + 9	2 + 8	8 + 5	17 - 8	18 - 9	9 - 3	14 - 9	16 - 7
4 + 4	10 - 7	3 + 3	1 + 2	15 - 6	7 + 3	5 + 2	6 - 2	8 - 6
16 - 8	10 - 5	6 + 2	6 + 7	8 + 7	3 - 2	14 - 5	9 + 5	11 - 5
9 + 9	2 + 7	7 - 6	5 - 3	2 + 5	9 - 5	8 + 6	3 + 6	9 - 2
8 + 2	17 - 9	4 + 7	1 + 5	3 + 4	14 - 8	12 - 3	8 - 7	4 + 3
2 + 4	7 - 5	6 - 3	6 + 8	10 - 9	1 + 9	9 + 1	13 - 4	1 + 4
14 - 7	7 + 9	5 + 7	5 + 5	4 + 5	8 - 4	7 - 4	5 + 4	9 - 7

DATE__________ START______ FINISH______ SCORE____

5 - 4	9 + 7	8 + 1	5 + 3	7 - 4	1 + 4	16 - 8	6 + 5	3 - 2
2 + 9	10 - 9	12 - 6	4 + 2	2 + 3	11 - 5	11 - 6	6 - 2	4 + 5
8 + 6	5 + 4	6 + 2	15 - 8	3 + 8	4 - 3	4 + 6	6 + 3	11 - 8
3 + 3	8 - 7	6 - 5	9 + 6	13 - 7	6 + 4	18 - 9	6 - 3	6 + 6
10 - 5	11 - 3	3 + 4	9 - 7	5 + 8	8 - 5	5 + 5	12 - 3	14 - 6
3 + 5	1 + 2	9 - 6	7 - 5	16 - 9	13 - 5	9 + 1	8 + 8	8 + 9
9 - 8	15 - 6	6 - 4	3 + 7	7 + 5	13 - 6	2 + 8	2 + 7	8 + 3
17 - 9	1 + 8	10 - 7	5 + 7	6 + 7	9 - 0	6 + 1	4 + 3	8 + 7
10 - 8	4 - 2	9 + 2	7 - 2	2 + 5	17 - 8	3 + 6	14 - 5	13 - 9

DATE__________ START_______ FINISH_______ SCORE_____

<table>
<tr><td>12
- 6</td><td>6
+ 8</td><td>11
- 9</td><td>4
+ 2</td><td>18
- 9</td><td>17
- 9</td><td>4
- 3</td><td>13
- 4</td><td>8
+ 8</td></tr>
<tr><td>6
+ 6</td><td>6
+ 7</td><td>6
- 5</td><td>10
- 4</td><td>6
+ 3</td><td>12
- 5</td><td>10
- 3</td><td>7
- 6</td><td>6
+ 2</td></tr>
<tr><td>7
+ 8</td><td>3
+ 5</td><td>16
- 8</td><td>6
+ 4</td><td>4
+ 5</td><td>6
+ 9</td><td>7
- 4</td><td>11
- 2</td><td>4
- 2</td></tr>
<tr><td>2
+ 5</td><td>7
+ 5</td><td>7
+ 9</td><td>6
- 3</td><td>1
+ 9</td><td>13
- 5</td><td>8
- 6</td><td>5
- 2</td><td>4
+ 1</td></tr>
<tr><td>9
+ 8</td><td>16
- 9</td><td>3
- 2</td><td>15
- 6</td><td>1
+ 1</td><td>8
- 3</td><td>6
- 4</td><td>5
- 4</td><td>3
+ 7</td></tr>
<tr><td>5
+ 4</td><td>11
- 7</td><td>2
+ 7</td><td>3
+ 1</td><td>9
- 7</td><td>8
+ 6</td><td>5
+ 2</td><td>4
+ 9</td><td>15
- 7</td></tr>
<tr><td>5
+ 6</td><td>8
+ 5</td><td>12
- 8</td><td>7
+ 4</td><td>9
+ 4</td><td>6
- 2</td><td>11
- 8</td><td>5
+ 8</td><td>12
- 9</td></tr>
<tr><td>9
- 8</td><td>2
+ 6</td><td>4
+ 8</td><td>1
+ 7</td><td>10
- 5</td><td>12
- 4</td><td>5
+ 5</td><td>2
+ 3</td><td>8
+ 2</td></tr>
<tr><td>3
+ 6</td><td>11
- 3</td><td>3
+ 8</td><td>2
+ 2</td><td>16
- 7</td><td>8
- 4</td><td>9
- 6</td><td>3
+ 2</td><td>17
- 8</td></tr>
</table>

DATE__________ START______ FINISH______ SCORE____

6 + 1	4 + 8	8 - 6	8 + 4	17 - 8	9 + 6	5 - 4	9 + 1	5 + 3
7 + 3	4 + 9	7 - 5	6 - 4	2 + 4	5 - 3	1 + 7	16 - 8	3 + 7
14 - 7	6 + 8	7 - 4	5 - 2	7 + 5	5 + 4	2 + 6	18 - 9	14 - 8
1 + 1	17 - 9	9 - 5	3 + 4	13 - 8	6 + 2	2 + 8	13 - 7	1 + 4
3 + 5	2 + 3	15 - 7	4 + 2	16 - 9	5 + 6	2 + 5	4 + 6	9 - 4
11 - 8	9 - 7	8 + 6	14 - 5	4 - 2	4 + 4	4 - 3	12 - 9	14 - 6
15 - 6	1 + 9	2 + 2	7 + 8	5 + 2	9 - 8	8 - 5	15 - 8	7 + 4
9 - 6	12 - 5	7 + 9	5 + 5	3 - 2	6 - 2	8 + 7	12 - 4	11 - 4
9 - 2	10 - 1	9 + 4	9 + 8	4 + 3	7 + 7	10 - 6	8 + 8	10 - 7

DATE__________ START______ FINISH______ SCORE____

4 - 3	12 - 4	2 + 2	7 + 4	12 - 5	12 - 7	10 - 5	2 + 3	7 + 2
6 + 2	3 + 8	6 - 5	9 + 6	4 - 2	6 + 6	15 - 7	5 + 9	6 + 5
3 + 2	2 + 5	9 + 5	9 - 4	10 - 3	5 + 5	3 + 5	11 - 6	6 + 7
15 - 9	1 + 9	12 - 6	8 + 9	16 - 8	5 + 2	8 + 4	12 - 3	8 + 8
2 + 7	5 + 1	2 + 6	3 + 3	8 + 7	5 - 3	5 + 7	9 - 1	7 + 5
4 + 1	17 - 9	17 - 8	9 + 1	3 + 7	7 + 1	7 - 4	8 - 5	4 + 8
9 - 6	2 + 9	5 - 4	8 - 2	13 - 6	4 + 3	18 - 9	14 - 7	2 + 8
8 + 2	6 - 4	15 - 8	4 + 2	12 - 8	7 + 9	8 - 7	11 - 7	8 + 6
11 - 8	14 - 8	10 - 7	11 - 2	7 - 5	4 + 4	8 - 3	13 - 5	14 - 9

DATE__________ START_______ FINISH_______ SCORE_____

17 - 9	9 - 0	14 - 9	17 - 8	10 - 2	2 + 7	8 - 3	2 + 4	6 - 4
14 - 6	7 - 4	3 + 2	8 + 9	8 + 6	13 - 9	2 + 5	11 - 7	11 - 6
3 + 8	6 + 4	4 + 8	4 + 7	14 - 8	9 - 3	4 + 4	2 + 1	6 + 6
4 + 2	3 - 2	13 - 5	3 + 1	5 + 5	5 - 2	11 - 8	8 + 5	5 + 2
3 + 9	5 + 1	15 - 8	8 - 5	9 - 2	8 + 7	8 + 8	7 - 3	6 - 5
5 + 4	5 + 7	1 + 4	3 + 5	7 + 6	5 + 6	11 - 2	5 - 4	6 - 3
3 + 3	12 - 4	7 + 7	1 + 9	6 + 7	8 + 2	9 - 1	8 - 6	14 - 7
7 + 2	11 - 9	4 - 3	1 + 8	6 + 5	3 + 6	8 - 4	16 - 9	10 - 6
7 + 4	4 - 2	15 - 7	4 + 6	4 + 3	16 - 8	7 - 2	14 - 5	6 + 3

DATE__________ START______ FINISH______ SCORE____

6 - 4	1 + 7	10 - 1	5 - 4	4 + 7	5 - 3	16 - 8	6 + 4	17 - 8
5 + 7	8 - 6	14 - 6	4 + 4	4 + 3	10 - 8	9 - 7	4 - 3	7 + 2
18 - 9	17 - 9	3 + 3	5 + 9	8 + 4	7 + 5	5 + 4	2 + 3	11 - 4
8 - 7	9 + 9	8 + 6	14 - 8	5 + 3	15 - 7	13 - 9	7 - 6	8 + 3
3 + 6	8 - 5	3 - 2	6 + 7	5 + 6	9 + 4	4 + 6	9 - 6	2 + 5
9 - 3	3 + 1	4 + 5	8 + 7	8 + 2	13 - 6	7 + 6	12 - 7	6 + 2
14 - 7	1 + 5	4 - 2	8 - 2	6 - 5	11 - 3	11 - 2	8 + 5	3 + 5
3 + 4	15 - 8	3 + 8	11 - 6	2 + 7	4 + 8	9 - 0	4 + 9	12 - 4
10 - 2	3 + 7	9 + 3	7 - 5	2 + 2	12 - 3	1 + 8	11 - 5	9 - 1

DATE__________ START______ FINISH______ SCORE____

13	11	8	9	5	7	6	10	10
- 7	- 8	+ 1	- 2	- 3	- 5	+ 5	- 7	- 8
8	15	7	9	6	16	2	6	16
+ 8	- 6	- 4	- 8	+ 4	- 7	+ 1	+ 7	- 9
9	4	5	4	5	4	12	4	2
+ 7	+ 2	+ 2	- 3	+ 4	+ 6	- 7	+ 5	+ 3
5	8	6	1	3	17	13	13	6
- 4	+ 2	- 5	+ 4	+ 2	- 8	- 6	- 5	+ 2
17	8	15	7	3	7	2	14	6
- 9	- 3	- 8	+ 2	+ 5	+ 4	+ 5	- 9	+ 9
6	2	4	10	5	2	4	2	9
+ 1	+ 4	+ 3	- 3	+ 8	+ 2	+ 4	+ 8	- 7
13	8	14	7	4	8	8	6	9
- 8	+ 9	- 6	+ 8	- 2	+ 7	- 6	- 3	- 4
12	6	5	12	3	5	5	4	1
- 5	- 2	+ 6	- 8	+ 3	+ 3	+ 5	+ 7	+ 6
7	3	10	7	9	16	12	3	3
- 2	+ 1	- 1	- 3	+ 6	- 8	- 3	+ 6	- 2

DATE__________ START______ FINISH______ SCORE____

14 - 6	6 - 4	2 + 2	12 - 4	8 - 5	1 + 8	5 - 2	4 + 3	13 - 9
8 + 9	13 - 5	7 + 3	2 + 9	10 - 9	15 - 8	12 - 8	15 - 9	5 - 3
3 + 7	2 + 4	8 + 3	10 - 5	4 - 2	6 + 4	12 - 7	3 + 2	13 - 7
4 + 4	14 - 7	6 + 7	15 - 7	7 - 6	7 - 5	8 + 2	18 - 9	7 + 4
16 - 8	8 - 7	2 + 7	5 + 3	16 - 7	9 - 1	1 + 5	6 + 5	9 - 8
7 - 2	9 - 0	3 + 5	1 + 7	6 + 2	4 - 3	6 - 5	11 - 6	4 + 8
5 + 4	6 + 3	1 + 6	11 - 5	5 + 7	10 - 6	8 + 5	4 + 7	5 + 8
7 + 6	2 + 6	7 + 5	7 + 2	7 + 9	2 + 1	4 + 6	6 - 2	8 + 4
5 - 4	5 + 6	1 + 4	10 - 3	7 - 4	17 - 9	10 - 7	9 + 2	11 - 3

DATE__________ START_______ FINISH_______ SCORE_____

17 - 8	17 - 9	4 + 5	6 + 1	6 + 5	5 - 4	4 - 2	7 - 6	10 - 9
6 + 9	10 - 6	14 - 9	7 - 4	4 + 7	10 - 2	6 + 3	5 + 8	3 + 2
8 - 4	9 - 7	7 + 4	3 + 8	11 - 7	7 + 2	8 + 5	7 + 3	2 + 6
6 - 4	5 + 2	2 + 5	2 + 1	8 + 8	3 + 7	16 - 9	6 - 3	12 - 4
5 + 5	6 + 6	3 + 5	15 - 8	7 + 6	6 + 2	2 + 2	7 + 7	9 + 7
12 - 5	9 - 4	1 + 8	5 - 3	10 - 8	9 - 6	11 - 9	8 + 7	4 - 3
1 + 3	3 - 2	7 + 8	18 - 9	3 + 3	4 + 9	15 - 7	13 - 9	14 - 5
8 + 2	9 - 8	14 - 7	4 + 6	11 - 4	1 + 7	4 + 3	7 + 5	15 - 9
7 + 9	11 - 8	2 + 8	6 + 7	6 - 5	13 - 7	10 - 3	13 - 6	12 - 6

DATE__________ START______ FINISH______ SCORE____

<table>
<tr><td>8
- 4</td><td>14
- 8</td><td>4
+ 3</td><td>6
+ 4</td><td>10
- 2</td><td>8
+ 2</td><td>6
+ 1</td><td>5
+ 2</td><td>13
- 7</td></tr>
<tr><td>3
+ 7</td><td>7
+ 5</td><td>5
- 4</td><td>11
- 7</td><td>8
+ 5</td><td>9
+ 7</td><td>2
+ 9</td><td>7
- 5</td><td>15
- 8</td></tr>
<tr><td>2
+ 4</td><td>13
- 4</td><td>14
- 9</td><td>10
- 8</td><td>9
- 2</td><td>9
- 8</td><td>4
- 3</td><td>4
+ 6</td><td>12
- 8</td></tr>
<tr><td>6
- 4</td><td>3
- 2</td><td>18
- 9</td><td>8
+ 3</td><td>13
- 6</td><td>4
+ 5</td><td>4
+ 8</td><td>5
+ 7</td><td>5
+ 6</td></tr>
<tr><td>2
+ 5</td><td>17
- 8</td><td>4
- 2</td><td>15
- 6</td><td>5
+ 4</td><td>7
+ 6</td><td>16
- 8</td><td>8
+ 7</td><td>2
+ 7</td></tr>
<tr><td>1
+ 9</td><td>8
+ 9</td><td>9
- 5</td><td>9
- 0</td><td>11
- 9</td><td>2
+ 3</td><td>4
+ 4</td><td>6
+ 2</td><td>6
+ 5</td></tr>
<tr><td>9
- 4</td><td>9
+ 3</td><td>4
+ 2</td><td>10
- 5</td><td>7
+ 2</td><td>4
+ 7</td><td>5
+ 8</td><td>8
- 6</td><td>7
+ 3</td></tr>
<tr><td>2
+ 2</td><td>9
+ 5</td><td>1
+ 8</td><td>7
- 4</td><td>10
- 3</td><td>14
- 5</td><td>5
+ 3</td><td>9
- 7</td><td>14
- 7</td></tr>
<tr><td>7
+ 9</td><td>13
- 5</td><td>17
- 9</td><td>13
- 8</td><td>9
+ 6</td><td>7
- 2</td><td>11
- 4</td><td>8
+ 4</td><td>9
- 1</td></tr>
</table>

DATE__________ START_______ FINISH_______ SCORE_____

5 + 8	13 - 6	10 - 5	14 - 8	5 + 7	7 - 3	8 + 4	16 - 7	17 - 8
12 - 6	16 - 9	6 + 7	9 + 4	15 - 9	5 + 4	13 - 9	4 + 4	3 + 1
3 + 3	6 + 3	4 + 6	8 - 5	3 + 4	6 + 9	3 + 6	7 + 7	8 + 8
9 - 2	5 + 3	9 + 6	8 - 7	4 + 5	2 + 6	13 - 8	7 + 4	16 - 8
10 - 2	2 + 7	6 + 2	2 + 8	2 + 9	5 + 6	17 - 9	5 + 5	6 + 5
8 - 4	14 - 5	9 - 6	5 + 9	7 + 3	3 + 7	7 - 4	3 + 8	12 - 7
7 - 5	4 - 3	5 - 2	9 + 8	15 - 6	3 + 9	7 + 9	8 - 2	9 - 8
2 + 3	2 + 5	14 - 7	9 - 7	11 - 2	6 - 4	8 + 9	2 + 4	8 - 3
11 - 4	6 + 4	10 - 4	8 + 3	18 - 9	5 - 3	12 - 8	13 - 5	8 - 6

DATE__________ START______ FINISH______ SCORE____

15 - 8	1 + 4	6 + 3	13 - 8	6 + 1	7 + 8	6 + 5	17 - 8	2 + 8
7 + 1	4 + 7	4 - 2	9 - 8	2 + 5	6 + 8	15 - 7	9 + 7	8 + 1
14 - 8	18 - 9	5 - 4	17 - 9	4 + 5	13 - 4	3 + 7	11 - 2	9 + 5
11 - 8	9 - 2	6 - 5	12 - 6	8 - 5	8 + 3	8 - 7	5 - 3	8 - 6
3 - 2	6 + 4	1 + 9	5 + 1	5 + 7	13 - 9	13 - 5	12 - 9	9 + 3
8 - 3	11 - 3	15 - 6	5 + 6	5 + 4	14 - 6	14 - 9	7 + 2	6 + 2
5 + 8	10 - 4	4 + 6	7 + 4	5 - 2	3 + 2	9 + 8	11 - 7	1 + 6
12 - 5	5 + 9	9 - 4	3 + 6	13 - 7	7 + 7	8 + 2	9 - 6	6 + 7
4 - 3	16 - 8	4 + 2	2 + 1	8 + 6	2 + 7	8 + 8	13 - 6	10 - 8

DATE__________ START_______ FINISH_______ SCORE_____

14 - 6	11 - 6	6 + 5	6 - 4	5 + 4	4 + 3	6 + 7	5 + 8	13 - 5
4 - 2	5 - 3	8 + 6	13 - 7	1 + 4	11 - 2	14 - 9	8 + 7	2 + 7
1 + 2	6 + 6	4 + 8	4 + 4	7 - 4	2 + 3	11 - 5	4 + 9	6 + 9
7 + 5	8 + 3	7 - 6	2 + 6	5 + 2	3 + 6	11 - 8	8 - 3	17 - 9
9 + 1	9 - 5	3 + 2	10 - 4	6 - 5	7 + 1	2 + 5	8 - 4	15 - 6
16 - 9	9 + 9	2 + 4	4 + 5	5 - 4	6 - 3	3 + 8	9 + 5	12 - 8
5 + 7	14 - 5	16 - 8	18 - 9	4 + 2	3 + 7	8 + 4	7 + 6	12 - 7
15 - 7	7 + 2	8 - 6	13 - 8	4 - 3	14 - 7	7 + 7	8 + 8	1 + 8
10 - 7	10 - 1	15 - 8	2 + 2	12 - 5	5 + 3	10 - 3	3 - 2	5 - 2

DATE__________ START______ FINISH______ SCORE____

7 + 6	8 - 3	6 + 2	1 + 6	3 + 7	11 - 8	7 - 3	11 - 6	7 + 3
8 - 4	17 - 9	7 + 8	17 - 8	7 - 4	15 - 7	3 + 2	4 + 4	11 - 2
5 + 5	2 + 9	7 + 7	8 + 6	6 - 5	3 + 4	15 - 9	7 + 5	8 + 4
1 + 3	4 + 6	13 - 6	7 + 2	3 + 1	16 - 9	10 - 8	1 + 8	3 - 2
12 - 8	9 - 0	13 - 7	16 - 8	9 - 6	7 - 6	4 + 8	7 + 1	6 - 3
8 + 5	6 + 6	5 - 3	1 + 4	2 + 7	10 - 7	14 - 7	4 + 5	10 - 4
5 + 2	8 - 6	4 + 9	6 + 8	6 + 3	9 + 8	9 - 4	8 + 7	9 - 7
3 + 5	11 - 4	2 + 5	6 + 5	8 + 2	6 - 4	12 - 5	13 - 5	7 - 5
14 - 6	16 - 7	5 - 2	10 - 5	2 + 6	9 + 2	14 - 5	5 + 3	4 + 7

DATE__________ START______ FINISH______ SCORE____

6 + 8	5 + 7	12 - 3	2 + 2	1 + 4	7 - 5	6 + 7	9 - 6	1 + 3
2 + 6	4 - 2	7 + 2	7 + 5	6 - 5	18 - 9	9 - 8	2 + 4	14 - 5
3 + 3	4 + 7	8 - 4	16 - 7	16 - 8	10 - 2	8 + 7	3 + 8	5 + 6
14 - 9	4 - 3	8 + 6	3 + 9	6 - 2	15 - 7	8 - 3	10 - 8	11 - 8
14 - 7	5 - 3	3 + 7	10 - 4	3 + 6	9 + 5	4 + 6	4 + 3	5 - 2
11 - 4	8 + 1	7 + 9	15 - 8	17 - 8	7 + 3	7 - 4	4 + 4	13 - 9
3 + 4	12 - 9	4 + 9	9 + 2	5 + 5	13 - 7	1 + 6	11 - 5	4 + 5
8 + 2	8 + 3	9 + 9	7 - 3	5 - 4	5 + 2	3 + 1	5 + 8	7 - 6
4 + 8	6 + 1	2 + 7	3 - 2	13 - 5	15 - 9	11 - 6	9 - 0	12 - 7

DATE__________ START______ FINISH______ SCORE____

5 + 1	5 - 3	4 + 6	1 + 3	6 + 5	3 + 7	2 + 6	8 + 8	3 + 1
7 + 9	13 - 6	3 - 2	5 + 4	3 + 9	4 + 2	7 + 5	5 + 7	17 - 8
2 + 2	11 - 5	11 - 3	5 + 2	12 - 7	8 + 9	8 + 4	9 + 1	11 - 6
11 - 7	6 + 3	6 + 7	7 + 3	4 + 9	10 - 3	7 + 2	7 + 4	2 + 9
6 + 1	12 - 4	9 - 4	1 + 6	5 + 3	17 - 9	6 - 5	16 - 8	11 - 4
15 - 7	18 - 9	8 - 6	16 - 9	9 - 2	9 - 7	14 - 6	2 + 4	9 - 5
4 - 3	5 - 2	14 - 9	10 - 1	16 - 7	12 - 5	9 + 3	1 + 5	6 + 4
8 + 7	14 - 8	8 - 7	9 + 7	9 + 8	10 - 6	4 + 4	11 - 2	7 - 3
7 + 8	13 - 5	1 + 2	9 - 0	8 - 5	4 + 8	5 + 6	13 - 7	9 - 6

DATE__________ START______ FINISH______ SCORE____

2 + 7	8 - 4	7 + 2	7 + 4	7 - 4	11 - 8	5 + 4	4 + 5	7 - 5
9 - 4	7 - 6	7 + 3	12 - 3	16 - 7	4 + 8	2 + 6	4 + 4	10 - 5
15 - 7	5 - 3	9 - 3	16 - 9	13 - 7	9 + 8	10 - 7	2 + 8	2 + 4
18 - 9	4 + 6	2 + 1	4 - 3	7 - 3	10 - 1	9 + 6	15 - 8	6 - 5
3 + 5	12 - 6	1 + 4	17 - 9	7 + 5	11 - 4	5 + 3	2 + 3	6 + 9
13 - 8	5 - 4	3 + 1	5 + 5	11 - 6	3 + 3	2 + 5	3 - 2	11 - 9
8 + 8	4 + 3	12 - 9	6 - 2	6 + 5	6 + 7	9 + 2	9 + 4	16 - 8
9 + 5	14 - 6	3 + 6	2 + 9	3 + 4	10 - 4	1 + 8	13 - 6	6 + 3
10 - 9	12 - 4	4 - 2	4 + 7	6 + 2	8 + 7	12 - 5	9 - 8	8 + 4

DATE__________ START______ FINISH______ SCORE____

5 + 9	4 + 4	2 + 7	13 - 8	7 + 2	11 - 3	4 + 3	8 + 7	3 + 8
11 - 4	8 + 8	10 - 9	5 + 2	7 + 8	15 - 8	17 - 9	13 - 7	15 - 6
6 + 4	6 - 3	6 - 5	14 - 8	3 + 2	15 - 9	12 - 6	7 - 3	14 - 6
7 - 4	8 - 3	3 + 3	9 + 4	13 - 5	4 + 8	2 + 4	4 + 1	13 - 6
8 + 4	8 + 3	8 + 6	4 + 5	5 - 3	3 + 5	13 - 4	3 + 6	10 - 7
17 - 8	6 + 7	5 + 5	8 + 2	9 - 7	8 + 1	9 - 4	5 - 2	11 - 9
8 - 5	4 - 3	11 - 8	6 + 1	6 + 3	9 + 5	9 - 5	6 - 2	1 + 3
16 - 8	18 - 9	1 + 1	16 - 7	1 + 6	9 + 7	7 - 5	5 + 7	3 + 7
4 + 2	1 + 8	11 - 6	7 + 3	15 - 7	7 - 6	8 + 9	5 + 6	3 - 2

DATE_________ START______ FINISH______ SCORE____

12	9	8	4	13	10	6	7	16
- 3	+ 2	+ 5	+ 8	- 9	- 7	- 4	+ 2	- 7
1	5	3	8	11	9	14	14	15
+ 6	- 2	- 2	- 6	- 8	+ 1	- 8	- 7	- 7
2	12	5	11	8	15	18	2	2
+ 1	- 8	- 3	- 4	- 4	- 9	- 9	+ 9	+ 3
15	8	2	13	7	8	6	3	9
- 8	+ 2	+ 5	- 6	+ 7	+ 9	+ 2	+ 2	- 3
7	6	6	9	5	4	7	16	7
+ 8	+ 6	- 5	+ 6	+ 7	+ 2	+ 5	- 9	+ 9
10	5	5	2	5	11	8	8	12
- 3	+ 6	+ 9	+ 8	- 4	- 5	- 7	+ 4	- 7
6	3	8	15	4	16	12	9	4
+ 4	+ 6	+ 8	- 6	+ 4	- 8	- 6	+ 4	- 3
10	17	14	7	7	13	6	2	6
- 1	- 8	- 6	+ 1	+ 3	- 7	+ 8	+ 6	+ 7
1	9	12	10	5	3	5	2	6
+ 2	- 5	- 5	- 8	+ 8	+ 8	+ 1	+ 7	- 3

DATE__________ START______ FINISH______ SCORE____

6 + 8	5 - 2	8 - 3	3 + 5	12 - 7	17 - 8	3 - 2	15 - 7	11 - 6
5 - 3	4 - 2	5 + 1	7 + 2	4 + 3	2 + 9	8 + 6	7 - 5	11 - 4
15 - 8	8 - 6	4 + 4	3 + 3	7 - 6	7 + 4	1 + 3	4 + 1	6 + 6
7 - 4	2 + 7	11 - 7	4 + 2	18 - 9	4 + 9	9 - 3	8 - 4	6 + 7
3 + 2	7 + 3	13 - 7	2 + 5	3 + 7	7 + 9	2 + 8	10 - 1	4 - 3
5 + 3	8 + 4	6 + 5	14 - 9	11 - 9	2 + 4	15 - 9	17 - 9	8 - 5
11 - 5	7 + 5	8 + 9	4 + 8	7 + 7	6 - 4	11 - 8	13 - 8	14 - 7
2 + 6	8 + 1	1 + 5	16 - 8	11 - 3	12 - 8	13 - 6	4 + 6	2 + 1
8 + 7	10 - 8	1 + 7	6 + 3	16 - 9	4 + 7	14 - 5	14 - 8	5 + 6

DATE__________ START______ FINISH______ SCORE____

16 - 8	13 - 4	4 + 6	6 - 2	8 + 6	1 + 5	6 + 5	5 + 8	4 + 2
6 - 3	15 - 8	4 + 8	15 - 6	2 + 3	8 - 4	5 + 6	10 - 2	6 + 8
6 + 6	5 - 3	1 + 2	4 + 3	3 + 6	3 + 4	9 + 2	8 - 7	10 - 3
4 - 2	18 - 9	2 + 6	5 + 2	7 + 5	5 - 4	9 - 4	6 + 9	1 + 4
2 + 8	7 - 5	4 + 7	13 - 9	9 - 7	14 - 9	7 + 7	12 - 3	9 + 9
2 + 4	9 + 7	6 + 7	15 - 7	11 - 9	8 + 1	6 + 1	17 - 9	13 - 7
11 - 7	4 + 5	8 + 2	12 - 5	2 + 2	2 + 1	10 - 4	10 - 1	1 + 6
9 - 1	3 + 5	3 - 2	5 + 7	10 - 9	8 - 5	4 + 9	13 - 5	16 - 7
9 - 2	8 - 6	7 - 4	4 - 3	5 + 1	3 + 9	2 + 9	14 - 8	11 - 5

DATE__________ START_______ FINISH_______ SCORE_____

4 - 3	15 - 8	6 + 6	7 + 4	1 + 9	1 + 2	8 + 5	3 + 8	17 - 8
8 + 4	8 - 7	3 - 2	7 + 9	2 + 2	5 + 4	18 - 9	7 + 5	16 - 8
6 - 3	8 - 5	10 - 3	9 + 5	15 - 9	9 + 2	4 - 2	9 - 5	3 + 6
4 + 7	6 + 4	15 - 7	10 - 6	7 - 2	5 - 4	9 - 2	5 + 7	7 - 3
7 + 3	10 - 8	7 - 5	5 + 2	14 - 5	2 + 8	17 - 9	11 - 6	7 + 7
4 + 8	12 - 4	6 - 2	13 - 5	4 + 5	7 - 6	7 - 4	6 + 2	6 + 3
12 - 5	7 + 2	16 - 9	10 - 5	7 + 8	3 + 1	6 + 5	8 - 6	12 - 7
2 + 3	14 - 8	13 - 8	4 + 2	12 - 8	6 - 4	2 + 6	5 + 5	4 + 9
8 + 8	7 + 6	2 + 1	5 - 3	6 + 8	3 + 2	8 + 6	8 + 7	11 - 5

DATE________ START______ FINISH______ SCORE____

2 + 5	14 - 6	6 + 5	3 + 7	12 - 6	13 - 6	6 + 6	8 - 3	6 + 8
6 - 4	8 + 9	18 - 9	5 + 8	5 + 5	8 - 6	3 + 4	5 + 7	6 - 2
1 + 5	12 - 9	9 - 7	16 - 8	7 + 7	8 + 5	14 - 5	12 - 3	2 + 9
15 - 9	15 - 7	7 + 4	8 + 4	6 - 5	2 + 2	3 + 3	3 + 8	8 + 3
3 + 1	4 + 4	5 + 3	13 - 4	9 - 5	9 - 4	6 - 3	5 + 2	7 + 5
8 + 2	3 - 2	2 + 7	9 - 2	11 - 6	6 + 9	1 + 2	4 + 2	15 - 8
10 - 8	2 + 1	16 - 7	8 + 8	5 + 4	6 + 3	7 - 3	14 - 8	17 - 8
11 - 2	7 + 2	4 + 7	9 + 7	7 + 1	11 - 5	17 - 9	9 + 4	4 - 2
4 - 3	14 - 7	7 - 5	10 - 4	13 - 9	3 + 5	2 + 4	12 - 4	8 - 4

DATE__________ START______ FINISH______ SCORE____

13	13	6	7	2	4	7	3	4
- 8	- 5	+ 8	- 5	+ 9	+ 6	+ 7	- 2	+ 2
7	6	15	11	5	1	6	14	4
+ 8	+ 1	- 9	- 7	+ 6	+ 4	- 3	- 8	+ 3
8	10	1	4	3	7	8	9	4
+ 6	- 5	+ 8	+ 7	+ 4	+ 5	- 4	- 4	- 3
5	4	8	5	17	5	8	10	6
- 4	+ 8	- 3	+ 4	- 9	+ 1	- 5	- 2	+ 4
14	3	12	3	3	8	4	8	10
- 6	+ 1	- 4	+ 5	+ 3	+ 4	- 2	- 7	- 6
2	14	8	4	6	10	13	16	15
+ 5	- 5	+ 3	+ 5	+ 2	- 4	- 9	- 9	- 7
17	5	2	7	5	4	7	9	7
- 8	- 3	+ 8	+ 4	+ 5	+ 9	+ 9	- 2	+ 6
15	12	6	2	13	10	6	8	6
- 6	- 7	+ 9	+ 3	- 6	- 9	+ 6	+ 1	+ 3
8	16	12	13	6	11	6	7	5
+ 2	- 8	- 8	- 4	- 5	- 2	- 4	+ 2	+ 9

DATE__________ START_______ FINISH_______ SCORE_____

8 + 3 | 2 + 5 | 13 - 9 | 4 - 3 | 6 + 4 | 10 - 5 | 15 - 8 | 3 + 2 | 9 - 7

4 + 5 | 17 - 9 | 2 + 4 | 6 + 8 | 7 + 2 | 2 + 7 | 16 - 7 | 15 - 7 | 16 - 8

6 - 5 | 4 + 9 | 16 - 9 | 5 + 1 | 9 + 6 | 4 + 6 | 13 - 5 | 4 - 2 | 8 - 4

12 - 6 | 9 + 5 | 3 + 3 | 14 - 7 | 8 + 4 | 14 - 6 | 12 - 4 | 7 + 8 | 13 - 8

6 + 6 | 9 - 2 | 3 + 6 | 10 - 3 | 6 + 3 | 9 - 1 | 11 - 3 | 5 + 7 | 8 - 5

1 + 8 | 4 + 4 | 8 + 2 | 5 + 6 | 7 + 4 | 10 - 8 | 3 + 8 | 5 + 3 | 13 - 6

18 - 9 | 11 - 9 | 8 - 3 | 5 + 5 | 6 + 7 | 11 - 7 | 12 - 7 | 4 + 3 | 9 - 4

5 + 2 | 6 + 5 | 1 + 7 | 8 + 5 | 8 + 9 | 17 - 8 | 3 - 2 | 10 - 2 | 14 - 9

2 + 6 | 7 - 5 | 4 + 7 | 1 + 6 | 6 - 2 | 3 + 7 | 7 - 4 | 7 + 7 | 11 - 2

DATE__________ START______ FINISH______ SCORE____

3 + 8	6 + 4	16 - 9	18 - 9	12 - 8	4 + 7	3 - 2	17 - 9	8 + 5
4 + 5	10 - 2	5 + 1	7 + 5	3 + 2	3 + 5	17 - 8	5 + 4	5 + 7
9 - 8	4 + 8	5 + 8	4 + 6	6 - 5	7 + 2	13 - 7	13 - 8	2 + 3
9 - 3	1 + 6	9 + 3	5 + 2	7 + 3	2 + 7	10 - 7	1 + 2	11 - 2
8 + 2	8 + 7	2 + 5	14 - 6	14 - 7	5 + 3	4 + 3	10 - 8	9 + 1
4 - 3	15 - 9	6 + 2	8 - 7	5 - 4	9 + 9	11 - 4	7 - 3	6 - 3
10 - 5	11 - 5	7 - 4	6 + 5	15 - 8	7 - 6	13 - 5	12 - 6	8 + 4
16 - 7	9 - 2	8 - 6	2 + 8	13 - 9	3 + 1	7 + 6	3 + 3	7 + 7
13 - 4	2 + 1	16 - 8	1 + 5	11 - 7	15 - 7	3 + 7	11 - 3	8 + 3

DATE__________ START_______ FINISH_______ SCORE____

16 - 7	17 - 8	7 + 4	4 - 2	4 + 9	4 + 3	15 - 7	5 - 4	4 + 7
14 - 7	3 + 2	6 + 2	8 - 5	6 - 5	4 + 6	7 + 8	4 + 5	4 - 3
11 - 6	14 - 6	5 + 8	5 + 4	12 - 6	16 - 8	6 + 8	3 + 1	7 - 4
7 + 6	6 - 3	9 + 5	9 + 9	6 + 3	3 - 2	9 - 7	2 + 9	9 + 1
18 - 9	2 + 8	11 - 4	6 - 2	9 - 4	6 - 4	8 + 6	5 + 6	16 - 9
1 + 2	7 + 9	10 - 9	10 - 6	9 + 6	2 + 3	7 + 7	13 - 5	7 + 1
15 - 6	12 - 9	8 + 8	5 + 7	12 - 4	7 - 6	5 + 2	5 - 2	2 + 5
9 - 8	8 - 6	12 - 8	8 + 5	15 - 8	4 + 4	10 - 5	6 + 7	3 + 4
17 - 9	1 + 9	12 - 7	2 + 7	2 + 4	7 + 3	13 - 8	14 - 8	6 + 5

DATE__________ START______ FINISH______ SCORE____

4 + 5	4 + 9	7 + 8	10 - 4	6 - 5	7 + 6	12 - 7	11 - 7	12 - 4
12 - 5	3 + 8	2 + 7	2 + 8	2 + 5	13 - 6	2 + 9	4 + 7	6 + 5
17 - 8	7 + 1	12 - 6	8 - 3	13 - 8	4 + 8	5 - 4	13 - 7	15 - 6
3 + 6	9 + 6	9 - 3	7 + 3	5 + 2	5 + 3	8 + 2	3 + 9	16 - 9
16 - 8	7 + 4	5 + 7	12 - 8	8 + 8	17 - 9	3 + 7	6 + 9	16 - 7
4 + 4	5 + 5	7 + 5	1 + 5	10 - 9	10 - 5	18 - 9	1 + 8	2 + 3
6 + 4	9 - 5	4 + 6	8 - 2	8 + 7	9 - 0	11 - 4	6 + 8	7 - 5
15 - 9	5 + 6	8 - 6	8 - 7	3 + 2	6 - 4	10 - 8	4 - 3	2 + 2
3 - 2	2 + 6	10 - 2	5 - 3	14 - 9	15 - 7	1 + 3	3 + 3	10 - 3

DATE__________ START______ FINISH______ SCORE____

16 - 7	9 - 4	7 + 4	7 - 2	3 + 2	7 + 5	14 - 5	6 + 8	4 + 1
12 - 9	8 + 3	10 - 5	5 + 5	4 - 3	7 + 7	3 - 2	2 + 2	9 + 1
18 - 9	2 + 9	5 + 8	3 + 5	9 - 2	17 - 9	15 - 8	6 - 4	4 + 4
5 - 2	7 - 5	3 + 6	3 + 7	14 - 8	5 + 7	2 + 7	7 + 9	4 + 7
14 - 6	8 - 5	12 - 6	9 + 4	8 + 4	1 + 6	5 + 1	1 + 9	9 - 5
3 + 8	3 + 4	9 + 3	5 + 4	16 - 8	10 - 4	8 + 5	9 - 0	8 + 1
7 + 6	11 - 5	7 - 3	11 - 9	8 - 6	4 + 2	10 - 1	12 - 8	4 - 2
8 + 8	9 - 6	13 - 8	17 - 8	5 + 3	13 - 9	4 + 9	1 + 4	5 - 4
6 + 2	15 - 7	10 - 8	2 + 8	5 - 3	1 + 3	14 - 9	6 - 3	6 + 4

DATE__________ START_______ FINISH_______ SCORE_____

6 + 2	4 + 6	17 - 9	9 + 7	11 - 5	9 - 6	7 - 6	6 + 7	15 - 6
6 - 4	3 + 2	7 + 6	14 - 7	15 - 7	6 + 4	5 + 7	14 - 8	7 + 4
6 + 5	9 - 4	1 + 6	3 - 2	15 - 8	2 + 2	4 + 4	8 - 7	2 + 8
10 - 4	1 + 5	17 - 8	5 + 1	9 - 8	8 - 4	7 - 3	6 + 9	1 + 2
3 + 8	4 - 3	9 + 5	11 - 8	10 - 5	4 + 9	15 - 9	18 - 9	5 - 4
9 + 8	2 + 7	9 - 0	12 - 6	5 + 2	6 - 5	6 - 3	1 + 8	8 + 7
7 + 8	9 + 2	4 - 2	7 - 5	16 - 9	8 + 6	4 + 1	9 + 1	13 - 9
12 - 9	5 + 3	3 + 4	9 + 6	8 + 1	8 - 3	8 - 6	13 - 5	7 + 3
2 + 3	2 + 5	11 - 9	7 + 7	13 - 8	9 + 4	8 + 4	8 - 5	16 - 8

DATE__________ START______ FINISH______ SCORE____

5	16	13	6	10	1	10	8	5
+ 8	- 8	- 6	+ 7	- 6	+ 6	- 1	+ 4	- 3
8	3	4	2	3	3	5	11	8
- 5	- 2	- 3	+ 5	+ 6	+ 4	+ 5	- 3	+ 2
7	3	8	14	13	7	5	3	5
- 5	+ 2	+ 8	- 9	- 5	+ 3	+ 3	+ 3	+ 6
7	5	14	9	4	7	15	12	8
+ 8	- 4	- 6	+ 4	+ 8	- 6	- 8	- 8	- 4
2	6	2	17	6	15	11	8	9
+ 9	- 2	+ 2	- 9	+ 2	- 9	- 9	- 7	+ 5
6	2	5	13	2	6	2	2	13
+ 6	+ 8	+ 4	- 7	+ 3	- 3	+ 6	+ 4	- 9
3	18	4	13	8	14	7	6	8
+ 7	- 9	+ 6	- 4	+ 5	- 7	+ 4	+ 8	+ 6
9	14	13	1	7	16	17	3	7
+ 2	- 8	- 8	+ 8	- 4	- 7	- 8	+ 9	+ 7
4	6	10	16	2	7	10	10	4
- 2	- 4	- 4	- 9	+ 7	+ 5	- 2	- 7	+ 5

DATE__________ START______ FINISH______ SCORE____

12	5	18	3	3	7	7	13	2
- 9	+ 5	- 9	+ 7	+ 4	+ 9	- 3	- 8	+ 4
5	6	3	3	6	17	5	4	5
+ 9	- 3	- 2	+ 6	+ 6	- 8	+ 1	+ 9	- 2
8	12	7	11	5	12	2	6	2
+ 2	- 7	+ 2	- 2	- 4	- 4	+ 5	- 5	+ 7
6	6	9	8	11	4	13	11	10
- 2	+ 2	+ 2	- 6	- 9	+ 2	- 7	- 3	- 7
6	4	8	4	15	5	4	5	7
- 4	+ 3	+ 1	+ 7	- 6	+ 6	+ 6	+ 4	+ 6
6	9	8	16	8	9	10	12	14
+ 5	+ 6	+ 3	- 8	+ 6	- 6	- 5	- 5	- 8
11	14	3	2	4	10	7	15	6
- 7	- 7	+ 5	+ 3	- 3	- 8	- 2	- 7	+ 7
1	1	3	9	6	11	7	5	16
+ 7	+ 9	+ 2	- 2	+ 3	- 8	- 6	+ 7	- 9
15	17	16	3	4	4	8	9	6
- 8	- 9	- 7	+ 3	+ 8	+ 4	- 5	+ 4	+ 4

DATE__________ START______ FINISH______ SCORE____

8 + 2	5 + 3	6 - 5	12 - 5	8 + 1	5 - 4	6 + 9	13 - 6	8 + 7
4 + 8	3 + 6	5 + 8	11 - 7	17 - 8	3 + 5	6 + 4	8 - 6	14 - 7
7 + 7	10 - 7	3 + 9	3 + 3	6 + 6	6 + 7	15 - 6	3 + 2	13 - 5
12 - 9	2 + 7	13 - 4	4 + 7	7 + 5	16 - 8	3 - 2	2 + 4	9 - 8
10 - 3	1 + 4	4 + 1	9 - 6	6 - 3	5 + 4	2 + 6	9 + 2	4 - 3
2 + 2	10 - 8	10 - 2	6 + 2	9 - 3	7 - 2	11 - 4	15 - 7	4 + 9
16 - 7	9 + 3	6 - 4	3 + 8	4 + 3	3 + 4	12 - 6	2 + 3	11 - 9
10 - 9	8 + 6	10 - 6	5 + 7	15 - 8	7 + 2	8 + 5	8 + 8	17 - 9
11 - 2	6 - 2	14 - 8	8 + 4	4 + 4	13 - 8	8 - 2	9 + 4	7 - 4

DATE__________ START_______ FINISH_______ SCORE_____

13 - 5	2 + 4	7 + 2	5 - 3	17 - 8	15 - 8	10 - 4	6 - 5	6 + 1
2 + 2	7 + 1	8 - 4	6 + 9	12 - 6	3 + 4	1 + 7	6 - 2	8 - 7
3 + 7	5 + 8	17 - 9	13 - 8	10 - 3	7 + 5	3 + 1	3 - 2	5 - 2
6 + 3	18 - 9	6 - 4	9 - 7	11 - 3	8 + 6	1 + 6	16 - 8	15 - 6
8 + 9	7 + 3	5 + 6	11 - 9	16 - 7	15 - 9	7 + 9	4 - 3	5 - 4
9 + 4	11 - 4	4 + 8	2 + 3	9 + 8	8 - 6	4 + 2	14 - 7	4 + 4
7 - 5	2 + 1	10 - 8	9 - 2	5 + 2	2 + 9	14 - 8	6 + 4	15 - 7
9 - 6	4 + 5	12 - 9	7 - 3	8 - 5	4 + 6	8 + 1	6 + 6	5 + 7
4 + 7	9 + 2	14 - 6	5 + 1	8 + 5	5 + 5	1 + 9	4 - 2	6 + 2

DATE__________ START_______ FINISH_______ SCORE_____

18 − 9	5 − 4	5 − 3	7 + 9	15 − 8	5 + 3	17 − 8	12 − 6	3 + 2
9 + 7	9 − 5	5 + 6	3 + 8	3 − 2	8 + 3	12 − 7	16 − 8	17 − 9
9 + 3	14 − 7	4 + 2	14 − 8	8 + 7	2 + 2	12 − 3	3 + 7	6 + 4
11 − 2	10 − 2	11 − 8	9 − 1	2 + 4	1 + 5	1 + 7	7 − 3	10 − 5
14 − 9	8 − 3	16 − 9	9 + 1	3 + 3	5 + 8	9 + 8	8 − 6	6 + 6
14 − 6	7 + 7	9 + 5	8 + 2	9 + 2	6 − 2	2 + 1	12 − 8	5 + 5
7 + 2	11 − 6	8 + 4	4 − 2	2 + 8	13 − 6	2 + 6	13 − 7	4 − 3
1 + 3	4 + 5	4 + 3	9 − 0	3 + 4	4 + 7	4 + 4	5 − 2	7 + 4
9 − 7	4 + 9	14 − 5	6 + 5	5 + 9	13 − 4	6 − 5	13 − 8	10 − 8

DATE__________ START_______ FINISH_______ SCORE____

14 - 8	7 + 3	9 - 8	13 - 5	16 - 8	15 - 6	6 + 4	9 + 3	6 - 5
9 - 7	4 - 3	3 - 2	12 - 4	12 - 3	4 + 8	5 + 8	3 + 7	5 + 5
6 + 1	7 + 7	7 + 5	17 - 8	8 + 5	12 - 8	3 + 4	3 + 5	6 + 8
11 - 4	6 + 9	5 + 4	7 + 8	8 + 7	2 + 4	15 - 7	5 - 3	6 + 6
8 + 3	11 - 7	12 - 5	10 - 5	14 - 6	8 + 6	4 + 5	6 + 5	3 + 9
7 - 4	1 + 5	5 + 9	10 - 8	10 - 6	7 + 6	8 - 5	5 - 2	2 + 8
11 - 6	15 - 9	2 + 7	14 - 9	9 - 5	3 + 6	2 + 1	6 + 3	2 + 9
14 - 5	2 + 3	3 + 8	10 - 9	6 + 7	5 + 7	17 - 9	4 + 4	9 - 3
9 + 6	16 - 7	11 - 8	6 - 4	18 - 9	13 - 4	4 + 7	4 - 2	10 - 4

DATE__________ START_______ FINISH_______ SCORE_____

10	17	13	8	7	7	3	5	9
- 1	- 9	- 8	+ 3	+ 1	+ 5	- 2	+ 6	+ 4
8	5	12	8	2	5	9	15	14
- 7	- 4	- 5	- 5	+ 3	+ 2	+ 6	- 8	- 8
8	16	11	7	3	5	16	4	6
- 3	- 8	- 9	+ 6	+ 7	+ 5	- 9	+ 4	+ 7
15	8	8	7	10	7	8	18	9
- 9	+ 6	+ 7	- 4	- 4	- 5	+ 2	- 9	+ 3
11	12	6	13	6	6	9	3	17
- 3	- 6	+ 8	- 7	- 4	+ 4	- 1	+ 5	- 8
2	8	8	4	3	7	9	4	8
+ 7	+ 8	+ 9	+ 7	+ 8	+ 4	- 3	+ 8	+ 5
4	9	4	7	9	6	3	2	5
+ 3	- 7	- 3	- 2	- 6	+ 5	+ 6	+ 2	- 3
2	10	5	2	9	11	12	5	16
+ 1	- 5	+ 8	+ 5	+ 8	- 7	- 8	+ 9	- 7
8	4	8	10	9	4	4	13	3
- 6	+ 2	- 4	- 2	- 2	+ 6	+ 1	- 5	+ 2

DATE__________ START_______ FINISH_______ SCORE_____

3 + 6	4 + 5	6 - 5	6 + 2	7 - 3	8 - 4	7 - 5	14 - 5	3 + 3
5 + 2	4 + 8	9 + 6	12 - 6	9 - 8	4 - 3	15 - 8	5 + 8	9 - 7
5 + 9	2 + 4	13 - 5	13 - 8	5 + 5	15 - 9	7 + 8	8 + 7	13 - 4
6 + 3	6 - 4	3 + 2	6 + 8	11 - 3	14 - 8	3 - 2	9 + 2	14 - 6
11 - 7	4 - 2	8 - 5	7 + 4	8 - 6	17 - 8	11 - 5	4 + 3	4 + 4
6 + 4	3 + 7	16 - 7	16 - 9	13 - 7	2 + 2	17 - 9	13 - 6	15 - 7
11 - 8	7 + 5	12 - 8	5 - 3	6 + 6	4 + 7	8 + 5	15 - 6	6 + 1
12 - 5	8 + 4	4 + 2	6 + 5	2 + 9	2 + 3	10 - 3	7 + 6	5 + 6
9 - 5	8 + 8	10 - 6	3 + 9	4 + 1	5 + 4	1 + 3	7 + 9	12 - 7

DATE__________ START______ FINISH______ SCORE____

4 + 2	8 - 5	10 - 4	1 + 8	14 - 7	13 - 7	16 - 9	5 + 1	9 + 6
16 - 7	10 - 7	4 + 4	9 - 4	2 + 9	8 + 2	13 - 9	7 + 2	7 + 3
9 - 8	7 + 7	8 - 7	7 - 3	8 + 6	5 - 4	7 + 5	15 - 8	9 + 2
5 + 7	7 - 4	15 - 7	4 - 2	4 + 7	4 + 3	4 - 3	3 + 7	6 + 5
8 + 3	5 + 8	6 - 2	3 + 4	10 - 9	17 - 9	10 - 8	12 - 3	13 - 8
8 + 8	5 - 3	7 + 9	12 - 6	9 + 3	11 - 3	2 + 8	13 - 4	11 - 5
3 + 8	3 + 5	2 + 3	6 + 6	16 - 8	8 - 6	10 - 3	6 + 3	10 - 2
5 + 6	5 + 4	12 - 8	7 - 5	1 + 3	9 - 7	1 + 1	3 - 2	4 + 5
1 + 4	8 + 1	3 + 6	7 + 6	9 + 8	17 - 8	1 + 7	14 - 8	10 - 6

DATE__________ START______ FINISH______ SCORE____

1 + 3	8 - 3	17 - 8	16 - 7	7 + 1	15 - 7	10 - 5	14 - 8	18 - 9
7 - 3	10 - 8	7 + 5	3 + 3	12 - 8	8 + 5	13 - 6	9 - 5	4 + 6
6 + 1	5 - 3	9 + 5	4 + 4	13 - 9	16 - 8	8 + 6	8 + 7	6 - 4
2 + 3	7 + 6	7 - 4	12 - 4	2 + 4	8 - 4	4 - 2	9 - 6	13 - 7
5 + 6	5 + 8	2 + 5	4 + 2	17 - 9	3 + 7	3 + 2	9 + 6	6 - 5
7 + 9	11 - 5	8 - 5	13 - 8	5 + 3	9 - 2	7 + 3	4 + 8	6 + 2
5 + 2	14 - 7	10 - 2	13 - 5	6 + 7	2 + 7	8 - 6	15 - 6	6 + 9
8 + 2	6 - 2	8 + 3	3 + 8	10 - 6	5 - 2	6 + 4	1 + 7	10 - 7
8 - 2	1 + 2	9 - 1	1 + 1	3 + 5	2 + 6	6 + 5	14 - 6	2 + 2

DATE__________ START______ FINISH______ SCORE____

1 + 2	5 + 9	7 + 7	6 + 2	14 - 8	5 + 6	8 + 2	4 + 6	10 - 7
8 - 4	9 + 5	2 + 4	12 - 9	7 + 6	7 + 1	6 + 4	4 + 3	11 - 6
6 + 6	13 - 8	9 - 2	8 + 4	4 + 8	7 + 8	6 + 1	17 - 9	14 - 7
4 + 7	5 + 4	9 - 3	5 + 3	6 + 3	9 + 8	5 - 3	9 - 7	11 - 9
6 - 2	11 - 8	17 - 8	8 - 2	5 + 2	6 + 5	12 - 6	2 + 9	3 + 2
3 + 1	16 - 8	1 + 1	10 - 8	9 - 4	18 - 9	9 + 1	7 - 3	3 + 9
4 + 5	8 - 6	4 - 3	9 + 6	7 - 4	6 - 5	9 - 6	13 - 5	10 - 4
11 - 5	9 + 4	3 + 4	12 - 4	15 - 8	13 - 9	3 + 8	14 - 6	6 - 3
8 - 3	2 + 6	2 + 7	6 + 7	2 + 5	6 - 4	14 - 5	13 - 6	1 + 5

DATE__________ START_______ FINISH_______ SCORE_____

5 - 3	12 - 9	5 + 8	15 - 8	8 - 7	6 - 4	3 - 2	10 - 6	3 + 7
8 - 3	11 - 6	4 + 2	14 - 6	6 - 5	7 + 6	4 + 3	7 + 9	5 - 4
4 + 5	16 - 8	10 - 3	9 + 2	14 - 5	5 + 6	4 - 3	4 - 2	14 - 8
9 + 1	6 - 3	7 - 4	3 + 6	8 + 2	14 - 7	2 + 8	7 + 3	2 + 4
17 - 8	6 + 6	6 + 2	12 - 8	3 + 4	13 - 5	12 - 7	2 + 6	6 + 9
17 - 9	6 + 8	5 + 5	2 + 7	8 + 3	12 - 6	9 + 7	9 - 7	10 - 9
7 + 2	8 + 8	8 - 4	5 + 2	1 + 9	5 + 3	9 - 8	7 - 6	4 + 9
8 + 5	3 + 8	3 + 3	11 - 9	5 + 7	13 - 4	8 + 6	4 + 1	12 - 4
7 + 8	13 - 8	16 - 9	1 + 6	18 - 9	1 + 4	2 + 2	9 - 2	12 - 5

DATE__________ START______ FINISH______ SCORE____

2 + 3 | 6 + 7 | 8 + 9 | 4 + 1 | 4 - 3 | 17 - 9 | 4 + 6 | 9 - 6 | 7 - 5

5 + 6 | 15 - 6 | 5 - 3 | 5 + 7 | 10 - 6 | 12 - 8 | 13 - 6 | 17 - 8 | 7 + 6

11 - 7 | 16 - 8 | 16 - 7 | 7 + 8 | 6 - 3 | 4 + 8 | 8 + 8 | 8 + 5 | 7 - 3

3 - 2 | 7 + 1 | 9 + 2 | 1 + 4 | 7 + 9 | 2 + 4 | 5 + 2 | 6 - 4 | 12 - 5

7 + 4 | 15 - 7 | 14 - 6 | 1 + 2 | 4 - 2 | 3 + 4 | 8 + 3 | 6 + 3 | 14 - 5

2 + 2 | 4 + 7 | 11 - 5 | 12 - 4 | 6 + 4 | 11 - 8 | 13 - 5 | 6 + 2 | 13 - 7

8 - 6 | 8 - 5 | 13 - 8 | 9 - 5 | 14 - 8 | 8 + 7 | 3 + 7 | 5 + 4 | 4 + 3

2 + 5 | 7 + 7 | 7 + 5 | 14 - 7 | 3 + 6 | 6 + 6 | 9 + 3 | 2 + 8 | 9 + 5

6 - 5 | 9 - 1 | 14 - 9 | 9 - 8 | 8 - 3 | 3 + 5 | 7 + 3 | 18 - 9 | 5 - 4

DATE__________ START______ FISH______ SCORE____

5 + 8	5 + 5	9 - 1	17 - 9	9 + 6	3 + 4	13 - 6	5 + 4	6 + 3
3 + 7	2 + 9	8 - 4	5 + 7	11 - 4	5 + 9	7 + 3	16 - 8	6 + 4
7 - 3	1 + 7	8 - 7	16 - 7	9 - 2	5 - 3	5 - 4	6 - 5	4 + 4
7 + 4	14 - 5	8 - 3	9 + 9	15 - 9	7 + 7	2 + 5	5 + 2	9 + 7
14 - 9	3 + 6	13 - 5	13 - 7	3 - 2	7 - 4	6 - 3	18 - 9	2 + 2
6 + 8	1 + 5	13 - 8	10 - 3	8 + 5	11 - 3	11 - 8	10 - 1	9 - 3
17 - 8	14 - 8	8 + 1	4 + 5	13 - 4	6 + 5	6 + 7	10 - 6	8 + 9
8 + 3	4 + 7	16 - 9	15 - 7	2 + 4	4 + 2	9 + 3	9 - 8	6 + 1
5 - 2	5 + 6	3 + 5	4 - 3	7 + 6	10 - 4	1 + 6	6 - 2	8 + 2

DATE__________ START______ FINISH______ SCORE____

10 - 8	11 - 6	8 + 8	5 + 8	4 + 5	8 + 1	15 - 6	12 - 9	4 + 8
8 + 6	6 + 8	2 + 2	16 - 7	16 - 8	12 - 6	13 - 5	6 + 6	15 - 7
12 - 5	2 + 8	3 - 2	4 + 2	6 + 9	17 - 8	14 - 7	13 - 8	5 + 4
2 + 5	7 + 2	3 + 4	5 - 2	18 - 9	12 - 8	8 - 7	5 - 4	10 - 4
7 + 7	5 + 3	4 + 7	17 - 9	6 - 4	8 - 3	1 + 4	1 + 8	2 + 3
8 + 3	3 + 7	5 + 7	11 - 3	3 + 5	15 - 8	16 - 9	11 - 5	6 - 5
4 + 9	4 + 3	6 + 5	4 + 4	9 - 6	13 - 7	7 + 5	12 - 3	12 - 7
6 + 4	8 - 5	9 + 3	3 + 9	14 - 6	2 + 9	6 - 2	2 + 4	10 - 7
6 + 3	5 + 2	1 + 1	8 - 4	6 + 1	5 - 3	1 + 7	9 - 4	7 - 3

DATE__________ START______ FINISH______ SCORE____

5 - 4	11 - 8	4 + 9	17 - 9	8 - 3	16 - 8	7 - 6	5 + 7	12 - 6
14 - 8	4 + 8	9 - 0	3 + 1	7 + 6	1 + 5	4 - 3	2 + 2	7 - 3
5 - 3	3 - 2	2 + 4	13 - 6	5 + 9	13 - 4	6 + 3	4 - 2	7 + 1
16 - 9	2 + 7	3 + 9	10 - 4	14 - 7	10 - 3	8 + 1	7 + 2	7 + 9
9 - 3	8 + 4	7 + 4	6 + 7	2 + 3	9 - 4	3 + 7	10 - 2	4 + 3
4 + 5	9 + 4	15 - 8	9 - 8	11 - 5	14 - 9	13 - 7	7 + 5	7 + 8
8 + 9	17 - 8	11 - 4	4 + 1	9 + 8	9 - 6	8 + 6	12 - 8	7 - 4
4 + 2	16 - 7	8 + 8	13 - 8	15 - 7	3 + 3	6 + 2	5 + 3	8 - 6
6 + 8	3 + 4	5 + 6	7 + 3	10 - 7	7 - 5	2 + 8	15 - 6	3 + 5

DATE________ START______ FINISH______ SCORE____

8 - 4	15 - 7	8 + 3	15 - 6	17 - 9	8 - 7	12 - 5	16 - 8	2 + 9
2 + 6	13 - 6	5 - 4	17 - 8	8 + 6	1 + 7	9 - 1	4 + 6	7 + 6
10 - 5	16 - 9	2 + 8	8 + 5	6 - 3	9 + 2	3 + 5	9 + 4	10 - 6
3 + 9	12 - 7	3 + 4	14 - 7	3 + 7	12 - 6	8 + 8	9 - 7	5 + 2
2 + 5	4 + 9	11 - 7	2 + 2	8 - 6	9 + 1	7 + 8	5 - 2	3 + 2
8 - 5	18 - 9	7 - 4	14 - 9	11 - 5	5 + 3	3 + 6	9 - 2	4 - 2
14 - 6	10 - 7	6 + 2	7 - 3	4 + 5	5 + 6	5 + 8	13 - 7	4 + 8
3 + 1	7 - 6	6 + 9	15 - 9	9 + 5	16 - 7	6 + 3	5 + 7	6 + 8
6 + 4	11 - 3	7 + 5	4 + 4	7 + 7	13 - 9	7 - 5	13 - 4	7 + 3

DATE__________ START_______ FINISH_______ SCORE_____

3 - 2	8 - 4	2 + 2	4 - 3	2 + 6	16 - 9	18 - 9	5 - 4	6 + 2
17 - 8	4 - 2	6 - 4	12 - 7	4 + 3	5 + 5	7 + 8	7 + 5	5 + 8
13 - 6	9 - 3	8 + 8	14 - 5	8 - 5	3 + 8	9 - 7	6 + 6	1 + 4
4 + 8	3 + 4	8 - 7	7 + 4	5 + 6	1 + 6	7 + 3	1 + 7	9 - 5
8 + 9	8 + 2	7 + 6	6 + 4	3 + 3	5 - 2	15 - 8	10 - 6	9 + 1
17 - 9	14 - 7	16 - 8	5 - 3	2 + 9	1 + 5	10 - 8	6 + 8	13 - 5
9 + 6	7 + 9	8 - 2	6 + 7	14 - 6	9 - 1	2 + 3	11 - 5	10 - 7
13 - 7	10 - 2	2 + 5	5 + 3	12 - 6	6 + 9	12 - 9	9 - 4	5 + 7
1 + 3	7 - 6	9 + 7	16 - 7	7 - 2	12 - 8	3 + 6	3 + 2	4 + 2

DATE__________ START______ FINISH______ SCORE____

4	3	6	2	8	14	5	4	9
+ 2	+ 8	- 5	+ 7	+ 1	- 6	- 3	- 2	- 0
13	6	7	10	9	14	4	16	12
- 7	- 2	+ 4	- 4	- 5	- 5	+ 8	- 9	- 4
6	7	16	8	13	8	11	4	10
+ 1	+ 2	- 8	+ 9	- 8	- 6	- 5	- 3	- 3
5	17	8	5	15	7	10	6	6
+ 4	- 9	- 3	+ 6	- 6	+ 6	- 5	+ 8	+ 7
2	3	8	8	7	5	8	3	17
+ 9	+ 6	+ 8	+ 4	- 3	+ 3	+ 5	- 2	- 8
7	8	9	8	6	16	2	13	2
+ 9	- 7	+ 9	- 4	+ 6	- 7	+ 6	- 6	+ 2
8	6	9	2	5	7	8	11	14
+ 7	- 4	+ 7	+ 5	+ 5	- 5	+ 6	- 4	- 7
4	10	15	12	3	3	10	2	7
+ 6	- 6	- 9	- 9	+ 3	+ 7	- 7	+ 8	+ 3
6	6	5	4	5	7	4	3	13
+ 9	- 3	+ 7	+ 5	+ 8	- 4	+ 4	+ 4	- 4

DATE__________ START_______ FINISH_______ SCORE_____

17 - 9	3 - 2	12 - 7	5 + 8	4 + 6	3 + 2	6 + 7	16 - 7	18 - 9
15 - 7	15 - 9	7 - 6	13 - 6	16 - 9	13 - 5	12 - 5	3 + 5	7 + 6
6 - 4	12 - 9	14 - 7	13 - 8	7 - 3	11 - 8	4 + 9	8 + 5	11 - 4
9 + 4	6 + 3	1 + 5	4 + 7	5 + 3	3 + 7	2 + 2	5 + 1	7 + 9
17 - 8	3 + 8	6 + 8	4 + 4	14 - 6	5 - 4	9 - 6	6 + 4	4 + 8
1 + 8	10 - 3	8 - 7	2 + 7	5 + 5	9 + 3	5 + 7	6 + 9	1 + 1
2 + 3	10 - 5	5 + 6	4 - 3	13 - 9	8 - 4	9 - 3	2 + 5	6 - 3
2 + 8	7 + 3	11 - 2	8 - 6	10 - 9	4 + 5	10 - 7	14 - 5	15 - 6
6 + 6	6 - 5	4 + 2	3 + 3	5 - 3	8 + 3	10 - 1	7 + 4	5 + 2

DATE__________ START_______ FINISH_______ SCORE_____

6 + 7	11 - 9	17 - 9	8 - 4	7 + 5	6 + 1	6 + 8	3 - 2	7 + 9
12 - 7	9 - 2	5 - 4	9 - 3	9 - 1	14 - 8	10 - 7	5 + 5	6 + 5
17 - 8	5 + 8	5 + 3	2 + 9	3 + 2	15 - 8	9 - 6	7 + 6	1 + 4
14 - 7	8 + 2	8 + 7	6 - 4	1 + 8	3 + 3	1 + 6	16 - 8	9 + 7
11 - 4	4 + 8	15 - 7	12 - 5	10 - 8	8 - 2	11 - 8	7 + 3	4 - 3
8 - 7	11 - 6	8 + 3	7 + 1	2 + 8	9 + 4	4 - 2	5 + 9	14 - 9
18 - 9	6 + 4	1 + 1	10 - 6	5 + 2	2 + 5	13 - 8	1 + 2	8 + 6
3 + 4	16 - 9	4 + 5	8 + 9	12 - 4	14 - 6	7 - 4	7 - 3	15 - 9
5 + 4	12 - 8	4 + 4	7 + 8	13 - 9	9 - 7	1 + 9	4 + 3	9 + 1

DATE__________ START______ FINISH______ SCORE____

2 + 7	7 - 5	1 + 1	11 - 8	4 + 8	11 - 5	9 - 2	12 - 4	3 + 7
7 - 6	6 + 5	8 - 5	8 - 6	2 + 4	3 + 8	14 - 6	5 + 6	4 + 4
9 + 1	12 - 7	5 + 1	17 - 8	12 - 6	11 - 3	6 - 3	5 + 4	8 + 1
11 - 7	12 - 9	6 + 4	6 - 4	7 - 2	3 + 5	14 - 7	5 + 7	5 - 3
6 + 2	8 + 5	7 + 8	6 + 6	2 + 5	4 + 3	2 + 3	7 + 9	1 + 5
2 + 6	7 + 4	2 + 9	4 + 9	3 + 2	9 + 6	8 - 2	3 - 2	4 + 2
8 + 3	15 - 7	8 + 8	5 - 4	5 + 8	11 - 4	4 + 7	8 - 7	10 - 7
15 - 6	14 - 8	13 - 6	16 - 7	5 - 2	8 + 7	13 - 4	3 + 4	4 - 3
11 - 6	7 + 7	7 + 1	13 - 7	11 - 9	3 + 6	10 - 1	8 - 3	10 - 6

DATE__________ START______ FINISH______ SCORE____

6 + 3	5 + 8	1 + 1	1 + 2	2 + 2	1 + 3	1 + 5	7 - 6	4 - 3
3 - 2	10 - 3	6 - 2	7 + 5	8 - 6	2 + 8	5 + 1	6 + 8	17 - 8
3 + 4	3 + 7	12 - 6	8 + 4	15 - 7	8 + 2	18 - 9	4 + 1	4 + 3
9 - 8	12 - 8	10 - 2	14 - 7	11 - 7	5 + 7	4 + 6	2 + 7	12 - 9
11 - 8	5 - 4	3 + 3	6 + 2	9 - 5	16 - 8	9 - 2	5 + 3	4 + 2
8 + 7	13 - 5	14 - 8	9 + 6	16 - 7	6 - 5	4 + 7	7 + 3	12 - 5
2 + 6	3 + 1	16 - 9	7 + 1	17 - 9	12 - 4	2 + 5	15 - 8	6 - 4
7 + 7	15 - 9	5 - 3	2 + 3	5 + 9	10 - 5	7 - 4	7 + 2	3 + 6
9 - 6	1 + 6	11 - 2	13 - 6	8 + 6	8 + 8	7 - 5	11 - 9	5 + 6

DATE__________ START______ FINISH______ SCORE____

11 - 3	6 + 2	6 - 4	9 - 6	8 - 4	12 - 9	3 + 9	14 - 5	14 - 6
15 - 7	1 + 5	15 - 8	6 + 8	16 - 8	12 - 4	8 + 3	7 + 5	8 + 5
13 - 7	5 - 3	16 - 9	8 + 8	9 + 7	8 + 7	5 + 8	2 + 5	4 + 4
3 + 4	4 + 1	6 + 5	6 + 3	11 - 6	4 - 2	2 + 9	2 + 2	3 - 2
2 + 7	9 + 5	7 - 5	14 - 7	7 - 3	10 - 7	2 + 4	7 + 7	8 - 7
10 - 8	7 + 8	8 - 5	6 - 5	9 - 3	4 + 2	9 - 7	2 + 3	3 + 7
8 - 3	8 - 2	7 + 4	6 + 7	3 + 5	11 - 5	4 - 3	5 + 6	3 + 8
11 - 7	8 + 1	2 + 6	7 + 3	10 - 4	1 + 1	9 - 8	1 + 4	5 - 2
7 - 6	5 + 2	15 - 9	8 + 6	7 - 4	16 - 7	17 - 8	1 + 8	3 + 2

DATE__________ START______ FINISH______ SCORE____

6	11	7	3	5	13	7	6	15
+ 5	- 4	- 4	+ 5	+ 3	- 7	+ 5	+ 9	- 7
2	9	2	3	3	8	3	9	12
+ 3	+ 1	+ 5	+ 2	- 2	- 7	+ 6	+ 2	- 6
4	17	15	18	14	8	7	15	4
+ 5	- 8	- 9	- 9	- 7	+ 5	- 3	- 6	+ 9
9	10	4	2	11	5	9	8	17
- 7	- 3	- 3	+ 1	- 7	- 2	+ 4	- 3	- 9
5	8	9	6	1	9	7	6	5
- 4	+ 7	- 6	+ 8	+ 3	- 4	+ 2	- 4	+ 6
2	6	8	14	5	9	6	6	10
+ 4	- 5	+ 2	- 6	+ 2	+ 3	+ 3	+ 2	- 8
11	2	8	7	13	15	2	12	13
- 6	+ 7	- 4	+ 8	- 4	- 8	+ 9	- 7	- 6
7	7	13	12	8	2	16	16	4
+ 3	+ 4	- 8	- 4	+ 6	+ 8	- 8	- 9	+ 7
12	5	5	3	4	5	5	3	9
- 8	+ 1	+ 4	+ 8	+ 2	+ 7	- 3	+ 7	- 3

DATE__________ START_______ FINISH_______ SCORE_____

9 + 3	8 - 7	12 - 4	2 + 3	3 + 2	4 + 9	5 - 4	5 - 3	9 - 1
11 - 5	1 + 2	6 + 7	3 + 7	6 + 9	5 + 5	11 - 7	6 - 4	4 - 3
7 - 6	4 + 5	2 + 8	1 + 7	7 + 8	7 + 9	1 + 9	4 + 8	3 + 9
3 + 3	6 + 6	2 + 2	13 - 7	2 + 9	13 - 8	15 - 7	12 - 6	15 - 8
12 - 7	14 - 9	7 - 3	10 - 4	6 - 5	3 - 2	4 - 2	8 - 3	6 - 3
9 - 8	9 + 9	8 - 2	7 + 3	7 - 5	8 + 8	5 + 9	8 + 2	3 + 4
10 - 1	4 + 3	9 + 1	7 + 6	10 - 3	5 + 4	4 + 4	8 - 5	18 - 9
17 - 9	16 - 7	2 + 5	5 + 7	3 + 8	14 - 5	11 - 4	17 - 8	14 - 6
9 + 2	6 + 4	8 + 5	6 + 2	2 + 6	16 - 9	10 - 6	2 + 7	8 - 4

DATE__________ START______ FINISH______ SCORE____

6 - 4	12 - 9	8 + 3	5 - 3	4 - 3	11 - 3	1 + 7	15 - 6	9 + 3
18 - 9	7 - 6	4 + 6	14 - 7	3 + 5	7 + 5	7 + 9	2 + 6	16 - 8
1 + 8	5 + 2	13 - 5	4 + 3	14 - 9	12 - 8	5 - 2	9 + 7	11 - 9
8 + 8	2 + 5	7 - 5	5 + 5	8 - 7	7 + 6	10 - 4	12 - 5	11 - 5
12 - 7	7 + 7	14 - 8	17 - 9	4 + 5	5 + 4	2 + 7	3 - 2	2 + 9
4 + 4	9 - 2	9 + 5	8 - 4	14 - 6	7 - 4	8 - 6	3 + 3	9 + 1
2 + 8	10 - 6	3 + 6	15 - 8	6 + 2	5 + 6	6 - 3	5 - 4	7 - 2
6 + 1	8 + 7	13 - 4	6 - 5	6 + 8	7 + 3	15 - 7	4 + 2	16 - 9
3 + 4	8 + 4	4 + 9	6 - 2	5 + 3	8 + 5	3 + 8	9 - 5	4 + 8

DATE__________ START_______ FINISH_______ SCORE____

9 + 6	6 - 4	4 + 7	5 - 3	1 + 9	8 - 3	8 + 3	11 - 6	5 + 5
3 - 2	6 + 7	10 - 7	5 + 2	6 + 2	5 - 4	7 - 5	15 - 7	18 - 9
11 - 7	16 - 8	12 - 7	3 + 9	14 - 9	11 - 9	5 + 3	2 + 8	9 - 2
17 - 9	7 - 3	10 - 5	4 + 3	7 + 2	7 + 4	5 + 9	8 - 4	4 - 3
13 - 7	3 + 2	13 - 8	8 + 6	9 - 3	3 + 3	15 - 8	6 + 5	7 + 1
4 + 5	3 + 6	7 - 4	1 + 8	6 - 3	8 + 7	6 + 3	11 - 3	9 - 7
14 - 8	10 - 3	12 - 8	2 + 5	4 + 6	15 - 6	8 + 2	2 + 3	5 + 8
1 + 5	6 - 5	9 + 8	1 + 4	13 - 5	17 - 8	6 + 6	8 + 4	4 + 1
4 + 4	11 - 5	3 + 8	1 + 2	9 - 4	8 - 6	13 - 4	2 + 2	5 + 4

DATE__________ START______ FINISH______ SCORE____

7 + 8	7 - 6	12 - 4	12 - 8	6 + 6	6 + 3	3 + 5	4 + 3	14 - 6
15 - 8	10 - 2	12 - 6	5 + 4	14 - 8	10 - 7	2 + 3	7 + 7	7 + 3
8 - 5	1 + 8	2 + 7	8 + 8	7 + 1	4 + 9	9 - 7	13 - 8	8 - 6
13 - 6	8 + 4	11 - 4	5 + 1	18 - 9	10 - 6	16 - 8	4 + 4	12 - 5
1 + 5	5 - 3	11 - 7	6 + 5	3 + 7	7 - 5	4 + 2	9 - 2	11 - 3
17 - 8	8 - 4	4 + 5	8 + 7	4 - 3	9 - 6	5 + 3	16 - 9	3 + 3
8 + 3	7 + 6	8 + 6	6 + 7	4 + 7	3 + 6	8 + 2	11 - 2	9 - 4
9 - 8	1 + 6	3 + 8	9 + 7	11 - 5	12 - 7	7 + 2	2 + 2	5 + 6
8 + 5	4 + 6	16 - 7	4 - 2	5 - 2	5 - 4	15 - 7	4 + 8	6 - 5

DATE__________ START_______ FINISH_______ SCORE_____

13 - 7	4 - 2	7 + 4	15 - 6	5 + 6	15 - 8	5 - 3	7 - 3	4 - 3
1 + 8	3 + 5	6 + 3	9 - 1	3 - 2	2 + 3	9 - 3	6 + 5	13 - 8
3 + 4	6 + 1	2 + 4	8 - 6	2 + 9	3 + 7	14 - 6	2 + 1	7 + 1
5 + 4	7 + 8	10 - 9	6 + 9	7 - 4	17 - 9	18 - 9	2 + 7	7 - 6
15 - 9	12 - 9	6 + 7	4 + 9	17 - 8	10 - 5	12 - 7	9 + 7	11 - 6
8 + 8	6 + 2	2 + 2	14 - 7	6 + 8	10 - 7	7 + 7	16 - 8	9 - 5
13 - 6	13 - 5	12 - 5	4 + 3	12 - 8	7 + 2	7 + 6	12 - 4	8 + 3
3 + 8	9 - 2	5 - 4	4 + 5	1 + 7	13 - 4	8 + 6	4 + 6	3 + 9
8 + 5	11 - 7	6 - 4	3 + 2	12 - 3	16 - 9	5 + 8	6 + 6	1 + 6

DATE__________ START______ FINISH______ SCORE____

6	4	12	17	2	9	17	6	15
+ 7	- 2	- 7	- 8	+ 6	+ 9	- 9	- 5	- 8
6	11	2	5	1	3	6	8	11
+ 4	- 9	+ 4	+ 5	+ 4	+ 8	+ 6	- 7	- 5
11	6	4	7	4	13	4	15	7
- 8	+ 2	+ 9	+ 6	- 3	- 8	+ 1	- 7	+ 2
14	9	6	12	5	5	14	4	4
- 6	+ 3	+ 5	- 3	+ 9	- 3	- 9	+ 2	+ 7
10	5	3	2	5	14	11	8	8
- 3	+ 8	+ 3	+ 8	+ 4	- 8	- 7	+ 7	+ 5
3	7	1	18	3	8	16	13	5
+ 6	+ 1	+ 1	- 9	+ 7	- 5	- 7	- 7	+ 6
5	16	3	15	7	13	4	10	16
- 2	- 9	+ 4	- 9	- 4	- 6	+ 3	- 5	- 8
9	1	6	3	6	14	9	9	2
- 7	+ 7	- 2	- 2	- 3	- 5	- 8	+ 2	+ 5
9	7	9	1	2	7	8	10	6
- 2	+ 5	- 5	+ 3	+ 7	+ 7	+ 6	- 6	+ 3

DATE__________ START______ FINISH______ SCORE____

4 + 7	2 + 2	4 - 3	9 - 5	4 + 3	13 - 7	17 - 9	16 - 8	5 + 5
9 + 9	9 - 1	2 + 3	6 - 5	11 - 5	17 - 8	3 - 2	4 + 8	2 + 4
1 + 8	8 - 4	5 + 2	12 - 8	8 + 6	1 + 3	8 + 2	16 - 9	3 + 2
12 - 4	6 - 4	3 + 3	15 - 8	6 + 1	10 - 1	15 - 9	3 + 9	13 - 5
5 + 3	18 - 9	13 - 9	3 + 4	4 + 4	8 + 3	13 - 8	2 + 8	3 + 7
6 + 9	1 + 5	5 + 4	8 - 7	7 + 8	2 + 1	7 - 5	12 - 9	7 - 3
12 - 3	7 + 9	11 - 4	6 + 5	6 + 6	8 - 5	4 + 6	10 - 7	8 + 5
7 - 6	1 + 1	7 + 2	16 - 7	9 + 4	5 + 6	11 - 7	9 + 2	5 - 2
11 - 6	3 + 8	5 - 4	14 - 6	10 - 8	2 + 9	5 + 7	8 - 6	15 - 6

DATE__________ START______ FINISH______ SCORE____

4 + 6	9 + 6	3 + 2	6 + 4	8 + 5	4 - 3	5 + 8	5 + 5	7 + 7
18 - 9	12 - 4	3 + 8	9 + 7	15 - 8	3 + 7	7 - 5	13 - 5	9 - 4
11 - 6	5 - 2	16 - 8	8 + 3	17 - 8	7 - 6	6 + 2	12 - 7	7 + 3
9 + 5	6 - 3	11 - 5	9 - 1	13 - 8	3 + 4	7 + 2	15 - 7	12 - 5
6 + 6	9 + 2	10 - 8	9 + 1	3 + 9	4 + 4	10 - 6	14 - 6	6 + 3
4 + 5	3 + 3	16 - 9	1 + 4	9 + 4	5 + 3	14 - 7	12 - 9	8 + 9
11 - 9	1 + 2	4 + 7	4 + 3	2 + 2	9 - 2	10 - 7	14 - 9	6 + 7
17 - 9	15 - 9	2 + 7	6 - 2	3 - 2	2 + 5	2 + 3	13 - 9	6 + 1
7 + 1	12 - 8	15 - 6	13 - 6	5 - 4	4 + 8	9 - 5	5 + 4	10 - 3

DATE__________ START______ FINISH______ SCORE____

4 + 7	2 + 5	2 + 1	6 + 5	3 + 2	15 - 8	8 - 5	4 + 3	17 - 9
3 + 7	13 - 9	5 + 4	11 - 6	5 + 8	9 - 4	17 - 8	18 - 9	2 + 7
4 - 3	10 - 3	4 + 2	7 - 5	1 + 5	13 - 7	12 - 3	1 + 8	12 - 8
4 - 2	1 + 3	7 + 8	11 - 4	2 + 2	6 - 5	16 - 8	8 + 1	8 + 5
8 - 3	6 - 3	15 - 6	8 + 2	13 - 8	3 + 1	5 - 2	7 - 4	6 + 3
3 + 9	1 + 2	13 - 4	11 - 2	4 + 6	15 - 7	1 + 6	3 - 2	8 + 3
11 - 5	3 + 5	6 + 2	14 - 6	2 + 3	4 + 5	8 - 6	6 + 8	6 + 1
16 - 9	10 - 7	9 - 0	5 + 6	9 - 5	6 + 7	2 + 6	10 - 8	5 + 1
14 - 8	7 + 3	9 + 7	8 + 7	7 - 2	12 - 7	5 + 3	10 - 2	3 + 8

DATE__________ START______ FINISH______ SCORE____

4 + 8	7 + 7	12 - 7	14 - 7	8 - 3	5 - 4	6 + 4	16 - 7	9 + 8
3 + 7	2 + 3	18 - 9	11 - 4	4 + 6	5 + 6	7 + 3	5 - 2	5 + 7
5 + 1	14 - 8	16 - 8	6 - 5	11 - 7	5 + 5	5 - 3	2 + 6	6 + 2
10 - 2	3 + 1	9 - 0	6 - 4	7 - 6	17 - 9	4 + 4	4 + 2	3 + 8
2 + 1	2 + 4	11 - 5	17 - 8	8 + 7	12 - 3	4 + 1	13 - 5	15 - 7
8 - 6	10 - 5	9 + 4	15 - 9	8 + 3	5 + 4	3 + 9	8 + 2	12 - 6
15 - 6	9 + 9	4 + 7	6 + 3	7 - 3	11 - 3	7 + 5	4 - 2	11 - 6
13 - 4	2 + 8	2 + 2	9 + 2	4 - 3	7 + 2	3 - 2	11 - 8	13 - 8
9 - 3	6 + 5	3 + 3	8 + 8	14 - 6	9 - 2	5 + 9	3 + 4	8 + 5

DATE__________ START______ FINISH______ SCORE____

7 - 4	17 - 9	1 + 7	10 - 1	3 + 8	3 + 7	9 - 3	8 + 5	7 + 1
3 + 3	16 - 8	2 + 4	8 + 3	17 - 8	4 + 6	2 + 2	8 + 4	16 - 7
7 + 6	5 + 7	8 + 2	7 + 9	6 - 5	8 + 7	8 - 7	4 + 4	5 - 2
8 - 4	7 - 5	3 + 5	9 - 4	6 + 1	4 - 3	8 + 8	14 - 9	6 + 9
9 - 7	6 - 4	4 - 2	5 + 6	14 - 7	15 - 7	8 - 3	12 - 3	18 - 9
6 + 5	3 - 2	12 - 6	14 - 5	14 - 6	9 + 8	3 + 6	15 - 8	11 - 7
2 + 1	6 + 6	4 + 1	2 + 8	2 + 5	10 - 4	4 + 2	10 - 8	11 - 3
4 + 8	5 + 8	9 - 5	6 + 4	9 - 0	3 + 9	9 - 6	6 + 2	7 + 4
5 - 3	5 + 4	5 + 1	13 - 8	14 - 8	9 + 7	10 - 2	8 + 1	6 - 3

DATE__________ START______ FINISH______ SCORE____

4	13	6	9	11	12	8	16	15
+ 8	- 9	+ 2	- 1	- 4	- 9	+ 9	- 8	- 6
8	4	10	9	1	1	2	6	3
+ 6	+ 3	- 8	+ 8	+ 2	+ 8	+ 6	+ 8	+ 3
6	13	11	6	13	6	13	3	5
+ 3	- 7	- 6	- 5	- 6	- 3	- 4	+ 6	+ 5
3	15	2	4	4	9	15	4	6
+ 5	- 9	+ 7	+ 5	+ 4	- 6	- 7	- 3	+ 6
5	2	1	4	6	17	8	7	6
+ 4	+ 4	+ 4	+ 1	- 4	- 9	- 2	- 5	+ 7
7	9	6	1	12	7	16	11	14
+ 3	- 5	- 2	+ 3	- 8	+ 5	- 9	- 7	- 9
7	6	8	13	14	8	8	5	7
- 4	+ 5	- 4	- 8	- 7	+ 3	- 5	+ 6	+ 1
1	6	10	3	1	12	14	2	8
+ 9	+ 9	- 5	- 2	+ 1	- 4	- 8	+ 3	- 3
11	8	4	2	3	9	5	6	7
- 8	+ 2	+ 7	+ 5	+ 2	+ 4	- 2	+ 4	- 2

DATE__________ START______ FINISH______ SCORE____

4 + 1	2 + 1	5 + 4	4 + 7	18 - 9	13 - 6	2 + 4	12 - 4	4 + 9
6 - 4	16 - 9	17 - 8	5 + 2	1 + 1	6 - 2	8 - 4	6 + 5	5 + 7
5 + 8	4 + 2	4 + 3	2 + 2	5 - 4	8 + 1	10 - 8	10 - 3	9 + 1
11 - 4	3 + 7	9 + 6	6 + 1	1 + 8	10 - 7	9 - 5	6 - 3	13 - 4
12 - 7	12 - 5	14 - 9	7 - 3	1 + 2	5 - 3	1 + 6	15 - 8	4 + 5
7 - 5	2 + 7	6 + 6	6 + 8	8 + 2	15 - 7	11 - 3	14 - 8	3 + 3
7 + 7	5 - 2	2 + 5	7 + 5	2 + 3	7 + 8	16 - 8	4 + 4	6 + 9
17 - 9	11 - 8	9 - 2	7 + 3	9 - 7	9 - 1	5 + 3	6 + 2	8 - 7
7 + 2	15 - 6	13 - 5	11 - 7	9 - 4	8 + 4	9 - 3	3 + 5	8 - 6

DATE__________ START______ FINISH______ SCORE____

5 + 1	6 - 3	8 + 7	17 - 9	13 - 5	7 + 5	9 + 3	3 + 1	1 + 8
9 - 2	2 + 2	14 - 8	18 - 9	12 - 7	4 - 3	16 - 9	2 + 7	3 - 2
7 + 4	5 - 4	4 - 2	16 - 8	12 - 4	2 + 6	9 + 9	15 - 8	1 + 3
8 - 7	12 - 5	6 + 6	10 - 6	4 + 5	3 + 5	11 - 5	8 + 5	5 + 5
6 - 5	7 + 2	8 + 3	13 - 7	6 + 8	6 + 5	5 - 3	9 + 7	5 + 2
8 - 4	3 + 7	9 - 4	15 - 9	9 - 1	13 - 9	5 + 9	9 + 6	6 + 2
12 - 6	8 + 8	14 - 5	1 + 6	15 - 7	5 + 7	6 - 2	1 + 2	4 + 6
4 + 7	2 + 5	9 + 8	11 - 7	1 + 7	7 + 8	5 + 4	12 - 8	7 - 5
7 + 6	9 + 5	10 - 5	5 - 2	9 - 3	14 - 7	11 - 8	11 - 3	3 + 4

DATE__________ START______ FINISH______ SCORE____

<table>
<tr><td>14
- 8</td><td>8
- 4</td><td>2
+ 4</td><td>17
- 9</td><td>16
- 9</td><td>14
- 7</td><td>2
+ 3</td><td>17
- 8</td><td>6
- 4</td></tr>
<tr><td>3
+ 8</td><td>1
+ 6</td><td>14
- 9</td><td>3
+ 3</td><td>7
+ 6</td><td>5
+ 3</td><td>4
+ 2</td><td>13
- 8</td><td>4
- 3</td></tr>
<tr><td>11
- 5</td><td>10
- 6</td><td>3
- 2</td><td>12
- 6</td><td>13
- 5</td><td>8
+ 3</td><td>7
+ 2</td><td>3
+ 4</td><td>1
+ 9</td></tr>
<tr><td>6
+ 3</td><td>5
+ 6</td><td>8
+ 8</td><td>8
- 5</td><td>10
- 8</td><td>7
- 4</td><td>15
- 7</td><td>12
- 8</td><td>9
+ 4</td></tr>
<tr><td>5
- 4</td><td>5
- 3</td><td>5
+ 7</td><td>2
+ 7</td><td>6
+ 7</td><td>8
+ 6</td><td>7
- 3</td><td>5
+ 4</td><td>7
+ 3</td></tr>
<tr><td>8
+ 7</td><td>5
- 2</td><td>13
- 7</td><td>6
+ 5</td><td>5
+ 2</td><td>16
- 7</td><td>7
- 5</td><td>6
- 5</td><td>6
+ 6</td></tr>
<tr><td>7
+ 9</td><td>4
+ 8</td><td>3
+ 5</td><td>10
- 4</td><td>7
+ 4</td><td>12
- 9</td><td>3
+ 1</td><td>1
+ 8</td><td>12
- 5</td></tr>
<tr><td>4
- 2</td><td>4
+ 7</td><td>9
+ 5</td><td>7
+ 8</td><td>2
+ 2</td><td>16
- 8</td><td>1
+ 2</td><td>5
+ 5</td><td>15
- 6</td></tr>
<tr><td>14
- 6</td><td>11
- 3</td><td>6
- 3</td><td>4
+ 6</td><td>7
- 6</td><td>7
+ 5</td><td>15
- 8</td><td>8
- 2</td><td>1
+ 4</td></tr>
</table>

DATE__________ START______ FINISH______ SCORE____

4 + 5	1 + 3	15 - 8	7 + 7	5 - 4	3 + 2	6 - 5	7 + 3	6 + 8
11 - 5	8 + 7	8 + 5	16 - 8	2 + 1	7 - 6	13 - 6	10 - 2	3 + 6
12 - 8	9 - 3	7 + 5	7 + 4	11 - 3	8 - 5	16 - 9	1 + 1	3 - 2
7 - 2	11 - 6	2 + 7	10 - 8	5 + 8	14 - 8	13 - 5	3 + 5	6 + 3
3 + 3	9 + 2	9 - 1	4 - 2	8 - 3	11 - 2	6 - 4	4 + 7	5 + 3
14 - 6	3 + 7	12 - 6	4 + 4	7 + 6	9 - 2	6 + 5	17 - 8	5 + 4
8 + 8	13 - 4	7 + 1	6 + 6	9 - 7	2 + 2	17 - 9	4 - 3	6 - 3
5 + 1	15 - 9	4 + 2	6 + 9	2 + 3	14 - 7	2 + 8	4 + 3	9 + 3
9 + 5	10 - 5	5 - 2	5 + 6	9 + 7	12 - 7	12 - 9	10 - 4	3 + 1

DATE__________ START______ FINISH______ SCORE____

1	14	4	8	10	6	6	8	2
+ 6	- 9	+ 6	- 2	- 8	+ 1	- 5	- 3	+ 7
3	14	15	2	7	18	5	3	13
+ 1	- 5	- 7	+ 6	+ 2	- 9	+ 2	+ 2	- 5
3	16	15	7	10	14	9	1	5
- 2	- 7	- 8	- 4	- 5	- 8	+ 3	+ 7	+ 3
8	11	5	17	16	9	5	17	3
- 6	- 9	+ 7	- 9	- 8	+ 1	- 2	- 8	+ 4
11	2	7	9	1	8	4	9	13
- 4	+ 5	+ 1	+ 7	+ 5	+ 3	+ 2	- 1	- 7
6	1	6	6	5	7	2	6	7
- 3	+ 4	+ 7	+ 3	+ 8	- 3	+ 4	+ 4	+ 3
13	7	14	5	8	6	3	9	5
- 6	+ 7	- 7	+ 6	+ 5	- 4	+ 7	- 5	+ 4
9	9	12	7	13	10	4	4	9
- 7	+ 4	- 4	+ 6	- 4	- 6	- 3	+ 5	- 6
9	8	11	10	4	6	6	2	14
+ 8	+ 7	- 2	- 2	- 2	+ 5	+ 6	+ 8	- 6

DATE__________ START______ FINISH______ SCORE____

11 - 8	1 + 7	14 - 7	8 + 3	3 + 5	2 + 6	8 + 6	4 + 6	5 - 4
3 - 2	14 - 8	5 - 3	7 - 4	4 + 8	7 + 2	7 + 3	11 - 7	7 + 6
17 - 9	17 - 8	15 - 6	8 + 4	3 + 4	14 - 5	15 - 8	2 + 9	3 + 1
3 + 7	4 + 9	4 - 2	2 + 5	12 - 6	12 - 5	5 + 7	3 + 2	16 - 9
2 + 4	16 - 8	13 - 5	12 - 4	9 + 9	16 - 7	3 + 8	6 + 8	5 - 2
6 - 3	8 - 7	9 - 8	12 - 7	13 - 7	15 - 7	18 - 9	4 + 3	8 - 5
5 + 1	14 - 6	6 + 3	4 + 4	6 + 4	3 + 3	6 + 2	4 + 7	2 + 8
7 - 3	9 + 6	11 - 3	5 + 5	5 + 3	13 - 8	2 + 2	7 + 9	4 - 3
14 - 9	10 - 7	6 + 5	10 - 5	8 + 8	9 - 0	7 + 8	2 + 1	8 - 6

DATE__________ START_______ FINISH_______ SCORE_____

14 - 8	11 - 4	5 + 7	9 - 0	4 + 8	4 + 1	7 - 6	4 + 2	8 + 6
4 + 4	15 - 6	16 - 8	5 - 4	4 - 3	6 + 5	3 + 3	2 + 3	13 - 7
6 - 4	1 + 4	5 + 8	2 + 8	8 + 2	6 - 5	14 - 9	17 - 9	2 + 5
6 + 3	7 + 3	1 + 8	2 + 2	7 + 9	14 - 6	2 + 9	6 - 3	16 - 9
9 + 8	10 - 7	7 + 7	9 - 7	3 + 7	9 - 5	15 - 8	9 + 4	4 - 2
1 + 2	3 + 5	11 - 7	2 + 6	7 + 1	2 + 4	3 + 2	13 - 6	5 + 1
10 - 3	12 - 8	3 - 2	4 + 5	10 - 4	6 - 2	8 + 4	9 - 4	9 - 1
5 + 2	7 + 5	12 - 5	17 - 8	8 - 6	3 + 6	1 + 5	9 + 5	12 - 7
5 - 3	11 - 6	8 - 5	8 + 7	7 - 3	12 - 9	6 + 6	6 + 9	10 - 8

DATE__________ START______ FINISH______ SCORE____

9 - 0	16 - 8	2 + 9	4 + 7	17 - 9	9 - 7	3 + 7	2 + 5	5 + 6
7 + 1	18 - 9	8 + 4	4 + 1	6 + 8	11 - 8	14 - 8	6 + 3	15 - 7
6 + 6	2 + 2	12 - 5	15 - 6	7 + 6	5 + 4	2 + 8	10 - 4	1 + 3
11 - 5	13 - 7	17 - 8	6 + 5	3 + 8	14 - 7	8 - 2	4 + 2	2 + 6
1 + 7	8 + 7	8 - 7	14 - 6	5 - 4	7 - 3	8 + 8	7 - 5	11 - 6
11 - 7	16 - 9	3 - 2	1 + 5	3 + 5	10 - 8	8 + 3	8 - 4	9 + 7
5 - 2	6 - 5	2 + 7	13 - 5	9 - 5	4 + 6	5 + 5	3 + 6	7 + 7
10 - 7	2 + 1	4 - 3	16 - 7	6 + 4	3 + 9	13 - 6	10 - 5	5 + 9
1 + 9	9 + 4	9 - 2	3 + 4	2 + 4	9 - 8	7 + 5	13 - 8	5 - 3

DATE__________ START______ FINISH______ SCORE____

5 + 8	8 + 5	8 - 4	18 - 9	3 + 9	7 + 6	3 + 2	6 - 4	7 + 3
5 - 3	10 - 8	7 + 8	16 - 9	3 - 2	3 + 8	2 + 3	14 - 5	7 + 1
5 + 6	5 + 1	16 - 7	2 + 2	17 - 8	6 + 5	12 - 4	2 + 4	8 - 3
7 - 5	4 + 9	9 - 5	15 - 8	8 - 2	9 + 5	12 - 3	3 + 6	1 + 3
3 + 7	13 - 9	4 + 3	12 - 5	1 + 4	11 - 3	5 + 7	5 + 2	7 - 6
4 - 2	11 - 2	5 + 3	16 - 8	6 + 3	9 + 6	13 - 8	12 - 7	11 - 4
14 - 6	7 + 2	6 - 3	6 + 2	4 + 6	6 + 6	2 + 6	9 - 6	8 + 8
1 + 5	2 + 8	6 + 8	5 + 5	4 + 7	14 - 7	15 - 7	8 + 4	9 - 3
10 - 6	6 + 4	11 - 6	10 - 2	3 + 3	13 - 6	6 - 5	5 - 2	7 - 2

DATE__________ START_______ FINISH_______ SCORE_____

5 + 8	15 - 6	3 + 6	13 - 5	5 + 4	3 + 7	7 + 4	18 - 9	16 - 8
14 - 6	16 - 7	6 - 5	7 - 4	3 - 2	2 + 5	6 + 5	5 + 3	7 - 2
3 + 5	5 - 4	8 - 5	1 + 5	3 + 3	6 + 3	13 - 8	10 - 7	4 - 3
5 + 6	17 - 9	9 + 8	11 - 6	4 + 5	8 + 5	6 - 4	3 + 8	15 - 7
4 - 2	5 + 2	14 - 8	6 + 4	13 - 7	8 + 8	9 + 6	2 + 3	10 - 1
3 + 4	12 - 6	3 + 1	2 + 8	4 + 4	6 + 1	12 - 8	2 + 6	9 - 3
10 - 8	10 - 6	6 + 9	7 - 5	6 + 2	4 + 1	10 - 4	6 + 6	8 - 2
4 + 9	7 + 3	10 - 5	11 - 3	2 + 4	16 - 9	7 + 8	5 + 9	7 - 6
4 + 3	6 - 2	7 + 2	6 - 3	10 - 9	9 - 2	2 + 9	7 + 5	12 - 7

DATE__________ START_______ FINISH_______ SCORE_____

5	14	13	9	5	4	7	3	8
+ 6	- 6	- 7	- 2	+ 8	+ 5	- 3	+ 5	+ 6
12	6	9	8	3	2	15	4	8
- 6	- 3	- 3	- 3	+ 4	+ 9	- 7	- 3	- 4
6	6	6	13	7	10	17	2	4
- 4	+ 2	+ 8	- 5	+ 6	- 3	- 8	+ 2	+ 6
4	8	2	8	15	18	9	6	8
+ 9	+ 3	+ 8	- 5	- 6	- 9	+ 1	+ 6	+ 8
16	7	4	9	12	2	7	9	2
- 9	+ 4	+ 8	- 8	- 4	+ 5	+ 3	- 5	+ 7
17	5	9	3	14	7	6	14	11
- 9	+ 7	+ 7	+ 3	- 5	+ 1	+ 7	- 8	- 3
12	12	3	5	7	2	15	7	6
- 8	- 5	+ 2	+ 9	- 6	+ 6	- 9	+ 5	+ 1
11	6	7	3	10	7	5	3	13
- 5	+ 4	- 5	+ 6	- 5	+ 7	- 4	- 2	- 6
9	10	5	10	4	3	9	5	5
- 6	- 9	+ 3	- 6	+ 4	+ 8	+ 4	- 2	+ 2

DATE__________ START______ FINISH______ SCORE____

2 + 8	14 - 6	7 + 9	5 + 8	18 - 9	8 + 5	1 + 8	4 + 7	2 + 2
13 - 8	11 - 3	11 - 7	15 - 8	11 - 5	7 + 2	3 + 1	2 + 6	7 - 6
4 - 3	8 - 4	3 - 2	13 - 4	17 - 9	7 - 2	7 + 8	9 - 8	13 - 5
6 + 7	8 + 4	4 + 2	6 + 9	3 + 8	5 + 1	5 + 6	5 + 4	12 - 7
12 - 5	4 + 9	3 + 4	10 - 4	7 - 3	14 - 5	14 - 8	7 - 4	5 + 3
6 + 6	6 + 2	5 + 7	9 + 4	6 + 5	5 + 2	8 - 5	14 - 9	7 + 5
5 - 4	5 + 5	4 + 3	14 - 7	13 - 7	8 + 3	3 + 7	17 - 8	15 - 7
4 + 5	9 + 5	7 - 5	11 - 4	16 - 8	6 - 3	6 + 4	4 - 2	3 + 3
9 - 1	8 + 8	7 + 1	9 - 3	5 - 3	16 - 9	13 - 6	9 + 2	2 + 7

DATE__________ START_______ FINISH_______ SCORE_____

7 - 3	3 + 8	8 + 1	13 - 8	3 + 3	12 - 9	11 - 3	1 + 1	6 - 3
4 + 9	7 - 4	7 + 2	8 + 4	8 - 4	1 + 5	14 - 8	5 + 5	8 + 2
5 + 8	6 - 4	3 + 6	2 + 2	2 + 8	17 - 8	3 - 2	4 + 4	2 + 5
7 + 9	15 - 6	5 + 3	2 + 4	8 + 8	7 + 1	11 - 5	5 + 6	6 - 5
3 + 2	10 - 9	3 + 5	17 - 9	6 - 2	6 + 4	6 + 3	5 - 4	15 - 8
4 - 3	14 - 9	7 - 5	14 - 5	9 + 2	13 - 7	1 + 3	9 - 3	18 - 9
4 + 5	3 + 4	9 + 4	15 - 9	11 - 8	6 + 1	13 - 9	8 - 3	5 + 2
16 - 8	9 + 3	14 - 7	2 + 6	15 - 7	8 - 7	5 - 3	4 + 3	3 + 9
10 - 8	12 - 7	3 + 7	4 + 7	6 + 9	9 - 8	4 - 2	7 - 6	7 + 7

DATE__________ START______ FINISH______ SCORE____

4 + 4	4 - 3	1 + 4	5 - 3	3 - 2	5 + 3	8 + 4	4 - 2	13 - 6
8 + 2	13 - 5	7 + 1	5 + 7	6 - 5	17 - 8	7 - 4	7 + 7	6 - 3
9 - 0	4 + 3	16 - 7	6 + 2	2 + 3	9 + 9	2 + 2	12 - 7	10 - 8
4 + 2	1 + 5	5 - 4	9 + 6	11 - 8	2 + 5	14 - 7	5 + 2	9 - 6
18 - 9	8 + 6	9 + 3	16 - 8	5 + 9	14 - 8	13 - 7	9 - 7	7 - 5
14 - 6	5 + 8	6 - 2	6 + 7	15 - 7	8 + 5	3 + 7	10 - 4	4 + 5
2 + 6	9 + 7	17 - 9	15 - 9	3 + 3	4 + 9	2 + 8	15 - 8	11 - 3
7 - 3	7 + 9	5 + 4	6 + 8	12 - 6	6 + 6	2 + 9	1 + 2	7 + 3
1 + 3	13 - 4	8 - 7	9 + 2	8 - 5	6 - 4	16 - 9	8 + 7	12 - 8

DATE__________ START______ FINISH______ SCORE____

4 + 8	5 - 4	7 - 3	11 - 7	3 - 2	9 - 2	7 + 3	6 + 5	3 + 5
9 - 1	9 + 2	7 + 1	2 + 2	7 - 5	16 - 9	17 - 8	13 - 8	14 - 5
11 - 4	14 - 7	18 - 9	5 + 3	8 + 1	9 + 7	6 + 4	2 + 9	9 + 4
2 + 3	17 - 9	4 + 2	3 + 3	4 + 1	6 - 3	4 - 3	9 - 7	6 + 6
8 - 7	11 - 8	4 + 6	2 + 8	1 + 5	8 - 6	11 - 9	11 - 2	8 + 9
11 - 6	5 + 4	8 + 6	3 + 4	15 - 9	2 + 6	5 - 3	5 + 8	4 + 7
7 + 6	12 - 7	8 + 4	16 - 8	3 + 6	5 + 7	1 + 1	8 - 3	1 + 4
9 - 0	11 - 3	6 + 1	15 - 7	15 - 6	5 + 5	10 - 3	6 + 2	2 + 7
10 - 4	15 - 8	10 - 9	8 - 2	5 + 6	13 - 4	3 + 8	7 - 2	7 + 8

DATE_________ START______ FINISH______ SCORE____

6 + 1	10 - 4	11 - 6	7 + 4	7 + 7	10 - 8	8 - 3	2 + 5	13 - 6
6 - 2	15 - 6	3 + 6	2 + 3	4 - 3	14 - 8	1 + 4	18 - 9	4 + 7
3 + 5	12 - 4	7 + 8	9 + 4	9 + 7	1 + 5	3 + 8	9 + 6	2 + 7
4 + 8	6 + 2	12 - 6	7 + 3	3 - 2	6 + 8	6 - 3	9 - 7	17 - 9
2 + 2	9 + 3	11 - 3	5 - 4	4 + 6	8 - 5	8 - 7	6 - 5	8 + 2
5 + 3	15 - 8	5 - 3	7 - 3	7 - 5	12 - 5	2 + 1	3 + 2	5 + 6
5 + 4	1 + 2	6 + 5	8 + 3	17 - 8	7 + 2	6 - 4	8 - 4	5 + 9
12 - 8	16 - 9	8 + 9	11 - 7	7 + 6	16 - 7	8 + 6	8 - 6	13 - 5
13 - 8	2 + 9	9 + 2	3 + 3	6 + 9	12 - 7	11 - 9	13 - 9	7 - 2

DATE__________ START______ FINISH______ SCORE____

5 - 4	8 + 7	5 + 1	14 - 7	14 - 8	7 - 5	16 - 7	8 + 3	6 + 8
2 + 5	7 + 8	9 + 8	4 - 2	12 - 8	11 - 5	1 + 5	10 - 4	6 - 4
8 - 7	4 + 7	2 + 7	17 - 8	18 - 9	6 + 4	3 + 1	6 + 6	16 - 8
15 - 8	3 - 2	16 - 9	7 + 2	5 + 5	8 - 6	12 - 7	15 - 9	17 - 9
4 + 6	8 + 4	4 + 8	3 + 3	2 + 2	6 + 7	13 - 8	5 - 3	7 + 5
3 + 8	10 - 3	3 + 2	9 - 8	11 - 8	15 - 7	9 - 7	2 + 6	10 - 9
4 + 4	9 + 6	8 - 5	5 - 2	9 + 7	2 + 8	8 + 5	10 - 8	1 + 1
8 - 3	2 + 3	4 - 3	3 + 5	7 + 3	7 - 3	7 + 1	8 - 4	14 - 9
7 + 4	8 + 2	1 + 7	7 + 7	11 - 3	10 - 7	1 + 2	4 + 5	14 - 6

DATE__________ START_______ FINISH_______ SCORE_____

9 + 5	15 - 6	4 + 6	5 - 4	17 - 8	3 + 2	6 + 4	3 + 8	2 + 3
3 + 6	14 - 7	15 - 9	9 - 0	10 - 7	9 - 3	5 + 2	4 + 8	10 - 8
2 + 4	3 - 2	8 + 9	14 - 8	9 - 7	13 - 9	9 + 2	3 + 7	11 - 5
4 + 4	2 + 8	12 - 7	10 - 4	6 - 5	4 - 3	16 - 8	2 + 2	6 - 3
9 - 8	7 - 3	12 - 9	13 - 6	5 + 4	16 - 9	6 + 3	13 - 4	5 + 8
8 + 1	8 + 4	4 + 1	10 - 1	4 + 5	2 + 5	13 - 8	7 - 5	16 - 7
14 - 5	17 - 9	4 - 2	1 + 5	5 + 6	5 - 3	9 + 3	8 - 7	2 + 1
12 - 5	8 + 2	7 + 3	15 - 8	8 + 5	4 + 7	2 + 9	7 + 7	7 + 5
11 - 6	9 - 2	6 + 1	3 + 3	8 + 3	8 - 6	7 + 8	7 + 4	3 + 4

DATE__________ START_______ FINISH_______ SCORE_____

16 - 9	2 + 7	8 + 4	1 + 2	2 + 4	11 - 7	7 + 8	7 - 4	4 - 3
5 + 7	9 - 5	8 - 7	17 - 9	17 - 8	6 - 5	10 - 6	5 + 8	1 + 8
5 + 4	12 - 3	14 - 5	16 - 8	3 + 6	3 + 3	8 + 5	8 - 2	3 + 1
3 + 4	14 - 6	15 - 6	5 - 4	10 - 5	10 - 4	8 + 3	2 + 3	5 - 3
7 - 6	13 - 5	6 + 2	6 - 4	6 + 8	18 - 9	3 - 2	9 - 6	15 - 9
12 - 9	10 - 3	8 - 6	8 - 5	6 + 5	8 + 2	6 + 9	7 + 6	6 + 6
3 + 5	5 + 6	2 + 6	4 + 6	4 - 2	5 + 2	9 + 7	7 + 3	13 - 8
11 - 4	9 - 1	7 + 4	4 + 9	11 - 6	2 + 8	3 + 8	15 - 7	9 + 3
8 + 1	15 - 8	14 - 7	7 + 9	1 + 3	9 + 2	7 + 5	12 - 7	5 + 3

DATE__________ START_______ FINISH_______ SCORE_____

3 + 1	2 + 3	11 - 6	13 - 6	2 + 6	4 + 6	16 - 7	11 - 3	6 - 3
3 + 7	5 - 3	4 - 3	6 + 3	4 + 8	10 - 3	2 + 4	7 + 6	4 + 5
5 + 8	3 + 3	16 - 9	4 + 7	6 - 4	3 + 9	13 - 4	9 + 5	8 - 4
9 + 4	9 - 5	14 - 6	9 - 0	1 + 7	5 + 3	7 - 4	5 + 9	5 - 4
11 - 4	15 - 8	13 - 8	14 - 8	2 + 7	15 - 7	15 - 9	7 + 7	4 + 1
12 - 6	7 + 8	18 - 9	16 - 8	4 - 2	4 + 3	3 + 8	8 + 7	4 + 9
2 + 5	8 - 5	12 - 8	13 - 7	12 - 7	6 - 5	9 + 6	9 - 4	3 + 4
6 + 2	17 - 9	9 + 3	11 - 9	5 + 2	12 - 4	7 + 9	14 - 7	14 - 5
1 + 2	3 + 2	7 - 5	13 - 9	5 + 7	9 + 7	5 + 4	8 + 5	7 + 4

DATE__________ START_______ FINISH_______ SCORE____

8 + 4	8 - 5	5 + 4	2 + 8	9 + 9	2 + 7	4 - 2	9 - 8	2 + 6
5 + 5	5 - 4	1 + 9	15 - 7	5 + 7	8 - 4	4 + 8	7 - 5	7 - 4
6 + 1	7 - 2	1 + 5	3 - 2	9 - 1	9 - 7	7 + 7	9 + 7	17 - 9
8 + 5	14 - 7	3 + 7	3 + 3	1 + 2	7 - 6	15 - 6	3 + 8	5 - 3
11 - 4	4 + 4	6 + 4	17 - 8	4 + 9	5 - 2	2 + 3	4 - 3	9 + 4
9 + 6	4 + 7	4 + 3	13 - 6	16 - 9	7 + 8	6 - 3	5 + 3	10 - 2
6 - 5	13 - 7	7 + 2	8 + 8	6 + 3	11 - 7	5 + 2	5 + 1	7 - 3
10 - 5	6 - 4	9 - 3	8 + 6	5 + 6	14 - 8	7 + 4	8 + 3	11 - 8
11 - 6	6 + 2	14 - 6	12 - 4	16 - 8	9 - 4	2 + 2	8 - 7	7 + 6

DATE__________ START_______ FINISH_______ SCORE_____

8 - 6	2 + 7	8 + 5	11 - 6	4 + 1	18 - 9	17 - 8	5 + 8	5 + 6
16 - 8	5 + 7	9 + 5	6 - 3	14 - 7	1 + 8	6 + 5	3 + 3	1 + 3
10 - 3	11 - 5	3 - 2	9 - 2	7 + 8	9 - 1	2 + 4	6 + 4	12 - 4
4 + 4	5 - 3	3 + 5	9 - 3	7 + 2	4 + 7	5 - 4	5 + 9	4 + 6
10 - 6	4 - 2	7 - 6	6 + 2	8 - 3	4 + 9	7 + 5	10 - 7	12 - 7
10 - 4	1 + 2	10 - 2	8 + 7	15 - 8	15 - 7	17 - 9	12 - 6	16 - 7
6 - 5	2 + 2	8 + 4	15 - 9	2 + 5	3 + 2	7 + 7	5 + 5	7 + 4
13 - 7	9 - 7	9 - 0	2 + 8	4 + 5	3 + 9	14 - 8	8 + 3	8 + 8
15 - 6	8 + 2	6 + 9	6 - 2	13 - 5	2 + 9	14 - 5	8 + 9	4 - 3

DATE__________ START______ FINISH______ SCORE____

15 - 9	13 - 8	7 + 3	5 + 3	6 + 6	2 + 5	10 - 5	8 - 2	2 + 9
5 + 8	9 + 5	2 + 3	7 - 4	3 + 7	3 + 9	9 - 4	15 - 7	7 - 5
10 - 4	5 + 6	4 + 7	12 - 6	7 - 3	11 - 5	7 + 6	2 + 1	4 + 8
2 + 8	8 - 4	5 + 4	14 - 8	4 - 2	13 - 6	6 - 4	5 - 2	15 - 8
18 - 9	3 + 4	6 - 5	12 - 7	6 - 2	9 - 6	1 + 7	6 + 7	9 + 6
13 - 4	17 - 9	14 - 6	4 + 5	9 + 7	11 - 3	7 + 9	7 + 1	3 + 3
5 - 3	8 + 5	5 + 2	4 - 3	4 + 2	13 - 7	6 + 3	5 + 7	2 + 6
8 + 3	8 - 3	4 + 6	9 + 4	8 - 5	13 - 5	1 + 2	10 - 3	3 + 5
8 + 7	11 - 6	8 - 7	16 - 8	4 + 1	5 + 5	11 - 8	4 + 3	11 - 7

DATE__________ START______ FINISH______ SCORE____

1 + 5	11 - 3	5 + 9	14 - 8	7 + 4	4 - 3	8 + 2	2 + 4	4 + 7
5 + 2	7 - 5	6 - 5	5 + 8	2 + 3	6 - 3	9 + 2	5 + 1	2 + 8
5 + 4	3 - 2	2 + 6	3 + 1	13 - 7	5 - 3	7 + 7	3 + 9	8 + 1
17 - 8	17 - 9	4 + 4	6 + 3	7 - 3	4 - 2	18 - 9	3 + 2	10 - 7
12 - 9	14 - 5	6 - 4	10 - 8	3 + 3	11 - 6	11 - 7	12 - 7	11 - 4
13 - 4	8 - 4	7 - 2	1 + 3	4 + 5	9 - 2	7 + 2	7 - 4	9 + 9
4 + 6	6 + 1	8 + 5	9 + 5	16 - 7	9 + 8	9 - 8	9 - 6	9 - 0
9 + 6	8 + 6	16 - 8	4 + 3	7 + 3	10 - 3	13 - 9	13 - 6	3 + 8
3 + 6	5 + 3	3 + 7	1 + 9	8 + 3	15 - 6	10 - 2	14 - 9	8 - 3

DATE__________ START_______ FINISH_______ SCORE_____

9 - 5	5 - 4	8 + 3	3 + 8	3 + 9	12 - 8	16 - 9	9 + 8	15 - 7
1 + 1	8 + 7	3 - 2	4 + 5	6 - 3	6 + 3	1 + 5	5 + 9	4 - 2
12 - 6	13 - 6	17 - 8	2 + 3	4 + 7	7 + 6	12 - 4	11 - 7	10 - 7
7 - 5	3 + 2	3 + 5	11 - 2	8 + 1	13 - 7	5 + 8	8 - 3	5 - 2
14 - 5	18 - 9	6 + 8	6 + 2	6 - 5	12 - 7	16 - 8	5 + 3	10 - 4
4 + 3	7 - 3	7 + 7	3 + 4	4 + 8	1 + 6	2 + 8	16 - 7	5 + 4
8 + 8	1 + 3	7 + 5	17 - 9	2 + 6	13 - 9	14 - 7	7 + 4	9 - 4
3 + 6	15 - 6	5 + 2	12 - 9	2 + 7	14 - 8	13 - 8	8 + 9	5 - 3
4 - 3	6 + 5	8 - 2	8 + 5	1 + 4	3 + 3	15 - 9	10 - 8	2 + 2

DATE__________ START______ FINISH______ SCORE____

11 - 5	7 + 2	8 + 2	4 + 4	7 + 7	2 + 9	2 + 7	14 - 9	8 - 7
3 + 4	10 - 2	6 - 4	4 - 2	11 - 6	12 - 4	6 - 5	13 - 6	7 - 6
14 - 5	6 - 3	1 + 9	12 - 5	15 - 7	11 - 3	1 + 2	15 - 8	6 + 5
7 + 1	5 + 7	2 + 3	1 + 6	8 + 5	8 + 7	5 + 2	16 - 8	9 - 6
4 + 7	4 + 3	3 - 2	3 + 2	14 - 8	3 + 6	12 - 6	7 + 3	4 + 8
11 - 7	6 + 1	2 + 2	4 + 2	7 - 3	18 - 9	10 - 8	7 + 6	10 - 9
2 + 5	4 + 1	16 - 7	12 - 7	10 - 5	15 - 9	13 - 4	9 + 3	6 + 7
7 - 4	5 - 3	7 + 5	5 + 4	17 - 9	9 + 1	5 + 8	10 - 1	13 - 5
13 - 8	3 + 3	2 + 4	9 - 2	3 + 9	5 + 5	8 + 3	16 - 9	2 + 1

DATE__________ START_______ FINISH_______ SCORE____

1 + 8	7 - 5	11 - 5	16 - 9	13 - 8	14 - 8	8 - 3	3 - 2	6 + 1
12 - 7	10 - 7	17 - 8	5 + 7	18 - 9	6 - 4	5 - 4	2 + 7	6 + 4
6 + 6	15 - 7	7 - 4	2 + 3	17 - 9	5 + 5	5 + 3	8 + 5	10 - 2
6 + 2	4 + 5	9 - 7	9 + 5	5 + 4	14 - 9	9 - 2	7 + 7	9 - 6
8 + 4	12 - 8	6 + 3	5 - 3	5 + 1	16 - 8	3 + 7	3 + 6	4 + 9
8 + 9	8 - 4	13 - 4	6 + 8	14 - 5	6 - 3	4 + 1	15 - 9	2 + 1
9 - 3	2 + 8	12 - 5	16 - 7	5 + 9	3 + 8	3 + 9	1 + 5	8 + 8
7 - 2	9 + 1	4 + 4	8 - 6	5 - 2	7 + 5	8 - 5	2 + 2	4 - 2
6 + 7	11 - 9	1 + 6	7 + 3	8 + 2	4 + 8	14 - 6	9 + 7	9 - 8

DATE__________ START______ FINISH______ SCORE____

9 + 2	10 - 2	8 - 3	17 - 8	4 - 3	8 + 3	5 + 1	3 + 6	14 - 7
17 - 9	3 + 8	6 + 2	18 - 9	12 - 9	8 + 7	8 + 6	8 + 8	7 + 5
9 - 4	2 + 2	14 - 9	10 - 7	5 + 7	9 - 5	5 - 3	2 + 5	8 - 7
1 + 1	15 - 9	4 + 5	5 + 2	7 + 2	6 - 5	3 - 2	10 - 9	7 - 4
9 + 9	16 - 9	12 - 3	15 - 8	8 + 4	13 - 7	5 + 3	4 + 9	6 + 9
5 + 4	15 - 6	2 + 7	7 + 7	6 + 3	10 - 4	7 + 1	12 - 7	5 - 2
9 + 7	15 - 7	6 - 4	13 - 9	6 + 8	6 - 3	2 + 4	1 + 8	7 + 4
6 + 1	16 - 8	8 - 4	4 - 2	4 + 3	11 - 7	7 - 6	2 + 8	9 - 7
1 + 2	8 - 5	2 + 1	2 + 3	3 + 3	1 + 7	13 - 6	3 + 5	5 - 4

DATE__________ START_______ FINISH_______ SCORE____

13 - 7	9 + 1	9 - 1	4 + 4	3 + 3	13 - 8	9 - 5	5 - 4	13 - 5
14 - 8	4 - 2	3 + 4	5 + 2	7 + 2	3 + 5	14 - 5	9 - 7	3 + 6
2 + 3	8 + 3	4 + 6	8 + 4	8 + 7	6 - 2	6 + 8	6 + 4	4 + 7
7 + 5	16 - 8	2 + 4	7 + 1	8 + 2	1 + 6	18 - 9	3 + 8	11 - 6
9 - 4	5 - 3	11 - 8	2 + 6	4 - 3	12 - 8	10 - 9	15 - 8	17 - 9
7 + 4	2 + 9	10 - 7	11 - 3	11 - 4	9 - 2	4 + 1	13 - 6	6 - 5
9 - 6	8 - 4	7 - 2	5 + 7	14 - 6	12 - 4	10 - 8	5 + 8	8 + 8
3 - 2	8 - 5	5 + 5	16 - 7	7 + 7	11 - 5	6 + 3	2 + 5	8 + 6
1 + 4	3 + 2	6 - 4	1 + 8	3 + 7	2 + 2	4 + 8	6 - 3	4 + 3

DATE________ START______ FINISH______ SCORE____

5 + 6	2 + 3	6 + 2	15 - 9	3 + 9	10 - 9	9 - 3	3 - 2	8 + 6
10 - 4	5 + 4	7 + 7	7 + 4	12 - 4	5 + 1	6 + 3	2 + 7	4 + 8
6 + 6	12 - 8	5 + 5	9 + 3	6 - 3	7 + 5	5 - 4	1 + 2	14 - 6
4 + 7	7 - 3	9 + 2	10 - 2	7 + 3	10 - 7	8 + 9	7 + 9	15 - 8
17 - 9	6 + 7	11 - 4	4 + 6	8 - 7	8 - 2	4 - 3	6 + 5	5 - 3
8 + 7	12 - 5	16 - 8	9 - 4	13 - 4	6 + 4	14 - 9	9 + 5	13 - 6
11 - 3	11 - 5	6 - 4	5 - 2	6 + 9	1 + 8	1 + 6	10 - 6	14 - 8
9 - 7	17 - 8	14 - 7	2 + 6	4 + 2	10 - 3	18 - 9	9 + 4	8 - 3
3 + 8	8 + 5	16 - 9	3 + 1	2 + 8	2 + 9	5 + 7	8 - 6	3 + 3

DATE__________ START_______ FINISH_______ SCORE_____

13 - 4	7 - 6	11 - 9	18 - 9	5 + 4	3 - 2	4 + 4	7 + 6	12 - 5
2 + 5	13 - 5	7 + 9	5 - 3	4 + 2	5 - 4	4 + 1	15 - 8	12 - 8
2 + 7	6 + 3	8 - 2	5 + 2	3 + 9	1 + 5	17 - 9	5 - 2	5 + 5
4 + 9	8 + 6	3 + 4	13 - 9	4 + 3	9 - 5	4 + 8	8 - 6	7 + 7
6 - 5	3 + 6	13 - 6	2 + 8	1 + 9	1 + 7	9 - 4	8 - 5	9 - 3
14 - 8	16 - 8	7 + 5	3 + 5	5 + 3	8 + 3	11 - 7	16 - 9	3 + 2
4 + 7	6 + 7	8 - 3	14 - 5	5 + 7	10 - 8	8 + 2	13 - 8	4 + 6
11 - 6	10 - 1	8 + 5	9 + 4	12 - 6	4 - 3	2 + 1	11 - 3	9 - 0
2 + 9	15 - 7	2 + 4	3 + 8	14 - 6	12 - 4	7 - 5	8 + 1	7 + 1

DATE________ START______ FINISH______ SCORE____

10 - 5	17 - 8	7 + 5	4 + 3	4 + 7	6 + 4	6 + 1	10 - 2	1 + 1
2 + 7	4 - 3	3 + 3	5 + 5	9 - 1	17 - 9	8 - 5	9 - 4	10 - 9
3 + 5	4 + 4	1 + 7	4 + 8	16 - 8	8 - 6	1 + 8	14 - 6	6 - 5
3 + 6	5 - 2	2 + 5	6 - 2	9 - 2	6 + 6	14 - 8	9 + 7	8 + 3
7 + 2	8 - 2	4 + 2	2 + 4	8 + 4	6 + 3	6 + 8	3 + 8	7 - 5
8 + 7	2 + 9	13 - 5	9 + 8	7 + 3	6 - 4	5 - 4	8 - 3	11 - 6
8 + 2	3 - 2	5 + 2	5 - 3	16 - 7	10 - 7	5 + 6	7 - 3	14 - 7
7 + 7	2 + 6	11 - 4	12 - 8	15 - 8	11 - 8	4 + 6	6 + 9	6 + 2
9 - 6	3 + 7	9 - 8	4 - 2	8 + 9	5 + 7	6 - 3	12 - 7	18 - 9

DATE__________ START_______ FINISH_______ SCORE_____

9 - 8 5 + 6 8 - 4 14 - 5 3 + 3 13 - 7 2 + 8 8 - 6 5 + 8

3 + 4 7 + 3 14 - 6 6 - 4 11 - 3 17 - 8 1 + 8 15 - 7 14 - 7

9 - 4 12 - 6 2 + 9 4 + 2 5 - 4 3 - 2 9 - 0 5 + 1 7 - 6

4 + 8 16 - 7 3 + 6 2 + 6 2 + 4 6 + 8 5 + 7 8 + 5 17 - 9

9 + 3 8 + 7 8 + 2 12 - 8 4 + 9 1 + 3 8 + 4 6 + 5 7 + 8

7 + 4 5 - 3 7 + 1 11 - 6 7 - 2 9 - 1 4 + 5 9 + 8 16 - 8

12 - 7 1 + 2 2 + 3 4 - 2 8 - 3 1 + 6 4 - 3 10 - 5 14 - 8

10 - 8 14 - 9 15 - 8 6 + 2 10 - 7 18 - 9 6 + 7 7 + 6 6 + 4

9 + 6 5 + 4 12 - 3 3 + 5 9 + 2 15 - 6 5 - 2 8 - 7 2 + 2

DATE__________ START______ FINISH______ SCORE____

9 + 7	2 + 9	1 + 3	3 + 6	2 + 8	4 + 5	6 - 3	4 - 3	3 - 2
16 - 9	14 - 8	6 + 2	1 + 5	7 + 2	17 - 9	5 + 5	9 + 3	11 - 5
9 - 2	9 + 8	5 - 4	2 + 3	8 + 7	15 - 7	15 - 8	18 - 9	5 - 3
10 - 2	12 - 4	6 + 4	7 - 3	8 + 8	6 + 7	2 + 5	13 - 7	12 - 7
5 + 2	14 - 6	3 + 7	14 - 9	8 + 2	7 + 8	5 - 2	10 - 4	7 - 2
17 - 8	6 + 6	8 - 7	2 + 7	2 + 1	8 + 4	8 + 3	3 + 2	9 + 1
5 + 1	9 - 6	7 - 6	14 - 7	13 - 9	3 + 3	8 + 1	5 + 8	11 - 6
13 - 5	3 + 9	3 + 8	15 - 9	2 + 2	7 - 4	13 - 6	12 - 6	4 + 7
7 + 6	10 - 7	6 + 5	12 - 8	16 - 8	10 - 1	9 - 5	5 + 6	6 + 8

DATE__________ START_______ FINISH_______ SCORE____

4 + 8	6 + 9	16 - 8	9 - 7	14 - 6	5 - 4	5 + 3	7 + 4	6 - 3
7 - 5	10 - 5	10 - 6	4 - 2	10 - 2	5 - 2	9 + 3	11 - 5	8 + 4
6 + 4	9 + 2	4 - 3	15 - 8	3 - 2	7 - 6	7 + 6	8 - 4	5 + 6
8 + 5	5 + 7	11 - 7	1 + 8	3 + 6	6 - 4	8 - 6	3 + 9	18 - 9
8 + 3	12 - 7	7 - 2	7 - 4	6 - 2	7 + 2	11 - 6	2 + 2	5 + 8
8 - 7	3 + 3	2 + 3	8 + 7	9 - 3	5 + 2	16 - 9	8 + 6	2 + 9
5 + 4	15 - 7	7 + 7	4 + 6	8 + 2	13 - 8	7 + 9	17 - 8	7 + 5
4 + 7	4 + 1	8 + 8	11 - 2	3 + 2	11 - 3	6 - 5	10 - 3	1 + 6
6 + 2	3 + 8	14 - 9	9 - 5	3 + 7	4 + 2	11 - 4	4 + 5	17 - 9

DATE__________ START_______ FINISH_______ SCORE____

7	9	9	7	4	11	9	9	9
+ 7	- 2	+ 8	+ 5	+ 2	- 5	+ 5	+ 2	- 5
5	7	12	3	18	7	14	1	17
+ 7	+ 8	- 4	+ 8	- 9	- 3	- 6	+ 6	- 8
8	7	10	1	6	1	3	5	6
- 7	- 4	- 7	+ 8	+ 7	+ 5	+ 6	+ 3	+ 8
3	12	12	10	14	4	7	16	7
- 2	- 5	- 7	- 6	- 8	+ 9	- 6	- 7	+ 6
7	8	3	12	11	13	9	6	11
+ 1	+ 9	+ 2	- 9	- 7	- 8	- 3	+ 3	- 8
9	17	7	5	3	15	4	2	10
- 1	- 9	- 5	- 4	+ 3	- 6	- 2	+ 8	- 5
9	9	16	8	5	9	5	6	8
- 8	+ 4	- 8	- 4	+ 2	+ 7	+ 8	+ 4	+ 8
2	9	3	3	8	4	10	4	15
+ 4	+ 6	+ 4	+ 7	+ 4	+ 5	- 8	- 3	- 8
5	5	4	4	3	10	13	5	12
- 3	+ 4	+ 8	+ 4	+ 5	- 3	- 4	+ 5	- 3

DATE__________ START______ FINISH______ SCORE____

12 - 4	6 + 9	6 + 4	8 + 3	6 + 8	8 - 3	8 - 4	3 + 3	7 + 4
8 - 6	12 - 6	5 + 5	4 + 8	9 + 4	5 - 3	8 + 4	17 - 9	12 - 7
9 - 7	9 + 8	7 - 6	7 - 5	7 + 9	15 - 7	8 - 7	8 - 2	4 - 2
5 + 9	10 - 8	3 + 6	9 - 3	9 - 4	9 + 2	7 + 5	9 - 2	13 - 8
10 - 4	10 - 6	15 - 8	8 + 7	16 - 8	6 + 3	4 + 2	4 - 3	2 + 4
3 - 2	1 + 8	6 - 2	3 + 1	2 + 7	5 + 7	9 - 8	8 + 9	6 + 6
13 - 6	6 + 1	7 - 2	6 - 4	8 + 8	7 + 6	3 + 5	7 + 8	4 + 9
14 - 9	9 + 9	8 - 5	1 + 2	6 + 2	7 - 4	5 - 2	2 + 1	6 - 3
4 + 5	13 - 4	4 + 4	6 + 7	9 + 5	18 - 9	1 + 6	15 - 6	16 - 9

DATE__________ START______ FINISH______ SCORE____

4	18	4	6	8	2	3	9	7
- 3	- 9	+ 1	+ 7	+ 3	+ 3	- 2	- 5	+ 1
13	1	14	11	4	9	7	7	5
- 8	+ 6	- 6	- 8	+ 4	- 2	- 4	+ 4	- 3
16	14	3	3	7	8	8	5	8
- 8	- 9	+ 4	+ 2	+ 5	- 5	+ 2	+ 8	+ 7
2	4	5	12	7	13	11	3	16
+ 8	+ 8	- 2	- 7	- 6	- 7	- 7	+ 1	- 7
3	6	9	5	6	4	6	2	8
+ 7	+ 1	+ 1	- 4	+ 5	+ 6	- 4	+ 4	+ 4
13	17	15	15	10	4	5	6	7
- 5	- 8	- 8	- 6	- 9	+ 9	+ 5	+ 2	- 3
3	7	8	13	11	2	15	4	17
+ 5	+ 8	- 6	- 9	- 6	+ 6	- 7	+ 7	- 9
5	10	10	2	2	8	1	6	11
+ 3	- 1	- 4	+ 5	+ 7	- 3	+ 8	+ 3	- 2
12	3	10	5	3	9	10	2	5
- 3	+ 3	- 8	+ 7	+ 8	- 3	- 6	+ 2	+ 1

DATE__________ START______ FINISH______ SCORE____

14 - 6	1 + 5	3 + 6	15 - 9	12 - 8	7 + 5	7 + 3	10 - 3	8 + 2
4 + 5	2 + 3	4 + 6	6 + 5	6 - 5	7 - 5	17 - 9	17 - 8	8 + 6
4 + 2	7 - 4	12 - 7	5 + 8	2 + 5	11 - 8	14 - 8	5 - 2	2 + 4
15 - 7	4 + 9	3 + 2	8 - 2	6 + 7	7 + 1	5 + 6	13 - 6	13 - 5
6 + 4	15 - 6	5 - 4	1 + 8	10 - 5	3 + 9	7 + 2	11 - 3	6 + 3
9 + 4	5 + 3	18 - 9	8 + 8	8 + 3	8 + 9	11 - 2	1 + 3	9 + 9
2 + 7	16 - 8	13 - 4	7 + 9	4 - 2	14 - 7	9 - 7	6 - 3	5 + 4
5 + 2	9 + 8	5 + 5	4 - 3	9 - 2	6 - 2	16 - 9	10 - 7	11 - 7
9 - 4	10 - 8	2 + 8	3 - 2	5 - 3	7 + 7	9 + 3	2 + 6	13 - 8

DATE__________ START______ FINISH______ SCORE____

16 - 8	4 + 8	4 - 3	5 + 7	9 + 8	14 - 9	13 - 5	17 - 8	12 - 5
7 + 7	3 + 6	17 - 9	6 + 7	15 - 8	18 - 9	3 - 2	6 + 5	5 + 8
7 - 6	3 + 1	3 + 2	2 + 1	10 - 1	15 - 6	16 - 9	1 + 3	8 + 7
6 - 3	13 - 9	5 + 1	10 - 4	4 + 6	2 + 4	9 - 0	7 + 5	8 - 6
4 + 3	6 + 2	7 - 4	5 + 3	8 + 3	7 + 4	3 + 3	8 + 5	5 - 3
4 + 5	7 - 3	3 + 5	14 - 6	2 + 7	9 - 5	4 - 2	9 - 1	13 - 8
12 - 4	5 + 2	11 - 4	2 + 6	7 + 6	11 - 7	12 - 9	6 + 3	8 - 3
2 + 8	8 + 9	7 - 5	2 + 2	2 + 5	14 - 8	7 + 8	4 + 9	12 - 8
10 - 5	7 - 2	12 - 3	9 + 2	9 + 7	5 - 2	7 + 2	1 + 6	6 - 4

SOLUTIONS

5 + 2 7	9 + 7 16	6 + 8 14	6 + 2 8	6 + 7 13	3 + 2 5	17 - 9 8	8 + 8 16	2 + 3 5
1 + 1 2	6 - 5 1	12 - 4 8	4 - 2 2	9 - 3 6	1 + 9 10	6 + 5 11	7 - 4 3	5 + 8 13
17 - 8 9	16 - 8 8	3 + 5 8	8 + 2 10	8 - 3 5	5 - 3 2	12 - 7 5	5 + 5 10	8 + 7 15
9 - 7 2	4 + 8 12	13 - 6 7	7 + 7 14	6 - 4 2	2 + 5 7	9 - 0 9	4 + 1 5	8 + 9 17
11 - 7 4	3 + 4 7	7 + 6 13	16 - 7 9	9 + 5 14	18 - 9 9	3 + 9 12	10 - 3 7	4 + 6 10
15 - 7 8	5 + 3 8	6 + 4 10	15 - 9 6	4 - 3 1	7 - 5 2	14 - 7 7	6 - 3 3	15 - 8 7
13 - 8 5	8 + 4 12	3 + 3 6	3 + 6 9	1 + 4 5	8 - 5 3	7 + 3 10	3 + 1 4	5 - 4 1
13 - 9 4	2 + 9 11	11 - 2 9	10 - 1 9	11 - 3 8	1 + 2 3	1 + 7 8	11 - 9 2	4 + 5 9
7 - 3 4	11 - 4 7	3 - 2 1	11 - 6 5	7 + 9 16	6 + 3 9	8 - 2 6	10 - 7 3	5 + 6 11

3

5 + 7 12	6 + 8 14	8 + 3 11	5 + 3 8	9 + 8 17	3 + 4 7	3 + 5 8	11 - 8 3	14 - 6 8
13 - 5 8	7 - 5 2	12 - 6 6	4 - 2 2	11 - 3 8	17 - 8 9	2 + 6 8	6 - 3 3	8 + 2 10
5 - 4 1	4 - 3 1	11 - 7 4	2 + 4 6	12 - 8 4	13 - 7 6	7 + 1 8	4 + 5 9	7 - 4 3
12 - 5 7	10 - 8 2	9 - 5 4	6 + 6 12	6 - 5 1	13 - 4 9	9 - 6 3	5 + 1 6	4 + 4 8
5 + 2 7	3 + 6 9	5 + 6 11	18 - 9 9	12 - 7 5	8 + 8 16	15 - 8 7	2 + 3 5	5 + 8 13
3 + 7 10	8 + 5 13	8 - 5 3	7 + 4 11	1 + 8 9	3 - 2 1	8 + 1 9	14 - 9 5	6 + 4 10
9 + 3 12	4 + 2 6	7 - 3 4	4 + 3 7	6 - 4 2	7 + 3 10	2 + 5 7	2 + 8 10	10 - 3 7
6 + 2 8	2 + 7 9	1 + 2 3	3 + 1 4	8 - 4 4	8 + 4 12	1 + 9 10	11 - 4 7	9 - 1 8
13 - 8 5	16 - 8 8	14 - 5 9	12 - 3 9	15 - 7 8	13 - 9 4	4 + 6 10	6 + 3 9	9 - 0 9

4

8 - 7 1	5 + 2 7	6 + 5 11	5 + 6 11	2 + 2 4	6 - 4 2	17 - 9 8	8 + 8 16	1 + 5 6
7 + 8 15	12 - 4 8	2 + 9 11	7 + 6 13	13 - 5 8	6 + 2 8	17 - 8 9	7 + 5 12	7 + 7 14
3 + 5 8	6 + 9 15	9 + 2 11	2 + 5 7	11 - 4 7	13 - 6 7	12 - 6 6	15 - 6 9	2 + 4 6
7 - 3 4	14 - 6 8	15 - 8 7	9 - 1 8	4 + 7 11	1 + 2 3	1 + 7 8	9 + 9 18	6 + 6 12
16 - 8 8	8 + 6 14	10 - 8 2	11 - 5 6	5 + 8 13	12 - 7 5	4 - 2 2	4 + 8 12	9 - 8 1
9 + 8 17	4 + 5 9	2 + 8 10	5 + 5 10	15 - 9 6	12 - 8 4	3 - 2 1	7 - 2 5	13 - 8 5
9 + 7 16	5 + 3 8	5 - 2 3	10 - 6 4	16 - 9 7	7 + 9 16	6 + 4 10	5 - 4 1	3 + 1 4
3 + 4 7	10 - 2 8	6 + 3 9	11 - 6 5	14 - 8 6	2 + 3 5	3 + 2 5	1 + 3 4	6 - 3 3
14 - 7 7	18 - 9 9	12 - 3 9	2 + 6 8	9 - 4 5	8 + 5 13	16 - 7 9	4 - 3 1	11 - 2 9

5

4 - 3 1	4 + 3 7	7 - 4 3	8 + 8 16	7 - 3 4	7 + 4 11	6 + 1 7	2 + 1 3	6 + 5 11
2 + 6 8	15 - 8 7	7 + 1 8	5 + 2 7	2 + 3 5	7 + 8 15	7 - 5 2	5 + 8 13	7 + 5 12
8 - 6 2	14 - 6 8	13 - 6 7	3 + 1 4	6 - 2 4	3 + 2 5	15 - 7 8	12 - 5 7	1 + 7 8
5 - 4 1	14 - 9 5	2 + 4 6	13 - 5 8	4 + 8 12	3 + 4 7	4 + 2 6	3 + 5 8	1 + 8 9
9 - 8 1	6 + 8 14	7 + 6 13	11 - 4 7	5 + 5 10	6 - 5 1	4 + 9 13	9 - 3 6	7 + 3 10
9 - 4 5	8 + 9 17	4 + 7 11	2 + 8 10	13 - 8 5	10 - 2 8	13 - 7 6	8 + 2 10	4 - 2 2
9 - 5 4	16 - 9 7	7 + 2 9	2 + 2 4	8 + 4 12	11 - 5 6	3 + 6 9	6 + 2 8	17 - 9 8
15 - 9 6	14 - 7 7	8 - 5 3	9 + 4 13	9 - 2 7	5 - 3 2	5 + 3 8	6 - 3 3	12 - 7 5
10 - 8 2	3 + 8 11	12 - 8 4	12 - 9 3	6 + 7 13	10 - 5 5	18 - 9 9	4 + 4 8	17 - 8 9

6

6 + 2 8	6 - 3 3	7 + 2 9	8 + 5 13	9 + 8 17	7 - 4 3	11 - 2 9	6 + 7 13	16 - 8 8
17 - 9 8	2 + 6 8	8 + 3 11	5 - 4 1	6 - 2 4	5 + 7 12	4 - 3 1	9 - 3 6	3 + 3 6
7 + 5 12	5 + 4 9	13 - 9 4	8 - 6 2	7 + 7 14	9 + 6 15	8 + 9 17	9 - 1 8	10 - 8 2
8 + 4 12	4 + 9 13	6 - 5 1	3 - 2 1	4 + 3 7	13 - 7 6	9 - 4 5	7 + 4 11	12 - 4 8
4 + 8 12	5 - 3 2	8 + 7 15	7 - 5 2	17 - 8 9	7 - 3 4	12 - 5 7	4 + 5 9	18 - 9 9
2 + 4 6	2 + 2 4	11 - 3 8	4 + 2 6	5 + 3 8	4 - 2 2	10 - 3 7	9 + 7 16	15 - 8 7
3 + 8 11	1 + 8 9	16 - 7 9	8 - 4 4	8 + 8 16	10 - 9 1	14 - 8 6	14 - 6 8	6 + 8 14
8 - 5 3	7 + 8 15	12 - 9 3	2 + 8 10	1 + 3 4	11 - 6 5	2 + 1 3	2 + 5 7	1 + 4 5
6 + 9 15	8 - 7 1	7 + 6 13	9 - 0 9	5 + 2 7	8 + 6 14	11 - 4 7	6 + 5 11	9 - 5 4

7

2 + 8 10	9 + 9 18	5 + 5 10	6 + 9 15	13 - 8 5	15 - 7 8	17 - 8 9	5 - 3 2	13 - 7 6
8 + 6 14	4 - 3 1	8 + 7 15	14 - 6 8	5 + 3 8	16 - 7 9	6 + 7 13	6 + 3 9	15 - 8 7
2 + 1 3	1 + 7 8	7 + 5 12	8 + 1 9	13 - 6 7	9 + 5 14	6 + 8 14	8 - 4 4	13 - 9 4
3 + 7 10	16 - 8 8	3 - 2 1	12 - 6 6	12 - 8 4	1 + 3 4	4 + 9 13	10 - 9 1	3 + 3 6
8 - 6 2	7 + 7 14	6 - 5 1	7 - 4 3	14 - 8 6	7 - 5 2	11 - 4 7	6 - 4 2	8 - 5 3
9 - 1 8	3 + 1 4	4 + 8 12	6 + 6 12	7 + 2 9	15 - 6 9	1 + 4 5	5 + 2 7	4 + 2 6
6 - 3 3	17 - 9 8	11 - 8 3	11 - 2 9	9 - 7 2	7 + 3 10	7 - 3 4	9 - 4 5	2 + 7 9
4 + 6 10	5 + 4 9	8 + 2 10	13 - 5 8	3 + 8 11	7 + 9 16	15 - 9 6	8 + 8 16	7 + 6 13
4 + 3 7	6 - 2 4	13 - 4 9	10 - 4 6	6 + 4 10	2 + 3 5	5 + 9 14	7 + 4 11	9 - 3 6

8

3 + 5 8	4 + 5 9	7 - 6 1	14 - 8 6	12 - 7 5	1 + 5 6	9 + 8 17	4 - 3 1	15 - 7 8
5 + 1 6	2 + 8 10	10 - 8 2	6 - 5 1	13 - 9 4	7 + 8 15	4 + 6 10	7 + 3 10	12 - 5 7
15 - 8 7	3 + 8 11	18 - 9 9	3 + 9 12	10 - 5 5	4 + 7 11	9 + 4 13	9 + 6 15	6 - 4 2
11 - 6 5	14 - 5 9	16 - 8 8	8 - 5 3	5 - 3 2	6 + 7 13	16 - 7 9	12 - 9 3	2 + 9 11
13 - 6 7	7 + 4 11	14 - 6 8	3 + 4 7	6 + 4 10	15 - 9 6	9 + 9 18	5 + 6 11	5 + 3 8
9 + 7 16	5 + 4 9	2 + 6 8	6 + 6 12	17 - 8 9	4 + 4 8	11 - 9 2	14 - 7 7	8 - 6 2
17 - 9 8	11 - 4 7	7 + 7 14	11 - 3 8	6 + 8 14	3 - 2 1	8 + 3 11	13 - 5 8	4 - 2 2
7 + 6 13	6 - 3 3	3 + 6 9	13 - 4 9	10 - 7 3	8 + 8 16	6 + 2 8	8 + 5 13	2 + 5 7
3 + 2 5	8 + 9 17	10 - 4 6	2 + 7 9	6 + 5 11	9 - 7 2	8 + 4 12	9 - 4 5	8 - 3 5

9

7 + 9 16	11 - 5 6	4 + 4 8	13 - 8 5	7 + 6 13	7 - 5 2	11 - 4 7	7 + 7 14	9 - 6 3
6 + 2 8	6 + 1 7	17 - 9 8	11 - 8 3	6 - 3 3	8 + 1 9	3 + 5 8	15 - 9 6	3 + 7 10
5 - 4 1	4 + 1 5	1 + 4 5	5 + 3 8	3 - 2 1	16 - 7 9	6 + 3 9	7 - 4 3	15 - 7 8
6 + 6 12	8 + 3 11	3 + 8 11	12 - 5 7	3 + 2 5	9 + 7 16	8 + 9 17	3 + 9 12	7 + 4 11
15 - 8 7	11 - 2 9	13 - 4 9	1 + 5 6	5 + 2 7	12 - 6 6	11 - 7 4	4 - 3 1	8 + 5 13
2 + 1 3	6 - 5 1	18 - 9 9	3 + 4 7	7 + 5 12	5 - 3 2	5 - 2 3	2 + 2 4	14 - 5 9
17 - 8 9	10 - 4 6	8 + 4 12	1 + 6 7	9 + 5 14	13 - 9 4	13 - 5 8	8 + 7 15	9 - 8 1
16 - 9 7	7 - 6 1	5 + 9 14	12 - 8 4	9 + 4 13	6 - 2 4	4 + 3 7	16 - 8 8	14 - 8 6
8 + 2 10	12 - 7 5	2 + 9 11	10 - 3 7	1 + 1 2	5 + 7 12	2 + 5 7	4 + 2 6	10 - 5 5

10

11

3 + 3 6	8 + 7 15	8 + 3 11	3 + 7 10	5 + 1 6	4 - 2 2	8 + 4 12	15 - 7 8	16 - 9 7
6 + 4 10	8 - 6 2	3 + 8 11	3 + 6 9	14 - 7 7	9 + 5 14	4 + 4 8	5 + 3 8	14 - 9 5
12 - 7 5	1 + 3 4	8 + 9 17	3 + 5 8	5 - 4 1	16 - 8 8	4 + 9 13	5 + 7 12	11 - 3 8
14 - 6 8	15 - 6 9	6 + 6 12	15 - 8 7	11 - 7 4	3 - 2 1	6 + 9 15	4 - 3 1	10 - 3 7
13 - 4 9	9 + 4 13	1 + 7 8	10 - 6 4	2 + 5 7	14 - 5 9	5 + 5 10	17 - 8 9	13 - 7 6
17 - 9 8	7 + 6 13	4 + 5 9	7 + 9 16	7 + 2 9	5 - 3 2	5 + 6 11	7 + 5 12	9 - 5 4
9 - 8 1	2 + 6 8	13 - 6 7	7 - 6 1	8 + 8 16	8 - 7 1	12 - 4 8	6 - 5 1	10 - 2 8
13 - 8 5	9 - 2 7	4 + 6 10	6 - 4 2	6 + 7 13	8 - 2 6	18 - 9 9	4 + 1 5	8 + 6 14
8 + 5 13	12 - 8 4	8 - 4 4	1 + 6 7	6 + 5 11	7 + 8 15	2 + 7 9	5 - 2 3	7 + 3 10

12

4 + 4 8	8 - 5 3	8 - 2 6	5 - 3 2	12 - 5 7	13 - 5 8	5 + 6 11	3 + 4 7	3 + 8 11
1 + 7 8	16 - 8 8	8 + 6 14	4 + 7 11	5 + 3 8	3 - 2 1	10 - 8 2	3 + 6 9	8 + 3 11
11 - 3 8	4 - 2 2	6 + 7 13	4 - 3 1	6 + 1 7	15 - 8 7	14 - 7 7	10 - 3 7	13 - 9 4
4 + 1 5	12 - 8 4	3 + 3 6	8 + 9 17	11 - 6 5	5 - 4 1	6 - 3 3	17 - 8 9	4 + 8 12
4 + 2 6	7 + 4 11	18 - 9 9	8 + 4 12	2 + 7 9	15 - 7 8	17 - 9 8	8 - 4 4	6 + 9 15
14 - 9 5	6 + 5 11	4 + 5 9	8 + 2 10	12 - 7 5	8 + 5 13	7 + 5 12	2 + 3 5	2 + 1 3
10 - 2 8	13 - 4 9	1 + 1 2	1 + 2 3	4 + 3 7	2 + 8 10	4 + 9 13	15 - 6 9	16 - 7 9
3 + 7 10	6 - 5 1	11 - 2 9	9 - 3 6	9 + 8 17	6 - 2 4	7 + 3 10	7 - 3 4	6 + 3 9
13 - 6 7	14 - 8 6	10 - 1 9	7 + 6 13	10 - 5 5	10 - 4 6	6 + 6 12	3 + 2 5	9 + 4 13

13

8 + 1 9	7 + 2 9	6 - 3 3	17 - 8 9	8 + 9 17	18 - 9 9	3 + 7 10	7 - 4 3	3 + 9 12
4 + 8 12	6 + 4 10	7 - 3 4	1 + 5 6	8 + 2 10	11 - 5 6	10 - 3 7	7 + 7 14	15 - 9 6
6 + 5 11	14 - 8 6	5 + 5 10	7 - 2 5	6 + 2 8	4 + 4 8	13 - 4 9	15 - 8 7	13 - 8 5
5 + 1 6	10 - 6 4	6 + 6 12	5 - 4 1	8 + 5 13	10 - 5 5	5 - 2 3	10 - 4 6	3 + 8 11
6 + 1 7	13 - 7 6	8 - 7 1	5 + 3 8	9 - 1 8	7 - 5 2	7 + 4 11	6 + 3 9	5 + 2 7
10 - 9 1	4 + 2 6	5 + 8 13	9 + 3 12	13 - 6 7	3 + 3 6	4 - 3 1	2 + 2 4	9 + 2 11
2 + 7 9	3 + 4 7	9 - 6 3	5 + 4 9	17 - 9 8	5 + 7 12	9 - 4 5	2 + 5 7	12 - 5 7
8 - 4 4	4 + 9 13	2 + 4 6	6 - 4 2	8 + 4 12	16 - 9 7	1 + 9 10	13 - 5 8	16 - 8 8
12 - 8 4	3 - 2 1	9 + 8 17	9 + 4 13	12 - 6 6	14 - 7 7	14 - 6 8	7 - 6 1	3 + 2 5

14

5 + 3 8	4 + 6 10	1 + 4 5	7 - 4 3	6 + 4 10	9 + 6 15	4 - 2 2	10 - 4 6	9 - 3 6
4 - 3 1	14 - 7 7	18 - 9 9	7 + 3 10	11 - 3 8	2 + 3 5	4 + 3 7	4 + 2 6	2 + 5 7
9 - 5 4	1 + 8 9	13 - 9 4	3 - 2 1	15 - 7 8	17 - 9 8	6 + 7 13	6 - 4 2	8 + 7 15
2 + 6 8	6 + 5 11	14 - 6 8	12 - 5 7	6 + 3 9	3 + 4 7	5 - 3 2	5 + 5 10	5 + 8 13
16 - 8 8	12 - 6 6	4 + 9 13	7 - 6 1	5 + 9 14	10 - 6 4	8 - 7 1	10 - 5 5	11 - 7 4
3 + 2 5	9 - 2 7	7 + 2 9	9 + 3 12	6 + 8 14	11 - 4 7	16 - 9 7	1 + 9 10	6 - 5 1
13 - 6 7	6 - 3 3	7 + 8 15	6 + 6 12	3 + 6 9	5 + 4 9	8 - 4 4	4 + 4 8	9 + 2 11
8 + 2 10	5 - 4 1	9 + 5 14	3 + 3 6	7 + 6 13	14 - 8 6	6 + 1 7	12 - 8 4	17 - 8 9
11 - 9 2	13 - 8 5	15 - 8 7	1 + 1 2	4 + 1 5	1 + 7 8	5 - 2 3	2 + 7 9	13 - 5 8

6 - 2 4	7 + 9 16	5 - 3 2	8 - 5 3	7 + 8 15	9 + 9 18	16 - 8 8	2 + 7 9	5 - 4 1
12 - 6 6	8 + 7 15	5 + 2 7	6 - 3 3	14 - 8 6	3 + 6 9	3 + 4 7	10 - 3 7	5 + 3 8
13 - 5 8	9 + 8 17	15 - 8 7	9 + 4 13	3 + 5 8	1 + 3 4	7 + 1 8	18 - 9 9	8 - 3 5
7 + 4 11	5 + 8 13	3 + 2 5	17 - 9 8	7 - 4 3	4 - 3 1	15 - 7 8	2 + 5 7	6 + 6 12
5 + 7 12	4 - 2 2	17 - 8 9	11 - 5 6	3 + 8 11	14 - 6 8	6 - 4 2	16 - 7 9	8 + 6 14
2 + 6 8	4 + 4 8	8 - 6 2	7 + 5 12	1 + 5 6	11 - 4 7	4 + 5 9	16 - 9 7	12 - 5 7
5 - 2 3	7 + 3 10	2 + 2 4	8 + 5 13	10 - 8 2	8 + 2 10	11 - 8 3	4 + 7 11	9 - 0 9
8 + 8 16	10 - 4 6	3 - 2 1	15 - 9 6	6 + 3 9	13 - 6 7	6 + 2 8	5 + 6 11	8 + 4 12
8 - 4 4	3 + 1 4	7 - 3 4	8 + 3 11	13 - 8 5	5 + 5 10	7 + 6 13	6 - 5 1	12 - 4 8

15

2 + 9 11	10 - 4 6	9 + 3 12	3 + 4 7	13 - 8 5	7 + 7 14	8 + 4 12	4 + 4 8	3 - 2 1
7 - 6 1	4 + 5 9	11 - 2 9	4 + 6 10	7 - 5 2	1 + 2 3	13 - 7 6	5 + 2 7	5 + 3 8
5 + 4 9	16 - 7 9	6 + 2 8	1 + 9 10	10 - 2 8	1 + 4 5	5 - 4 1	6 + 5 11	8 + 3 11
2 + 3 5	9 - 3 6	4 - 3 1	9 + 8 17	5 + 7 12	7 + 8 15	6 - 5 1	7 + 1 8	9 - 1 8
9 - 7 2	16 - 8 8	4 + 1 5	12 - 5 7	7 + 6 13	7 + 9 16	1 + 7 8	13 - 4 9	6 - 4 2
9 - 2 7	9 - 0 9	9 + 7 16	8 - 6 2	7 + 5 12	6 - 3 3	6 + 7 13	2 + 6 8	8 + 2 10
7 - 4 3	8 - 5 3	11 - 6 5	6 + 4 10	15 - 6 9	2 + 5 7	18 - 9 9	10 - 8 2	14 - 7 7
5 - 3 2	16 - 9 7	17 - 9 8	10 - 5 5	2 + 2 4	1 + 6 7	4 + 3 7	9 - 4 5	4 + 9 13
12 - 6 6	13 - 5 8	8 + 7 15	11 - 8 3	7 - 3 4	6 + 9 15	12 - 4 8	8 + 8 16	4 + 7 11

16

4 + 7 11	17 - 9 8	5 + 6 11	8 + 8 16	6 - 5 1	2 + 3 5	3 + 5 8	11 - 3 8	16 - 8 8
7 + 3 10	10 - 9 1	5 - 4 1	8 - 6 2	8 + 5 13	9 - 7 2	9 + 3 12	10 - 6 4	3 + 3 6
12 - 4 8	13 - 5 8	17 - 8 9	6 + 4 10	1 + 5 6	6 - 4 2	3 + 8 11	4 - 3 1	6 + 2 8
4 + 4 8	7 - 5 2	11 - 8 3	5 - 2 3	10 - 2 8	6 + 6 12	5 + 4 9	10 - 8 2	12 - 9 3
8 + 7 15	3 + 2 5	8 + 6 14	7 + 6 13	3 + 4 7	8 + 2 10	16 - 9 7	11 - 4 7	3 - 2 1
5 - 3 2	6 + 8 14	8 + 3 11	4 + 1 5	12 - 8 4	7 - 6 1	8 - 5 3	9 - 6 3	8 - 7 1
10 - 5 5	3 + 9 12	7 + 8 15	14 - 7 7	5 + 3 8	8 - 4 4	8 - 3 5	2 + 7 9	9 - 3 6
16 - 7 9	15 - 6 9	9 - 8 1	13 - 8 5	4 + 6 10	7 + 4 11	1 + 4 5	13 - 4 9	6 + 5 11
6 + 1 7	5 + 2 7	5 + 8 13	8 + 4 12	7 - 2 5	2 + 5 7	7 + 2 9	4 + 9 13	7 + 1 8

17

6 - 2 4	5 + 7 12	5 + 2 7	4 + 3 7	7 - 5 2	12 - 5 7	9 + 4 13	7 - 6 1	2 + 2 4
2 + 8 10	17 - 8 9	6 + 1 7	5 + 5 10	4 - 2 2	9 - 8 1	12 - 8 4	5 + 3 8	16 - 9 7
18 - 9 9	15 - 9 6	7 + 4 11	4 + 8 12	11 - 2 9	4 + 6 10	14 - 6 8	3 + 8 11	11 - 5 6
5 + 4 9	12 - 7 5	3 + 2 5	1 + 4 5	17 - 9 8	2 + 6 8	3 + 4 7	7 + 8 15	4 + 5 9
7 + 3 10	8 + 7 15	13 - 5 8	11 - 4 7	8 + 3 11	6 - 3 3	8 + 1 9	7 + 7 14	1 + 2 3
9 - 0 9	8 + 8 16	8 + 9 17	15 - 7 8	5 - 3 2	9 + 2 11	3 + 5 8	7 - 3 4	10 - 1 9
7 + 5 12	16 - 7 9	5 + 8 13	9 + 8 17	4 + 9 13	9 + 1 10	6 - 5 1	8 - 5 3	2 + 5 7
5 - 4 1	9 - 2 7	14 - 7 7	14 - 8 6	8 + 5 13	15 - 6 9	4 + 4 8	10 - 4 6	9 + 5 14
1 + 8 9	13 - 6 7	3 + 7 10	14 - 5 9	4 - 3 1	10 - 3 7	11 - 6 5	8 - 4 4	16 - 8 8

18

4 + 7 11	15 - 6 9	6 + 6 12	4 - 2 2	2 + 1 3	4 + 3 7	6 + 7 13	12 - 5 7	7 - 5 2
7 + 6 13	2 + 2 4	9 - 4 5	12 - 4 8	10 - 7 3	2 + 3 5	6 + 1 7	8 + 7 15	6 - 3 3
16 - 8 8	6 + 8 14	8 - 4 4	9 + 2 11	1 + 5 6	8 + 6 14	6 - 5 1	5 + 7 12	5 + 3 8
5 + 4 9	7 - 3 4	12 - 6 6	12 - 9 3	14 - 7 7	11 - 9 2	13 - 7 6	9 - 5 4	16 - 9 7
3 + 7 10	3 + 6 9	13 - 5 8	4 - 3 1	10 - 3 7	9 - 3 6	3 + 8 11	7 + 5 12	9 + 8 17
13 - 6 7	15 - 8 7	3 + 5 8	9 - 1 8	8 + 9 17	4 + 9 13	2 + 4 6	18 - 9 9	7 + 4 11
6 + 5 11	10 - 8 2	5 + 9 14	6 + 3 9	13 - 8 5	4 + 2 6	8 + 5 13	2 + 5 7	17 - 8 9
4 + 5 9	6 - 4 2	11 - 7 4	5 - 3 2	4 + 4 8	8 - 6 2	6 + 2 8	3 + 2 5	10 - 5 5
9 - 7 2	2 + 9 11	5 - 2 3	10 - 4 6	4 + 6 10	8 + 3 11	11 - 4 7	17 - 9 8	9 + 3 12

19

6 - 3 3	1 + 8 9	9 + 9 18	7 + 2 9	7 - 4 3	10 - 3 7	9 + 1 10	9 - 4 5	4 + 9 13
8 + 7 15	6 + 2 8	12 - 4 8	17 - 9 8	6 - 4 2	18 - 9 9	3 - 2 1	4 - 3 1	5 + 4 9
5 + 7 12	14 - 9 5	8 - 2 6	10 - 8 2	11 - 3 8	1 + 5 6	4 + 2 6	2 + 6 8	4 + 4 8
16 - 8 8	10 - 6 4	15 - 8 7	6 + 8 14	15 - 7 8	7 - 3 4	5 - 2 3	6 + 5 11	6 - 5 1
12 - 5 7	8 + 4 12	9 - 2 7	2 + 7 9	11 - 7 4	9 - 3 6	5 + 8 13	2 + 8 10	5 + 2 7
3 + 3 6	8 + 8 16	13 - 6 7	6 + 6 12	8 - 3 5	5 - 4 1	4 + 8 12	11 - 4 7	7 + 9 16
7 + 4 11	6 + 4 10	6 + 3 9	4 + 5 9	3 + 5 8	15 - 9 6	13 - 7 6	3 + 2 5	4 - 2 2
5 - 3 2	8 - 5 3	3 + 7 10	5 + 6 11	14 - 5 9	5 + 9 14	2 + 2 4	8 - 6 2	10 - 7 3
2 + 9 11	3 + 8 11	4 + 1 5	9 - 6 3	7 - 2 5	8 + 2 10	3 + 9 12	10 - 5 5	4 + 7 11

20

8 - 7 1	9 - 2 7	3 - 2 1	9 - 7 2	6 + 4 10	4 + 6 10	9 - 5 4	3 + 4 7	6 + 2 8
13 - 9 4	5 + 6 11	4 + 9 13	8 + 8 16	1 + 2 3	6 + 1 7	17 - 9 8	8 + 3 11	7 + 5 12
2 + 6 8	2 + 5 7	7 + 6 13	4 - 3 1	5 - 4 1	3 + 6 9	7 - 5 2	1 + 3 4	9 + 1 10
5 - 3 2	6 + 6 12	15 - 8 7	7 + 3 10	7 + 2 9	8 + 1 9	16 - 9 7	15 - 9 6	17 - 8 9
2 + 9 11	4 - 2 2	1 + 8 9	4 + 2 6	3 + 7 10	9 - 3 6	5 + 7 12	5 + 9 14	14 - 7 7
4 + 7 11	9 - 1 8	18 - 9 9	16 - 8 8	9 + 6 15	11 - 4 7	10 - 5 5	4 + 4 8	5 + 5 10
14 - 8 6	13 - 7 6	8 - 6 2	7 + 1 8	8 + 9 17	4 + 8 12	11 - 8 3	8 + 4 12	12 - 5 7
4 + 3 7	5 + 8 13	15 - 6 9	2 + 8 10	7 - 3 4	12 - 8 4	1 + 6 7	7 - 4 3	6 - 3 3
14 - 9 5	10 - 8 2	10 - 6 4	11 - 7 4	6 + 5 11	9 + 8 17	10 - 1 9	16 - 7 9	7 - 6 1

21

7 + 6 13	18 - 9 9	16 - 7 9	6 + 9 15	2 + 4 6	2 + 2 4	7 + 2 9	15 - 9 6	2 + 5 7
16 - 8 8	1 + 5 6	1 + 9 10	8 + 5 13	4 + 9 13	9 - 3 6	6 + 7 13	1 + 2 3	17 - 9 8
12 - 7 5	8 + 2 10	7 + 8 15	5 - 3 2	1 + 8 9	7 + 7 14	6 + 4 10	4 - 3 1	13 - 4 9
6 - 2 4	8 - 4 4	12 - 6 6	6 + 8 14	6 + 3 9	7 + 9 16	4 - 2 2	11 - 3 8	3 - 2 1
1 + 7 8	8 + 6 14	12 - 8 4	9 + 4 13	12 - 5 7	17 - 8 9	4 + 8 12	6 + 5 11	15 - 8 7
3 + 2 5	3 + 6 9	11 - 8 3	5 - 2 3	13 - 6 7	11 - 6 5	4 + 3 7	5 + 2 7	11 - 4 7
7 + 3 10	4 + 5 9	14 - 8 6	4 + 4 8	9 - 1 8	13 - 9 4	9 - 2 7	8 - 7 1	2 + 1 3
2 + 8 10	7 - 5 2	7 - 4 3	7 + 5 12	15 - 6 9	9 - 6 3	15 - 7 8	4 + 2 6	5 + 7 12
7 - 2 5	2 + 6 8	3 + 3 6	10 - 5 5	3 + 7 10	13 - 5 8	8 + 7 15	13 - 8 5	5 - 4 1

22

2 + 1 3	5 + 5 10	14 - 7 7	7 - 4 3	4 + 4 8	14 - 9 5	6 - 4 2	18 - 9 9	11 - 3 8
5 + 1 6	6 + 6 12	3 + 5 8	5 + 6 11	6 + 7 13	13 - 7 6	8 + 9 17	4 + 6 10	17 - 8 9
3 + 6 9	7 + 7 14	2 + 5 7	7 - 5 2	13 - 8 5	12 - 8 4	6 + 5 11	5 + 3 8	4 + 3 7
2 + 3 5	2 + 2 4	1 + 3 4	9 - 5 4	16 - 8 8	9 + 2 11	17 - 9 8	14 - 8 6	7 + 6 13
8 + 3 11	6 - 3 3	16 - 7 9	15 - 9 6	9 + 5 14	9 - 2 7	7 + 8 15	9 - 0 9	6 - 2 4
3 + 9 12	4 + 8 12	11 - 7 4	8 - 2 6	5 - 2 3	13 - 5 8	8 + 4 12	9 - 4 5	15 - 8 7
8 + 7 15	1 + 8 9	3 + 3 6	5 + 2 7	15 - 6 9	6 - 5 1	7 + 1 8	6 + 3 9	13 - 6 7
8 - 7 1	14 - 6 8	5 + 9 14	12 - 7 5	8 + 5 13	10 - 4 6	10 - 2 8	12 - 6 6	9 + 7 16
9 + 6 15	3 + 2 5	2 + 6 8	3 + 7 10	10 - 3 7	5 - 4 1	4 - 2 2	6 + 2 8	3 - 2 1

23

7 + 1 8	2 + 6 8	5 + 3 8	5 + 4 9	15 - 7 8	5 + 9 14	8 + 4 12	17 - 8 9	12 - 7 5
8 + 8 16	4 + 4 8	13 - 4 9	16 - 8 8	3 - 2 1	6 - 2 4	11 - 3 8	7 + 7 14	6 + 7 13
2 + 2 4	1 + 5 6	17 - 9 8	8 + 2 10	4 - 3 1	1 + 2 3	9 - 3 6	6 + 3 9	6 - 3 3
13 - 8 5	10 - 5 5	4 + 1 5	3 + 9 12	9 + 7 16	3 + 4 7	8 + 3 11	10 - 8 2	9 - 6 3
11 - 2 9	10 - 1 9	14 - 6 8	6 + 2 8	7 + 3 10	4 + 7 11	3 + 8 11	2 + 7 9	1 + 6 7
3 + 5 8	7 + 2 9	12 - 8 4	10 - 4 6	9 - 5 4	7 - 3 4	11 - 5 6	16 - 9 7	10 - 2 8
7 - 4 3	13 - 6 7	9 - 4 5	6 + 8 14	2 + 9 11	4 + 9 13	18 - 9 9	13 - 9 4	8 + 9 17
6 - 5 1	10 - 6 4	5 - 4 1	5 - 3 2	10 - 3 7	2 + 4 6	8 + 7 15	14 - 5 9	5 + 7 12
8 + 6 14	7 + 4 11	12 - 6 6	12 - 5 7	4 + 3 7	1 + 8 9	8 - 6 2	1 + 7 8	7 + 6 13

24

5 + 8 13	3 - 2 1	9 - 1 8	16 - 7 9	12 - 5 7	8 + 5 13	9 - 5 4	10 - 5 5	9 - 4 5
5 + 5 10	7 + 6 13	1 + 2 3	8 + 1 9	15 - 7 8	2 + 3 5	5 - 4 1	15 - 8 7	6 - 2 4
11 - 4 7	7 - 5 2	3 + 3 6	8 - 6 2	6 + 6 12	3 + 7 10	9 + 7 16	8 + 3 11	10 - 8 2
4 + 4 8	6 + 7 13	6 - 4 2	7 + 8 15	17 - 8 9	8 - 7 1	9 - 3 6	6 + 4 10	3 + 8 11
8 - 3 5	3 + 5 8	14 - 5 9	7 + 7 14	3 + 9 12	11 - 7 4	8 + 2 10	4 + 3 7	10 - 3 7
6 + 3 9	5 + 7 12	3 + 2 5	2 + 5 7	10 - 6 4	11 - 6 5	14 - 6 8	16 - 8 8	5 + 2 7
3 + 4 7	6 + 8 14	5 - 3 2	4 + 7 11	2 + 9 11	13 - 5 8	18 - 9 9	7 + 2 9	1 + 5 6
9 + 4 13	3 + 1 4	14 - 8 6	7 + 3 10	17 - 9 8	5 + 4 9	4 + 2 6	4 - 3 1	8 + 8 16
11 - 8 3	12 - 7 5	6 + 2 8	10 - 1 9	2 + 7 9	12 - 9 3	8 - 5 3	11 - 5 6	4 - 2 2

25

14 - 8 6	8 + 8 16	12 - 3 9	4 + 6 10	4 - 2 2	8 + 6 14	17 - 9 8	4 + 7 11	11 - 5 6
9 + 9 18	7 - 5 2	12 - 5 7	5 + 5 10	1 + 5 6	5 + 2 7	14 - 7 7	3 - 2 1	10 - 3 7
14 - 9 5	5 + 7 12	16 - 7 9	17 - 8 9	16 - 8 8	3 + 7 10	13 - 7 6	15 - 7 8	18 - 9 9
1 + 7 8	4 + 3 7	7 + 2 9	8 - 3 5	5 - 4 1	1 + 8 9	3 + 8 11	6 + 1 7	8 - 2 6
3 + 3 6	2 + 7 9	8 + 4 12	7 - 3 4	3 + 2 5	2 + 8 10	10 - 4 6	15 - 9 6	8 + 5 13
15 - 6 9	4 + 8 12	6 + 7 13	8 + 7 15	9 - 3 6	6 - 5 1	8 - 4 4	6 + 5 11	6 + 6 12
11 - 3 8	13 - 8 5	10 - 5 5	7 + 9 16	5 + 8 13	11 - 9 2	5 - 3 2	7 + 4 11	16 - 9 7
4 + 9 13	2 + 2 4	1 + 3 4	3 + 4 7	4 - 3 1	6 + 8 14	9 + 2 11	7 + 7 14	1 + 2 3
15 - 8 7	5 + 6 11	8 - 6 2	14 - 6 8	4 + 2 6	6 + 2 8	13 - 4 9	11 - 4 7	13 - 6 7

26

4 + 4 = 8	6 + 6 = 12	6 + 2 = 8	15 - 9 = 6	13 - 7 = 6	5 + 2 = 7	9 + 1 = 10	8 - 4 = 4	8 - 5 = 3
3 + 7 = 10	5 + 5 = 10	2 + 7 = 9	5 - 3 = 2	6 - 4 = 2	12 - 6 = 6	1 + 2 = 3	8 + 7 = 15	7 + 5 = 12
6 - 3 = 3	8 - 6 = 2	7 - 5 = 2	9 + 2 = 11	13 - 8 = 5	2 + 2 = 4	8 - 3 = 5	17 - 8 = 9	17 - 9 = 8
5 + 7 = 12	7 + 7 = 14	2 + 3 = 5	8 + 3 = 11	7 + 4 = 11	4 + 7 = 11	15 - 7 = 8	8 + 4 = 12	7 + 2 = 9
4 + 1 = 5	16 - 7 = 9	4 - 3 = 1	9 - 2 = 7	12 - 7 = 5	8 + 2 = 10	8 - 2 = 6	11 - 8 = 3	3 - 2 = 1
13 - 4 = 9	7 - 3 = 4	6 + 7 = 13	2 + 4 = 6	13 - 9 = 4	5 - 2 = 3	11 - 5 = 6	7 - 6 = 1	2 + 8 = 10
14 - 6 = 8	9 + 9 = 18	6 + 8 = 14	9 + 6 = 15	4 + 8 = 12	8 + 6 = 14	3 + 5 = 8	12 - 4 = 8	10 - 7 = 3
7 + 6 = 13	3 + 2 = 5	15 - 8 = 7	2 + 5 = 7	9 - 3 = 6	1 + 3 = 4	4 + 5 = 9	2 + 6 = 8	14 - 8 = 6
3 + 8 = 11	5 + 4 = 9	8 + 5 = 13	9 - 7 = 2	6 - 5 = 1	11 - 7 = 4	18 - 9 = 9	4 - 2 = 2	14 - 9 = 5

27

4 + 2 = 6	6 + 8 = 14	10 - 8 = 2	7 + 9 = 16	15 - 6 = 9	16 - 7 = 9	13 - 8 = 5	1 + 3 = 4	2 + 8 = 10
8 - 3 = 5	9 + 4 = 13	7 + 5 = 12	8 + 8 = 16	7 + 3 = 10	9 - 3 = 6	5 - 3 = 2	6 + 4 = 10	11 - 6 = 5
2 + 7 = 9	3 + 4 = 7	11 - 4 = 7	14 - 5 = 9	5 + 4 = 9	6 + 6 = 12	5 + 2 = 7	8 + 5 = 13	8 + 7 = 15
6 - 4 = 2	7 - 6 = 1	15 - 8 = 7	4 + 5 = 9	13 - 6 = 7	5 + 8 = 13	2 + 3 = 5	18 - 9 = 9	7 + 6 = 13
9 + 9 = 18	4 - 3 = 1	11 - 5 = 6	7 - 5 = 2	4 + 7 = 11	1 + 8 = 9	3 + 7 = 10	7 + 1 = 8	3 - 2 = 1
12 - 8 = 4	5 + 6 = 11	14 - 6 = 8	9 + 1 = 10	8 + 6 = 14	3 + 3 = 6	12 - 4 = 8	8 - 4 = 4	5 + 3 = 8
7 + 7 = 14	8 - 7 = 1	9 - 1 = 8	10 - 2 = 8	3 + 8 = 11	1 + 5 = 6	16 - 8 = 8	14 - 7 = 7	10 - 1 = 9
11 - 9 = 2	9 + 8 = 17	7 - 3 = 4	6 + 7 = 13	15 - 7 = 8	4 + 8 = 12	1 + 1 = 2	10 - 4 = 6	13 - 5 = 8
3 + 6 = 9	4 - 2 = 2	16 - 9 = 7	7 + 4 = 11	9 - 8 = 1	10 - 7 = 3	17 - 9 = 8	3 + 5 = 8	14 - 8 = 6

28

5 + 2 = 7	12 - 7 = 5	3 + 7 = 10	15 - 8 = 7	16 - 8 = 8	6 - 5 = 1	18 - 9 = 9	8 + 2 = 10	14 - 8 = 6
5 - 3 = 2	17 - 8 = 9	3 + 2 = 5	11 - 4 = 7	3 + 8 = 11	5 + 1 = 6	6 + 6 = 12	2 + 4 = 6	2 + 3 = 5
6 + 2 = 8	6 - 2 = 4	4 + 2 = 6	8 - 2 = 6	8 + 7 = 15	8 + 5 = 13	9 + 4 = 13	5 + 3 = 8	6 - 3 = 3
10 - 8 = 2	3 - 2 = 1	13 - 6 = 7	17 - 9 = 8	9 - 6 = 3	5 + 5 = 10	2 + 6 = 8	8 + 9 = 17	3 + 6 = 9
3 + 4 = 7	5 + 7 = 12	6 + 3 = 9	10 - 5 = 5	12 - 8 = 4	4 - 2 = 2	9 - 7 = 2	9 + 3 = 12	8 - 3 = 5
7 + 2 = 9	11 - 8 = 3	8 + 3 = 11	7 + 3 = 10	2 + 7 = 9	3 + 5 = 8	7 - 2 = 5	16 - 9 = 7	13 - 5 = 8
15 - 7 = 8	4 + 9 = 13	9 + 8 = 17	9 + 1 = 10	6 + 1 = 7	8 - 7 = 1	4 - 3 = 1	5 - 4 = 1	14 - 6 = 8
9 - 4 = 5	11 - 9 = 2	8 - 6 = 2	9 + 2 = 11	5 - 2 = 3	3 + 9 = 12	3 + 3 = 6	7 + 9 = 16	7 + 6 = 13
7 + 5 = 12	9 + 9 = 18	5 + 4 = 9	12 - 9 = 3	14 - 7 = 7	5 + 8 = 13	7 - 3 = 4	11 - 7 = 4	15 - 9 = 6

29

2 + 7 = 9	8 + 6 = 14	5 - 3 = 2	2 + 3 = 5	3 + 3 = 6	8 - 4 = 4	7 + 3 = 10	11 - 6 = 5	6 + 8 = 14
4 + 6 = 10	9 + 2 = 11	6 + 4 = 10	2 + 5 = 7	1 + 8 = 9	5 - 4 = 1	15 - 7 = 8	3 - 2 = 1	14 - 7 = 7
7 + 9 = 16	9 - 5 = 4	3 + 4 = 7	11 - 8 = 3	7 + 7 = 14	4 - 3 = 1	4 + 3 = 7	16 - 8 = 8	6 - 5 = 1
14 - 5 = 9	14 - 8 = 6	1 + 5 = 6	7 - 6 = 1	7 - 5 = 2	8 + 8 = 16	7 + 8 = 15	8 + 5 = 13	12 - 7 = 5
9 - 2 = 7	10 - 1 = 9	1 + 7 = 8	18 - 9 = 9	4 + 1 = 5	13 - 6 = 7	9 + 5 = 14	17 - 9 = 8	3 + 1 = 4
5 - 2 = 3	4 - 2 = 2	14 - 6 = 8	15 - 6 = 9	2 + 8 = 10	6 + 6 = 12	11 - 9 = 2	6 + 1 = 7	8 - 7 = 1
8 + 3 = 11	5 + 1 = 6	8 + 4 = 12	8 + 1 = 9	16 - 9 = 7	9 + 7 = 16	10 - 3 = 7	15 - 8 = 7	5 + 7 = 12
5 + 2 = 7	5 + 4 = 9	9 - 7 = 2	2 + 2 = 4	6 - 4 = 2	15 - 9 = 6	8 + 9 = 17	3 + 8 = 11	7 - 4 = 3
12 - 8 = 4	9 + 9 = 18	10 - 9 = 1	11 - 7 = 4	16 - 7 = 9	12 - 5 = 7	2 + 4 = 6	4 + 8 = 12	5 + 3 = 8

30

2 + 7 9	3 - 2 1	7 - 2 5	4 - 3 1	6 - 3 3	13 - 8 5	8 + 7 15	8 + 3 11	16 - 8 8
6 - 5 1	6 + 8 14	3 + 3 6	4 + 2 6	8 + 1 9	11 - 4 7	17 - 9 8	5 + 7 12	18 - 9 9
11 - 7 4	9 + 8 17	16 - 7 9	5 + 5 10	1 + 8 9	7 + 8 15	9 - 7 2	4 + 7 11	3 + 5 8
11 - 5 6	3 + 8 11	13 - 5 8	16 - 9 7	9 + 5 14	2 + 2 4	6 + 1 7	5 - 4 1	9 - 6 3
11 - 3 8	17 - 8 9	10 - 2 8	15 - 7 8	4 + 3 7	7 + 1 8	3 + 6 9	10 - 1 9	9 + 9 18
7 + 6 13	5 + 8 13	8 + 6 14	10 - 9 1	8 + 5 13	9 + 2 11	8 - 6 2	11 - 6 5	12 - 4 8
2 + 1 3	4 - 2 2	3 + 4 7	2 + 8 10	2 + 9 11	5 - 3 2	14 - 5 9	6 + 4 10	5 - 2 3
7 + 5 12	10 - 3 7	2 + 5 7	8 - 4 4	15 - 6 9	6 + 7 13	14 - 8 6	5 + 2 7	8 + 2 10
5 + 9 14	15 - 8 7	12 - 5 7	3 + 2 5	14 - 6 8	8 + 8 16	7 + 4 11	6 - 2 4	8 - 3 5

31

8 - 7 1	5 - 3 2	11 - 4 7	18 - 9 9	11 - 5 6	13 - 8 5	10 - 7 3	8 + 3 11	4 - 2 2
4 + 5 9	7 + 2 9	6 + 1 7	6 - 5 1	6 - 2 4	2 + 4 6	3 + 3 6	1 + 1 2	5 + 2 7
14 - 7 7	5 + 8 13	2 + 3 5	17 - 9 8	8 + 1 9	15 - 8 7	2 + 5 7	4 + 2 6	6 + 2 8
11 - 8 3	3 + 7 10	7 - 2 5	3 - 2 1	8 + 4 12	5 + 6 11	16 - 8 8	9 - 2 7	7 + 7 14
12 - 7 5	8 + 7 15	17 - 8 9	5 - 4 1	1 + 9 10	4 + 7 11	3 + 2 5	1 + 7 8	4 + 4 8
14 - 6 8	9 + 6 15	9 - 1 8	16 - 9 7	15 - 7 8	6 + 6 12	7 + 4 11	14 - 8 6	6 + 8 14
5 - 2 3	15 - 9 6	13 - 6 7	9 + 2 11	5 + 3 8	9 - 0 9	7 - 6 1	14 - 9 5	8 + 6 14
10 - 3 7	15 - 6 9	4 + 3 7	12 - 8 4	4 + 6 10	6 + 5 11	6 + 3 9	8 - 6 2	5 + 9 14
1 + 2 3	1 + 6 7	7 - 5 2	2 + 7 9	6 - 4 2	8 - 5 3	9 + 5 14	12 - 6 6	7 + 1 8

32

7 + 8 15	4 + 5 9	8 - 4 4	2 + 9 11	4 + 9 13	4 - 2 2	14 - 8 6	7 + 2 9	17 - 8 9
5 + 8 13	15 - 6 9	10 - 7 3	9 + 2 11	7 + 6 13	4 + 3 7	7 + 7 14	10 - 4 6	17 - 9 8
12 - 7 5	13 - 8 5	8 + 5 13	6 + 5 11	5 - 2 3	14 - 6 8	3 - 2 1	5 + 5 10	2 + 7 9
8 + 8 16	2 + 2 4	7 - 3 4	4 + 2 6	12 - 6 6	3 + 8 11	6 - 2 4	15 - 8 7	1 + 3 4
5 + 1 6	9 - 1 8	4 + 8 12	8 - 2 6	13 - 7 6	6 + 2 8	8 + 3 11	16 - 8 8	9 + 4 13
7 - 2 5	8 - 6 2	18 - 9 9	8 + 6 14	4 - 3 1	9 - 4 5	3 + 6 9	1 + 7 8	9 + 7 16
5 + 3 8	14 - 7 7	13 - 4 9	9 - 2 7	5 + 9 14	13 - 9 4	12 - 5 7	5 + 7 12	4 + 7 11
11 - 4 7	3 + 7 10	8 - 7 1	8 + 9 17	15 - 9 6	9 + 8 17	3 + 9 12	8 + 4 12	2 + 6 8
11 - 2 9	11 - 6 5	9 - 7 2	4 + 4 8	6 - 3 3	10 - 2 8	14 - 9 5	7 + 3 10	5 + 2 7

33

15 - 8 7	4 + 7 11	5 + 8 13	4 - 3 1	12 - 8 4	5 + 5 10	6 - 4 2	5 + 9 14	7 + 3 10
6 + 3 9	9 + 7 16	11 - 8 3	8 - 7 1	8 + 3 11	5 - 4 1	14 - 6 8	6 + 4 10	1 + 2 3
7 + 6 13	6 - 3 3	3 - 2 1	6 + 7 13	9 - 3 6	18 - 9 9	10 - 4 6	7 + 2 9	13 - 5 8
9 - 7 2	2 + 4 6	12 - 3 9	2 + 2 4	2 + 7 9	4 + 4 8	8 + 7 15	2 + 9 11	17 - 9 8
5 - 3 2	7 + 5 12	9 + 6 15	16 - 7 9	15 - 9 6	7 + 7 14	7 + 4 11	1 + 7 8	1 + 3 4
14 - 5 9	6 - 2 4	12 - 7 5	7 - 4 3	4 - 2 2	3 + 3 6	2 + 5 7	2 + 3 5	4 + 6 10
11 - 7 4	8 - 2 6	8 - 6 2	10 - 8 2	13 - 6 7	6 + 8 14	4 + 3 7	8 + 2 10	9 + 4 13
6 - 5 1	7 - 5 2	2 + 6 8	5 + 6 11	10 - 3 7	14 - 8 6	8 + 8 16	3 + 7 10	9 - 1 8
3 + 8 11	9 - 2 7	17 - 8 9	5 + 7 12	8 + 5 13	16 - 8 8	7 - 3 4	8 + 1 9	12 - 5 7

34

2 + 3 5	13 - 6 7	12 - 4 8	15 - 8 7	6 + 8 14	12 - 3 9	3 - 2 1	17 - 9 8	3 + 7 10
9 + 7 16	13 - 7 6	5 - 3 2	5 + 2 7	16 - 8 8	7 + 5 12	5 + 4 9	5 + 7 12	14 - 8 6
3 + 5 8	8 - 2 6	3 + 4 7	5 - 4 1	15 - 7 8	7 - 6 1	4 - 3 1	6 - 5 1	7 + 6 13
8 - 7 1	8 + 2 10	10 - 9 1	11 - 4 7	8 - 5 3	8 + 6 14	11 - 3 8	8 + 5 13	7 + 9 16
4 + 7 11	4 + 4 8	2 + 9 11	9 + 3 12	17 - 8 9	13 - 8 5	16 - 7 9	6 + 2 8	1 + 7 8
8 + 3 11	12 - 6 6	3 + 2 5	9 - 7 2	11 - 7 4	2 + 5 7	9 + 2 11	8 + 4 12	6 - 3 3
10 - 2 8	8 - 3 5	6 + 9 15	4 + 3 7	14 - 5 9	2 + 1 3	7 + 8 15	9 - 5 4	6 + 6 12
18 - 9 9	11 - 8 3	2 + 2 4	2 + 7 9	14 - 7 7	3 + 8 11	2 + 8 10	12 - 7 5	9 + 9 18
9 + 4 13	7 + 7 14	15 - 6 9	7 - 4 3	14 - 6 8	6 + 3 9	10 - 5 5	1 + 2 3	7 + 4 11

35

8 + 7 15	5 + 3 8	4 + 3 7	9 - 8 1	7 + 5 12	7 - 4 3	3 + 8 11	6 + 3 9	8 - 6 2
13 - 5 8	4 + 6 10	7 - 3 4	8 + 2 10	11 - 4 7	4 - 2 2	5 + 5 10	15 - 7 8	7 + 8 15
9 - 6 3	8 + 3 11	8 - 4 4	6 + 5 11	6 + 2 8	5 + 7 12	7 + 3 10	4 + 5 9	2 + 7 9
6 - 4 2	13 - 8 5	11 - 5 6	4 - 3 1	8 - 3 5	6 + 7 13	6 + 1 7	7 + 4 11	6 + 6 12
14 - 5 9	5 + 1 6	3 + 1 4	17 - 9 8	18 - 9 9	6 + 8 14	8 - 2 6	9 + 6 15	9 - 1 8
2 + 4 6	3 + 3 6	5 + 4 9	4 + 9 13	12 - 9 3	16 - 8 8	8 - 5 3	15 - 8 7	10 - 8 2
3 + 2 5	13 - 7 6	6 + 9 15	1 + 6 7	3 - 2 1	11 - 9 2	8 + 6 14	3 + 4 7	14 - 6 8
7 + 1 8	15 - 9 6	8 + 4 12	9 - 7 2	7 - 2 5	9 + 2 11	12 - 4 8	17 - 8 9	6 - 5 1
14 - 8 6	7 + 7 14	10 - 4 6	9 - 2 7	2 + 3 5	2 + 9 11	5 - 2 3	1 + 3 4	11 - 6 5

36

4 + 4 8	7 - 5 2	1 + 6 7	6 + 5 11	7 - 6 1	13 - 7 6	4 + 6 10	8 - 3 5	3 + 5 8
5 + 7 12	8 - 7 1	8 - 4 4	2 + 4 6	13 - 6 7	1 + 2 3	16 - 9 7	2 + 7 9	5 - 4 1
6 - 5 1	8 + 5 13	11 - 3 8	8 + 8 16	8 - 2 6	7 + 2 9	6 + 4 10	12 - 8 4	3 - 2 1
3 + 6 9	8 + 1 9	15 - 8 7	7 + 6 13	4 - 3 1	9 + 8 17	9 - 5 4	18 - 9 9	6 - 3 3
6 + 7 13	1 + 7 8	12 - 6 6	7 - 3 4	6 - 4 2	16 - 8 8	4 + 2 6	4 + 5 9	15 - 6 9
17 - 8 9	5 + 6 11	4 + 3 7	7 + 3 10	13 - 8 5	8 + 9 17	9 + 4 13	4 - 2 2	6 + 8 14
10 - 1 9	7 - 4 3	9 + 3 12	10 - 5 5	8 + 3 11	14 - 5 9	12 - 7 5	11 - 5 6	7 + 7 14
12 - 4 8	9 - 6 3	6 + 2 8	13 - 5 8	3 + 7 10	5 + 2 7	6 + 9 15	3 + 4 7	15 - 7 8
12 - 3 9	11 - 6 5	5 - 3 2	4 + 8 12	8 + 6 14	5 + 1 6	7 + 9 16	8 + 2 10	3 + 8 11

37

18 - 9 9	16 - 8 8	5 + 8 13	4 - 3 1	5 - 3 2	4 + 3 7	5 + 5 10	2 + 7 9	5 - 2 3
3 + 4 7	10 - 5 5	11 - 4 7	9 - 3 6	2 + 2 4	9 + 3 12	6 + 3 9	16 - 7 9	1 + 7 8
11 - 3 8	4 + 8 12	7 - 3 4	9 - 8 1	1 + 2 3	8 + 8 16	12 - 7 5	2 + 5 7	17 - 9 8
6 + 1 7	13 - 7 6	10 - 3 7	5 + 4 9	8 + 7 15	8 - 2 6	3 + 2 5	10 - 8 2	4 - 2 2
7 - 6 1	7 + 5 12	3 + 6 9	4 + 2 6	13 - 9 4	5 + 7 12	13 - 4 9	8 + 2 10	4 + 6 10
2 + 8 10	8 - 7 1	8 - 6 2	8 - 5 3	6 + 5 11	13 - 5 8	3 + 5 8	9 + 8 17	13 - 6 7
15 - 9 6	1 + 8 9	3 - 2 1	11 - 8 3	4 + 5 9	9 - 6 3	15 - 8 7	9 + 9 18	2 + 6 8
6 + 7 13	9 + 6 15	2 + 1 3	5 + 6 11	7 + 8 15	17 - 8 9	6 - 4 2	15 - 6 9	5 + 3 8
10 - 2 8	3 + 1 4	6 - 5 1	8 + 6 14	8 - 4 4	2 + 9 11	5 - 4 1	8 + 3 11	14 - 7 7

38

5 - 3 2	5 + 2 7	5 + 8 13	12 - 5 7	9 + 9 18	14 - 7 7	13 - 9 4	5 - 4 1	7 + 9 16
8 + 5 13	3 - 2 1	16 - 8 8	10 - 6 4	3 + 7 10	7 + 5 12	3 + 4 7	5 + 5 10	7 - 6 1
9 + 7 16	6 + 7 13	7 + 4 11	17 - 8 9	8 - 2 6	12 - 4 8	4 - 3 1	6 - 5 1	13 - 5 8
2 + 7 9	6 + 2 8	4 - 2 2	18 - 9 9	2 + 3 5	17 - 9 8	1 + 8 9	8 + 2 10	9 - 4 5
5 + 3 8	8 + 7 15	8 + 4 12	3 + 6 9	9 - 5 4	9 - 3 6	13 - 7 6	2 + 8 10	4 + 7 11
5 - 2 3	12 - 9 3	6 - 4 2	4 + 2 6	7 + 3 10	11 - 5 6	14 - 6 8	3 + 9 12	14 - 9 5
4 + 9 13	6 + 8 14	5 + 1 6	8 + 3 11	11 - 6 5	3 + 3 6	15 - 8 7	3 + 5 8	8 - 4 4
11 - 8 3	5 + 4 9	11 - 7 4	3 + 2 5	8 - 6 2	8 - 7 1	6 + 4 10	13 - 6 7	2 + 2 4
8 + 9 17	2 + 6 8	11 - 2 9	12 - 6 6	4 + 8 12	10 - 5 5	9 + 3 12	4 + 4 8	8 - 5 3

39

10 - 3 7	8 + 9 17	15 - 8 7	7 + 7 14	8 + 6 14	8 - 4 4	8 + 2 10	3 + 7 10	16 - 8 8
12 - 8 4	9 - 8 1	11 - 7 4	3 + 3 6	7 - 2 5	4 + 4 8	5 - 3 2	1 + 3 4	3 + 1 4
4 + 7 11	7 - 6 1	5 + 3 8	11 - 8 3	13 - 7 6	13 - 6 7	15 - 7 8	6 + 4 10	6 - 4 2
17 - 8 9	6 + 3 9	14 - 7 7	7 + 3 10	3 + 4 7	2 + 6 8	3 - 2 1	4 + 3 7	7 + 5 12
4 - 2 2	6 - 5 1	1 + 5 6	12 - 7 5	4 + 5 9	15 - 6 9	6 - 2 4	2 + 5 7	18 - 9 9
17 - 9 8	1 + 6 7	11 - 2 9	10 - 6 4	8 + 3 11	2 + 8 10	5 + 2 7	1 + 2 3	13 - 5 8
4 + 6 10	7 - 5 2	5 + 1 6	8 - 2 6	6 + 8 14	5 - 4 1	9 + 4 13	4 + 2 6	3 + 2 5
15 - 9 6	12 - 4 8	9 + 2 11	5 + 8 13	16 - 7 9	11 - 3 8	5 + 7 12	7 + 2 9	9 + 9 18
13 - 8 5	9 + 3 12	4 - 3 1	14 - 5 9	6 + 5 11	9 + 7 16	7 - 4 3	1 + 1 2	8 - 5 3

40

7 - 5 2	3 + 7 10	2 + 8 10	8 + 3 11	2 + 9 11	15 - 8 7	7 + 9 16	14 - 8 6	18 - 9 9
17 - 8 9	8 - 4 4	8 + 2 10	2 + 2 4	5 + 2 7	7 + 5 12	10 - 5 5	5 + 1 6	11 - 9 2
14 - 6 8	9 + 2 11	7 + 7 14	5 + 9 14	4 + 3 7	8 + 6 14	2 + 7 9	5 + 7 12	9 + 6 15
12 - 5 7	8 + 5 13	9 - 7 2	7 + 1 8	11 - 3 8	15 - 9 6	4 - 3 1	6 + 6 12	14 - 5 9
9 - 8 1	8 + 7 15	9 + 7 16	3 + 2 5	13 - 7 6	8 - 7 1	9 - 2 7	10 - 2 8	16 - 7 9
2 + 4 6	3 + 1 4	15 - 6 9	5 + 8 13	4 - 2 2	16 - 9 7	7 + 3 10	12 - 7 5	10 - 3 7
3 + 8 11	11 - 8 3	7 - 4 3	1 + 9 10	1 + 7 8	2 + 3 5	11 - 7 4	10 - 4 6	10 - 9 1
5 - 3 2	3 + 6 9	1 + 6 7	2 + 5 7	17 - 9 8	9 + 8 17	5 + 5 10	3 + 4 7	12 - 3 9
5 - 2 3	15 - 7 8	6 + 1 7	12 - 4 8	14 - 7 7	9 - 4 5	10 - 6 4	2 + 6 8	4 + 5 9

41

13 - 8 5	10 - 3 7	9 + 4 13	5 + 8 13	4 - 3 1	6 + 8 14	7 + 8 15	10 - 4 6	6 + 4 10
15 - 9 6	13 - 5 8	5 + 1 6	18 - 9 9	10 - 8 2	7 + 7 14	3 + 8 11	2 + 6 8	6 - 5 1
8 + 5 13	12 - 7 5	6 - 3 3	1 + 7 8	11 - 5 6	5 + 7 12	8 + 1 9	9 - 2 7	17 - 8 9
7 + 6 13	5 + 3 8	8 - 5 3	7 + 5 12	5 + 5 10	5 - 2 3	9 - 3 6	2 + 8 10	5 - 3 2
3 + 5 8	17 - 9 8	6 + 6 12	12 - 8 4	11 - 7 4	9 + 8 17	9 - 5 4	4 + 7 11	4 + 8 12
13 - 6 7	1 + 6 7	4 + 3 7	6 - 4 2	3 + 9 12	9 - 7 2	2 + 3 5	13 - 7 6	4 + 9 13
6 + 5 11	8 - 4 4	5 + 9 14	2 + 7 9	9 + 9 18	10 - 7 3	14 - 7 7	7 - 3 4	11 - 3 8
16 - 8 8	8 + 8 16	7 - 6 1	15 - 6 9	5 + 6 11	8 + 4 12	9 + 1 10	8 - 3 5	5 + 4 9
7 + 3 10	3 + 4 7	11 - 8 3	6 - 2 4	14 - 9 5	6 + 3 9	8 + 7 15	15 - 8 7	15 - 7 8

42

17 - 8 = 9	5 + 7 = 12	4 + 3 = 7	2 + 5 = 7	10 - 9 = 1	9 + 6 = 15	13 - 7 = 6	7 + 9 = 16	7 + 2 = 9
10 - 7 = 3	3 + 7 = 10	11 - 6 = 5	3 + 1 = 4	11 - 3 = 8	2 + 4 = 6	5 - 3 = 2	4 + 2 = 6	5 + 5 = 10
7 + 4 = 11	2 + 8 = 10	9 - 0 = 9	1 + 4 = 5	5 + 4 = 9	3 - 2 = 1	9 - 1 = 8	5 + 2 = 7	3 + 8 = 11
1 + 6 = 7	8 + 9 = 17	13 - 8 = 5	15 - 7 = 8	6 - 3 = 3	16 - 7 = 9	13 - 4 = 9	15 - 9 = 6	6 + 3 = 9
12 - 5 = 7	10 - 4 = 6	18 - 9 = 9	17 - 9 = 8	1 + 9 = 10	4 - 2 = 2	14 - 7 = 7	7 - 3 = 4	2 + 3 = 5
9 - 8 = 1	4 + 6 = 10	3 + 6 = 9	1 + 5 = 6	6 + 2 = 8	3 + 5 = 8	5 - 2 = 3	14 - 6 = 8	12 - 7 = 5
7 - 5 = 2	3 + 3 = 6	9 + 1 = 10	15 - 8 = 7	4 + 5 = 9	4 + 7 = 11	7 - 4 = 3	13 - 9 = 4	8 + 2 = 10
9 - 7 = 2	7 + 1 = 8	7 + 3 = 10	8 + 7 = 15	6 + 5 = 11	16 - 8 = 8	3 + 4 = 7	9 - 3 = 6	7 + 7 = 14
1 + 2 = 3	6 - 5 = 1	1 + 3 = 4	6 + 9 = 15	11 - 4 = 7	8 - 7 = 1	9 - 5 = 4	5 - 4 = 1	8 - 5 = 3

43

14 - 7 = 7	13 - 8 = 5	2 + 4 = 6	8 + 3 = 11	2 + 2 = 4	9 - 8 = 1	5 + 1 = 6	6 + 2 = 8	14 - 9 = 5
5 + 4 = 9	6 + 4 = 10	9 + 5 = 14	2 + 1 = 3	10 - 7 = 3	1 + 8 = 9	16 - 8 = 8	8 + 2 = 10	10 - 3 = 7
17 - 9 = 8	3 - 2 = 1	14 - 6 = 8	3 + 4 = 7	13 - 4 = 9	5 - 4 = 1	4 + 9 = 13	2 + 9 = 11	7 + 7 = 14
1 + 6 = 7	8 + 4 = 12	11 - 3 = 8	18 - 9 = 9	14 - 8 = 6	8 - 7 = 1	2 + 5 = 7	17 - 8 = 9	4 + 8 = 12
7 - 6 = 1	3 + 8 = 11	5 - 2 = 3	2 + 6 = 8	3 + 5 = 8	1 + 9 = 10	4 - 3 = 1	9 + 3 = 12	8 - 4 = 4
5 + 7 = 12	6 - 4 = 2	15 - 6 = 9	1 + 7 = 8	6 + 5 = 11	8 + 7 = 15	11 - 7 = 4	16 - 9 = 7	7 - 3 = 4
2 + 8 = 10	2 + 3 = 5	14 - 5 = 9	15 - 7 = 8	8 + 6 = 14	16 - 7 = 9	5 + 8 = 13	12 - 9 = 3	4 - 2 = 2
11 - 2 = 9	9 + 6 = 15	7 + 3 = 10	7 + 2 = 9	9 - 6 = 3	6 - 5 = 1	5 + 5 = 10	5 - 3 = 2	6 + 6 = 12
9 - 1 = 8	4 + 7 = 11	8 - 6 = 2	11 - 6 = 5	9 - 7 = 2	8 + 5 = 13	3 + 7 = 10	9 - 5 = 4	1 + 4 = 5

44

9 + 8 = 17	7 + 6 = 13	5 + 9 = 14	2 + 3 = 5	6 + 4 = 10	6 - 5 = 1	8 + 6 = 14	11 - 6 = 5	8 - 3 = 5
5 + 8 = 13	11 - 9 = 2	7 + 3 = 10	10 - 2 = 8	5 - 3 = 2	2 + 5 = 7	10 - 8 = 2	2 + 8 = 10	4 + 7 = 11
8 - 4 = 4	5 + 5 = 10	6 + 2 = 8	7 + 4 = 11	4 + 3 = 7	8 + 5 = 13	1 + 8 = 9	3 - 2 = 1	8 + 9 = 17
15 - 8 = 7	17 - 9 = 8	16 - 8 = 8	16 - 9 = 7	3 + 6 = 9	3 + 4 = 7	8 - 2 = 6	7 + 7 = 14	17 - 8 = 9
11 - 7 = 4	14 - 6 = 8	7 - 3 = 4	13 - 5 = 8	7 + 2 = 9	6 - 3 = 3	4 - 2 = 2	11 - 5 = 6	7 - 2 = 5
18 - 9 = 9	5 - 4 = 1	10 - 7 = 3	10 - 4 = 6	12 - 4 = 8	6 + 8 = 14	13 - 7 = 6	8 + 2 = 10	6 + 9 = 15
2 + 9 = 11	14 - 7 = 7	7 - 6 = 1	4 + 9 = 13	9 - 2 = 7	12 - 5 = 7	5 + 3 = 8	7 - 4 = 3	11 - 2 = 9
4 - 3 = 1	9 + 7 = 16	14 - 8 = 6	3 + 5 = 8	13 - 6 = 7	7 + 1 = 8	8 + 7 = 15	5 - 2 = 3	3 + 2 = 5
6 + 6 = 12	5 + 2 = 7	8 - 7 = 1	7 + 8 = 15	5 + 6 = 11	6 + 7 = 13	9 + 1 = 10	7 + 5 = 12	3 + 3 = 6

45

5 - 3 = 2	6 + 8 = 14	4 + 2 = 6	2 + 2 = 4	13 - 5 = 8	17 - 8 = 9	4 + 9 = 13	3 + 3 = 6	5 + 9 = 14
7 + 2 = 9	12 - 5 = 7	3 + 6 = 9	2 + 3 = 5	16 - 8 = 8	8 + 4 = 12	14 - 6 = 8	9 - 1 = 8	3 - 2 = 1
15 - 7 = 8	7 + 8 = 15	11 - 7 = 4	14 - 8 = 6	5 + 6 = 11	12 - 6 = 6	4 + 5 = 9	12 - 8 = 4	10 - 2 = 8
13 - 6 = 7	8 - 5 = 3	7 + 3 = 10	14 - 5 = 9	14 - 9 = 5	7 + 9 = 16	8 + 5 = 13	8 + 8 = 16	18 - 9 = 9
14 - 7 = 7	4 + 3 = 7	2 + 9 = 11	11 - 5 = 6	4 - 3 = 1	6 - 4 = 2	11 - 2 = 9	3 + 4 = 7	8 - 7 = 1
3 + 5 = 8	7 - 2 = 5	12 - 4 = 8	15 - 8 = 7	7 - 5 = 2	5 + 8 = 13	3 + 2 = 5	4 + 7 = 11	6 + 6 = 12
10 - 5 = 5	16 - 7 = 9	4 + 1 = 5	6 - 3 = 3	2 + 7 = 9	5 + 2 = 7	9 + 5 = 14	1 + 6 = 7	6 + 9 = 15
2 + 5 = 7	6 + 4 = 10	5 + 1 = 6	10 - 4 = 6	3 + 7 = 10	17 - 9 = 8	11 - 4 = 7	9 - 6 = 3	9 + 3 = 12
8 + 2 = 10	13 - 9 = 4	7 + 6 = 13	5 - 4 = 1	9 - 2 = 7	10 - 7 = 3	4 + 4 = 8	8 + 6 = 14	2 + 1 = 3

46

10 - 9 1	2 + 7 9	6 + 8 14	9 - 4 5	8 - 3 5	15 - 7 8	8 + 5 13	11 - 4 7	6 - 5 1
3 + 2 5	15 - 6 9	13 - 4 9	7 + 8 15	18 - 9 9	17 - 8 9	5 + 6 11	9 - 1 8	6 + 2 8
8 - 4 4	3 + 5 8	7 + 9 16	5 - 4 1	1 + 1 2	17 - 9 8	4 + 8 12	6 + 7 13	6 - 4 2
5 - 3 2	3 + 3 6	4 - 2 2	2 + 4 6	13 - 8 5	14 - 9 5	10 - 7 3	15 - 8 7	16 - 9 7
10 - 2 8	3 - 2 1	6 + 3 9	4 + 2 6	3 + 1 4	13 - 5 8	14 - 6 8	6 + 9 15	4 + 4 8
7 + 2 9	4 + 3 7	6 - 2 4	3 + 7 10	2 + 8 10	6 - 3 3	3 + 9 12	7 - 3 4	1 + 4 5
5 - 2 3	8 + 6 14	1 + 5 6	11 - 5 6	4 - 3 1	8 - 7 1	14 - 8 6	4 + 6 10	5 + 1 6
3 + 4 7	13 - 9 4	2 + 6 8	10 - 5 5	9 + 4 13	7 + 6 13	7 + 3 10	12 - 7 5	1 + 6 7
8 + 7 15	5 + 4 9	8 + 1 9	14 - 7 7	16 - 8 8	10 - 3 7	8 + 8 16	6 + 4 10	2 + 5 7

47

6 + 6 12	3 - 2 1	8 + 8 16	4 - 3 1	14 - 8 6	3 + 4 7	17 - 8 9	7 - 4 3	9 - 4 5
6 - 5 1	3 + 7 10	5 - 4 1	9 - 1 8	11 - 9 2	3 + 6 9	9 + 1 10	5 + 3 8	2 + 2 4
7 + 7 14	15 - 6 9	12 - 6 6	8 + 2 10	8 - 3 5	9 - 3 6	6 + 4 10	6 + 1 7	16 - 7 9
6 + 3 9	11 - 5 6	4 - 2 2	6 - 2 4	14 - 5 9	7 + 5 12	5 + 6 11	2 + 8 10	6 - 3 3
16 - 8 8	8 + 5 13	7 + 6 13	3 + 3 6	1 + 6 7	8 + 4 12	8 - 7 1	4 + 3 7	4 + 4 8
18 - 9 9	1 + 5 6	8 + 9 17	12 - 4 8	13 - 5 8	9 + 7 16	13 - 8 5	7 - 6 1	2 + 4 6
8 + 6 14	11 - 6 5	16 - 9 7	6 + 8 14	15 - 7 8	3 + 2 5	9 - 2 7	8 - 6 2	9 + 4 13
3 + 9 12	2 + 3 5	4 + 5 9	5 + 2 7	3 + 5 8	2 + 6 8	13 - 6 7	8 - 4 4	7 + 3 10
1 + 3 4	13 - 4 9	17 - 9 8	7 - 3 4	4 + 2 6	9 - 5 4	15 - 8 7	12 - 5 7	6 + 9 15

48

8 + 5 13	3 + 8 11	5 + 2 7	12 - 4 8	7 - 6 1	3 + 5 8	1 + 4 5	7 + 9 16	14 - 6 8
11 - 4 7	17 - 8 9	9 + 4 13	7 - 4 3	17 - 9 8	6 + 3 9	6 - 3 3	2 + 8 10	13 - 6 7
9 - 2 7	3 + 7 10	7 + 6 13	2 + 3 5	10 - 2 8	3 + 3 6	10 - 9 1	8 + 6 14	7 - 3 4
5 - 4 1	6 + 9 15	9 + 1 10	9 + 8 17	7 + 1 8	9 - 6 3	5 + 3 8	13 - 7 6	5 - 3 2
4 + 2 6	8 - 7 1	5 + 5 10	7 + 4 11	9 - 1 8	1 + 6 7	2 + 9 11	9 - 7 2	3 + 6 9
5 + 6 11	6 + 2 8	13 - 9 4	3 + 9 12	4 + 6 10	14 - 8 6	10 - 3 7	10 - 4 6	3 + 4 7
11 - 5 6	11 - 6 5	16 - 7 9	2 + 6 8	3 - 2 1	16 - 8 8	1 + 5 6	2 + 1 3	14 - 7 7
7 + 8 15	10 - 5 5	11 - 8 3	4 - 3 1	7 + 5 12	8 + 9 17	2 + 2 4	15 - 9 6	13 - 8 5
6 - 5 1	2 + 4 6	6 - 4 2	14 - 5 9	15 - 6 9	15 - 8 7	5 + 7 12	2 + 5 7	5 + 9 14

49

16 - 9 7	8 + 3 11	12 - 4 8	6 - 2 4	5 - 4 1	4 + 2 6	14 - 9 5	3 + 7 10	1 + 2 3
12 - 6 6	8 + 6 14	12 - 3 9	13 - 5 8	12 - 7 5	7 + 3 10	11 - 7 4	11 - 3 8	3 + 5 8
14 - 6 8	6 + 4 10	13 - 6 7	9 - 7 2	10 - 2 8	13 - 8 5	16 - 8 8	5 + 3 8	15 - 8 7
2 + 6 8	7 - 6 1	4 + 6 10	9 + 6 15	10 - 5 5	18 - 9 9	5 - 3 2	5 + 8 13	11 - 8 3
7 + 2 9	6 - 4 2	7 + 5 12	2 + 2 4	7 + 9 16	3 - 2 1	9 + 2 11	4 + 3 7	14 - 5 9
4 - 3 1	3 + 4 7	7 - 2 5	8 + 2 10	6 - 3 3	8 - 3 5	5 - 2 3	8 + 7 15	3 + 6 9
4 + 7 11	17 - 9 8	7 - 5 2	3 + 2 5	1 + 5 6	6 + 5 11	3 + 8 11	2 + 3 5	8 + 1 9
6 + 9 15	8 - 4 4	15 - 7 8	9 - 4 5	8 + 9 17	3 + 1 4	7 + 4 11	1 + 3 4	1 + 7 8
15 - 9 6	7 + 7 14	8 + 4 12	5 + 5 10	7 + 8 15	14 - 7 7	13 - 9 4	8 - 6 2	5 + 9 14

50

17 - 9 = 8	6 + 8 = 14	7 + 5 = 12	6 + 2 = 8	2 + 8 = 10	13 - 7 = 6	2 + 4 = 6	13 - 6 = 7	15 - 9 = 6
8 + 2 = 10	8 - 5 = 3	13 - 8 = 5	4 + 2 = 6	5 + 9 = 14	6 + 1 = 7	4 + 6 = 10	6 + 7 = 13	1 + 7 = 8
4 - 2 = 2	15 - 7 = 8	4 - 3 = 1	7 + 3 = 10	8 + 8 = 16	9 + 8 = 17	7 - 4 = 3	7 + 4 = 11	5 - 2 = 3
10 - 8 = 2	2 + 6 = 8	6 + 9 = 15	4 + 9 = 13	8 - 6 = 2	9 + 2 = 11	7 + 9 = 16	16 - 8 = 8	8 - 2 = 6
1 + 4 = 5	8 - 4 = 4	1 + 8 = 9	9 - 5 = 4	17 - 8 = 9	15 - 8 = 7	16 - 9 = 7	7 + 8 = 15	11 - 4 = 7
11 - 7 = 4	11 - 3 = 8	10 - 3 = 7	8 + 9 = 17	4 + 3 = 7	3 + 8 = 11	4 + 4 = 8	3 + 6 = 9	7 - 6 = 1
10 - 7 = 3	18 - 9 = 9	3 + 4 = 7	5 - 3 = 2	5 + 5 = 10	2 + 1 = 3	5 + 2 = 7	10 - 5 = 5	8 + 3 = 11
7 + 2 = 9	14 - 7 = 7	7 + 7 = 14	12 - 8 = 4	2 + 2 = 4	9 - 0 = 9	3 - 2 = 1	6 - 4 = 2	9 - 8 = 1
4 + 1 = 5	5 + 3 = 8	11 - 2 = 9	6 - 2 = 4	7 - 5 = 2	10 - 6 = 4	12 - 4 = 8	1 + 1 = 2	1 + 9 = 10

51

8 - 7 = 1	5 + 7 = 12	6 - 2 = 4	8 + 5 = 13	11 - 4 = 7	4 + 3 = 7	14 - 6 = 8	9 + 8 = 17	6 + 5 = 11
2 + 4 = 6	5 - 4 = 1	17 - 9 = 8	7 - 6 = 1	8 - 4 = 4	15 - 7 = 8	1 + 6 = 7	9 + 1 = 10	5 + 5 = 10
7 - 2 = 5	8 - 6 = 2	10 - 3 = 7	4 + 4 = 8	6 + 8 = 14	6 + 4 = 10	8 - 3 = 5	6 + 6 = 12	13 - 5 = 8
2 + 5 = 7	4 + 1 = 5	5 + 4 = 9	5 + 2 = 7	12 - 6 = 6	3 - 2 = 1	7 + 6 = 13	16 - 8 = 8	6 + 7 = 13
7 + 7 = 14	10 - 5 = 5	3 + 3 = 6	16 - 7 = 9	9 + 4 = 13	12 - 8 = 4	13 - 8 = 5	4 - 2 = 2	6 + 2 = 8
15 - 6 = 9	2 + 9 = 11	9 - 8 = 1	18 - 9 = 9	10 - 8 = 2	2 + 1 = 3	14 - 5 = 9	4 + 7 = 11	2 + 6 = 8
8 + 4 = 12	10 - 4 = 6	5 - 2 = 3	6 + 9 = 15	5 + 1 = 6	12 - 9 = 3	3 + 5 = 8	2 + 3 = 5	1 + 2 = 3
4 + 6 = 10	6 - 4 = 2	9 - 3 = 6	1 + 5 = 6	14 - 8 = 6	11 - 6 = 5	6 - 5 = 1	4 + 5 = 9	4 - 3 = 1
10 - 6 = 4	3 + 9 = 12	3 + 8 = 11	17 - 8 = 9	8 - 2 = 6	3 + 6 = 9	8 + 8 = 16	10 - 9 = 1	6 + 1 = 7

52

10 - 4 = 6	4 + 3 = 7	8 - 2 = 6	9 + 9 = 18	7 - 2 = 5	9 - 3 = 6	17 - 9 = 8	3 + 9 = 12	5 + 2 = 7
6 + 4 = 10	9 + 2 = 11	5 - 3 = 2	3 + 5 = 8	6 - 3 = 3	7 + 4 = 11	5 + 7 = 12	8 + 2 = 10	2 + 2 = 4
5 - 4 = 1	4 + 5 = 9	10 - 5 = 5	11 - 5 = 6	6 + 8 = 14	16 - 7 = 9	6 - 2 = 4	4 - 3 = 1	1 + 7 = 8
11 - 8 = 3	8 - 6 = 2	5 + 3 = 8	8 - 4 = 4	6 + 1 = 7	3 + 4 = 7	6 + 7 = 13	10 - 7 = 3	7 - 5 = 2
18 - 9 = 9	11 - 4 = 7	13 - 7 = 6	8 + 3 = 11	5 + 8 = 13	12 - 5 = 7	6 + 6 = 12	9 + 8 = 17	8 + 5 = 13
14 - 8 = 6	9 - 8 = 1	13 - 6 = 7	4 + 4 = 8	16 - 8 = 8	10 - 6 = 4	12 - 6 = 6	9 + 7 = 16	7 - 4 = 3
6 + 5 = 11	3 - 2 = 1	7 + 9 = 16	9 - 7 = 2	7 + 7 = 14	7 + 8 = 15	14 - 6 = 8	15 - 8 = 7	8 - 7 = 1
4 + 2 = 6	10 - 3 = 7	7 - 3 = 4	2 + 7 = 9	4 - 2 = 2	5 + 5 = 10	8 + 4 = 12	3 + 7 = 10	2 + 3 = 5
6 + 3 = 9	1 + 8 = 9	2 + 5 = 7	8 - 3 = 5	8 + 7 = 15	6 - 5 = 1	15 - 9 = 6	8 + 8 = 16	2 + 4 = 6

53

14 - 9 = 5	12 - 8 = 4	16 - 8 = 8	1 + 7 = 8	8 + 5 = 13	4 + 7 = 11	7 + 8 = 15	10 - 6 = 4	3 + 2 = 5
1 + 5 = 6	8 - 5 = 3	16 - 7 = 9	8 - 4 = 4	9 - 7 = 2	7 + 2 = 9	3 - 2 = 1	13 - 9 = 4	5 - 4 = 1
6 + 1 = 7	10 - 5 = 5	7 + 5 = 12	8 + 3 = 11	6 - 2 = 4	8 + 7 = 15	5 - 3 = 2	4 + 8 = 12	3 + 4 = 7
4 + 4 = 8	2 + 2 = 4	4 - 2 = 2	12 - 6 = 6	3 + 3 = 6	4 - 3 = 1	14 - 7 = 7	5 + 4 = 9	6 - 5 = 1
9 + 8 = 17	9 + 4 = 13	15 - 8 = 7	3 + 8 = 11	1 + 8 = 9	8 + 6 = 14	10 - 7 = 3	11 - 4 = 7	7 + 6 = 13
1 + 6 = 7	16 - 9 = 7	9 - 8 = 1	13 - 8 = 5	7 + 4 = 11	8 - 3 = 5	6 + 5 = 11	17 - 8 = 9	8 + 8 = 16
9 - 1 = 8	7 - 5 = 2	6 + 2 = 8	17 - 9 = 8	8 + 2 = 10	3 + 9 = 12	2 + 7 = 9	5 + 8 = 13	8 + 4 = 12
3 + 5 = 8	4 + 5 = 9	4 + 2 = 6	4 + 3 = 7	9 - 3 = 6	14 - 6 = 8	6 - 3 = 3	7 - 6 = 1	10 - 3 = 7
4 + 9 = 13	11 - 8 = 3	18 - 9 = 9	2 + 1 = 3	6 + 7 = 13	9 - 5 = 4	12 - 9 = 3	5 + 6 = 11	12 - 5 = 7

54

3 + 4 = 7 | 5 + 1 = 6 | 8 + 5 = 13 | 7 - 2 = 5 | 8 + 3 = 11 | 3 + 3 = 6 | 7 + 9 = 16 | 7 - 6 = 1 | 6 - 3 = 3

15 - 7 = 8 | 5 + 9 = 14 | 17 - 9 = 8 | 12 - 4 = 8 | 13 - 7 = 6 | 17 - 8 = 9 | 10 - 9 = 1 | 8 + 4 = 12 | 3 + 6 = 9

14 - 8 = 6 | 10 - 4 = 6 | 18 - 9 = 9 | 14 - 5 = 9 | 4 + 1 = 5 | 5 + 3 = 8 | 1 + 6 = 7 | 9 + 3 = 12 | 3 + 8 = 11

4 - 2 = 2 | 15 - 8 = 7 | 5 - 4 = 1 | 7 - 3 = 4 | 11 - 8 = 3 | 7 + 3 = 10 | 2 + 2 = 4 | 4 + 5 = 9 | 8 - 4 = 4

1 + 7 = 8 | 5 + 8 = 13 | 5 + 2 = 7 | 13 - 6 = 7 | 6 - 4 = 2 | 3 + 2 = 5 | 4 + 9 = 13 | 10 - 2 = 8 | 12 - 8 = 4

4 + 8 = 12 | 7 - 4 = 3 | 7 + 1 = 8 | 4 + 4 = 8 | 4 - 3 = 1 | 16 - 8 = 8 | 9 - 3 = 6 | 7 + 6 = 13 | 5 + 7 = 12

9 - 7 = 2 | 12 - 7 = 5 | 4 + 6 = 10 | 9 + 4 = 13 | 2 + 8 = 10 | 9 - 2 = 7 | 8 + 1 = 9 | 8 + 9 = 17 | 6 - 5 = 1

6 + 8 = 14 | 8 - 7 = 1 | 6 + 4 = 10 | 14 - 7 = 7 | 9 - 6 = 3 | 3 + 5 = 8 | 8 - 5 = 3 | 7 + 2 = 9 | 5 + 5 = 10

7 - 5 = 2 | 5 + 4 = 9 | 11 - 7 = 4 | 9 + 5 = 14 | 12 - 6 = 6 | 2 + 6 = 8 | 7 + 5 = 12 | 8 - 3 = 5 | 16 - 9 = 7

55

4 + 3 = 7 | 4 + 2 = 6 | 15 - 9 = 6 | 16 - 9 = 7 | 3 + 3 = 6 | 6 + 1 = 7 | 4 + 9 = 13 | 16 - 8 = 8 | 17 - 8 = 9

3 - 2 = 1 | 5 - 4 = 1 | 3 + 8 = 11 | 10 - 1 = 9 | 12 - 9 = 3 | 4 + 8 = 12 | 9 + 4 = 13 | 4 + 5 = 9 | 17 - 9 = 8

3 + 7 = 10 | 3 + 4 = 7 | 2 + 4 = 6 | 8 + 4 = 12 | 4 - 2 = 2 | 18 - 9 = 9 | 4 + 1 = 5 | 7 + 5 = 12 | 7 - 3 = 4

14 - 9 = 5 | 5 + 2 = 7 | 16 - 7 = 9 | 5 + 5 = 10 | 15 - 7 = 8 | 5 + 8 = 13 | 9 + 7 = 16 | 2 + 8 = 10 | 9 + 6 = 15

7 + 8 = 15 | 7 + 1 = 8 | 11 - 4 = 7 | 2 + 1 = 3 | 6 + 3 = 9 | 4 - 3 = 1 | 10 - 8 = 2 | 6 + 6 = 12 | 2 + 5 = 7

10 - 2 = 8 | 3 + 1 = 4 | 2 + 2 = 4 | 10 - 4 = 6 | 11 - 8 = 3 | 4 + 7 = 11 | 11 - 9 = 2 | 7 + 3 = 10 | 12 - 8 = 4

10 - 3 = 7 | 8 - 6 = 2 | 10 - 5 = 5 | 2 + 3 = 5 | 6 - 5 = 1 | 1 + 4 = 5 | 14 - 7 = 7 | 9 - 4 = 5 | 8 - 4 = 4

5 - 3 = 2 | 7 - 5 = 2 | 13 - 7 = 6 | 4 + 6 = 10 | 2 + 7 = 9 | 12 - 4 = 8 | 12 - 5 = 7 | 9 - 3 = 6 | 6 - 2 = 4

8 + 3 = 11 | 2 + 9 = 11 | 7 + 7 = 14 | 9 - 1 = 8 | 13 - 9 = 4 | 7 + 6 = 13 | 11 - 3 = 8 | 6 + 9 = 15 | 8 + 8 = 16

56

17 - 9 = 8 | 6 + 9 = 15 | 11 - 5 = 6 | 2 + 6 = 8 | 2 + 4 = 6 | 4 + 3 = 7 | 13 - 5 = 8 | 11 - 7 = 4 | 8 + 9 = 17

6 - 2 = 4 | 1 + 4 = 5 | 8 - 2 = 6 | 2 + 9 = 11 | 2 + 3 = 5 | 2 + 7 = 9 | 1 + 9 = 10 | 1 + 3 = 4 | 14 - 6 = 8

7 - 4 = 3 | 6 + 8 = 14 | 7 + 4 = 11 | 9 - 1 = 8 | 6 + 5 = 11 | 4 - 3 = 1 | 6 - 4 = 2 | 18 - 9 = 9 | 1 + 8 = 9

6 - 5 = 1 | 13 - 7 = 6 | 9 - 6 = 3 | 7 + 7 = 14 | 3 + 4 = 7 | 7 - 5 = 2 | 7 - 6 = 1 | 14 - 8 = 6 | 5 + 2 = 7

5 - 4 = 1 | 8 + 3 = 11 | 4 + 8 = 12 | 15 - 8 = 7 | 4 + 4 = 8 | 8 - 3 = 5 | 9 + 6 = 15 | 13 - 4 = 9 | 5 + 3 = 8

9 - 5 = 4 | 4 + 6 = 10 | 14 - 9 = 5 | 16 - 7 = 9 | 15 - 7 = 8 | 9 + 7 = 16 | 17 - 8 = 9 | 10 - 5 = 5 | 9 + 8 = 17

1 + 2 = 3 | 12 - 7 = 5 | 12 - 9 = 3 | 12 - 8 = 4 | 6 - 3 = 3 | 6 + 4 = 10 | 8 + 4 = 12 | 13 - 6 = 7 | 10 - 4 = 6

3 + 3 = 6 | 2 + 5 = 7 | 12 - 6 = 6 | 7 + 9 = 16 | 8 + 7 = 15 | 6 + 2 = 8 | 9 - 2 = 7 | 1 + 7 = 8 | 4 - 2 = 2

7 - 3 = 4 | 8 + 2 = 10 | 5 + 8 = 13 | 6 + 1 = 7 | 9 + 1 = 10 | 1 + 6 = 7 | 8 + 5 = 13 | 11 - 3 = 8 | 15 - 6 = 9

57

8 + 3 = 11 | 13 - 8 = 5 | 7 + 5 = 12 | 6 + 4 = 10 | 12 - 5 = 7 | 8 - 4 = 4 | 12 - 8 = 4 | 8 + 1 = 9 | 10 - 6 = 4

4 + 8 = 12 | 7 + 6 = 13 | 8 + 8 = 16 | 6 - 3 = 3 | 11 - 8 = 3 | 8 + 7 = 15 | 9 - 1 = 8 | 14 - 9 = 5 | 2 + 8 = 10

8 + 2 = 10 | 16 - 9 = 7 | 4 + 2 = 6 | 9 + 6 = 15 | 3 + 6 = 9 | 16 - 8 = 8 | 4 + 7 = 11 | 9 + 2 = 11 | 5 + 6 = 11

8 - 3 = 5 | 2 + 9 = 11 | 14 - 6 = 8 | 13 - 4 = 9 | 12 - 7 = 5 | 8 + 5 = 13 | 6 + 8 = 14 | 2 + 6 = 8 | 4 - 3 = 1

11 - 5 = 6 | 4 - 2 = 2 | 1 + 2 = 3 | 14 - 8 = 6 | 9 - 8 = 1 | 5 - 2 = 3 | 4 + 6 = 10 | 14 - 7 = 7 | 3 + 3 = 6

2 + 7 = 9 | 3 + 2 = 5 | 13 - 7 = 6 | 2 + 2 = 4 | 2 + 3 = 5 | 17 - 9 = 8 | 2 + 4 = 6 | 17 - 8 = 9 | 15 - 9 = 6

16 - 7 = 9 | 10 - 5 = 5 | 7 - 2 = 5 | 1 + 7 = 8 | 6 - 2 = 4 | 7 + 2 = 9 | 9 + 4 = 13 | 12 - 4 = 8 | 5 + 1 = 6

18 - 9 = 9 | 6 - 4 = 2 | 5 + 4 = 9 | 5 + 7 = 12 | 10 - 2 = 8 | 8 - 7 = 1 | 7 + 8 = 15 | 13 - 6 = 7 | 7 + 7 = 14

9 - 6 = 3 | 6 - 5 = 1 | 5 + 2 = 7 | 8 + 9 = 17 | 4 + 3 = 7 | 11 - 3 = 8 | 11 - 9 = 2 | 7 + 3 = 10 | 4 + 5 = 9

58

8 - 4 4	6 - 5 1	7 - 6 1	4 - 3 1	4 + 7 11	14 - 6 8	8 + 3 11	1 + 7 8	17 - 8 9
9 - 0 9	6 - 4 2	10 - 7 3	3 + 6 9	5 - 4 1	11 - 7 4	3 + 8 11	17 - 9 8	13 - 8 5
9 - 6 3	14 - 5 9	15 - 6 9	9 - 7 2	9 + 6 15	8 + 7 15	2 + 9 11	7 - 3 4	15 - 8 7
12 - 6 6	3 + 5 8	11 - 3 8	8 + 1 9	5 + 6 11	2 + 8 10	6 + 9 15	9 - 5 4	2 + 2 4
13 - 6 7	4 + 4 8	1 + 2 3	6 + 2 8	9 - 4 5	6 + 3 9	9 + 4 13	6 + 8 14	3 + 4 7
6 - 2 4	14 - 7 7	6 - 3 3	3 - 2 1	9 - 1 8	6 + 1 7	2 + 4 6	8 - 7 1	7 + 8 15
14 - 8 6	12 - 9 3	10 - 3 7	7 + 6 13	10 - 8 2	2 + 3 5	8 + 4 12	1 + 5 6	9 + 9 18
7 + 7 14	4 + 3 7	13 - 7 6	3 + 1 4	11 - 5 6	6 + 7 13	2 + 6 8	3 + 9 12	2 + 5 7
8 + 5 13	8 + 2 10	7 + 3 10	8 - 2 6	4 + 8 12	7 - 2 5	4 - 2 2	11 - 9 2	3 + 7 10

59

3 - 2 1	5 + 2 7	5 + 7 12	9 - 7 2	3 + 5 8	7 - 4 3	16 - 9 7	4 + 3 7	12 - 8 4
7 + 3 10	7 - 6 1	13 - 9 4	7 + 6 13	7 + 5 12	13 - 4 9	6 - 4 2	8 + 5 13	8 + 2 10
11 - 5 6	13 - 8 5	6 + 3 9	5 - 2 3	4 + 4 8	13 - 7 6	2 + 4 6	9 + 6 15	10 - 6 4
5 + 5 10	4 + 5 9	14 - 8 6	9 + 3 12	6 + 2 8	2 + 7 9	12 - 6 6	8 + 6 14	3 + 1 4
7 + 2 9	14 - 5 9	4 - 2 2	14 - 7 7	11 - 9 2	6 + 4 10	10 - 8 2	7 - 5 2	3 + 2 5
4 + 9 13	15 - 6 9	8 + 3 11	3 + 4 7	9 - 5 4	6 + 7 13	5 + 6 11	4 - 3 1	2 + 9 11
15 - 7 8	3 + 8 11	6 + 5 11	7 + 8 15	17 - 9 8	1 + 4 5	7 - 3 4	7 + 7 14	9 + 5 14
8 - 4 4	6 + 6 12	10 - 7 3	15 - 8 7	7 - 2 5	16 - 8 8	16 - 7 9	8 - 5 3	4 + 2 6
8 + 8 16	5 - 4 1	6 + 9 15	15 - 9 6	12 - 4 8	13 - 6 7	8 + 1 9	9 - 6 3	1 + 7 8

60

16 - 9 7	7 - 4 3	6 + 7 13	13 - 7 6	2 + 7 9	14 - 7 7	8 - 4 4	6 + 5 11	8 + 7 15
9 - 1 8	1 + 4 5	1 + 1 2	11 - 2 9	4 + 2 6	6 + 8 14	14 - 8 6	9 + 3 12	8 + 4 12
4 + 4 8	3 + 7 10	7 - 3 4	18 - 9 9	14 - 5 9	3 + 8 11	16 - 8 8	4 - 3 1	4 + 6 10
12 - 6 6	2 + 4 6	4 - 2 2	14 - 6 8	5 + 6 11	17 - 9 8	6 + 6 12	12 - 8 4	8 + 8 16
11 - 3 8	10 - 3 7	15 - 7 8	9 + 1 10	7 + 3 10	3 + 3 6	8 - 3 5	7 + 5 12	3 - 2 1
5 + 2 7	3 + 4 7	2 + 9 11	13 - 8 5	15 - 6 9	8 - 6 2	6 + 3 9	11 - 6 5	5 + 4 9
12 - 4 8	5 - 4 1	10 - 5 5	11 - 8 3	15 - 8 7	2 + 3 5	4 + 7 11	8 + 9 17	2 + 2 4
9 - 6 3	4 + 3 7	2 + 8 10	12 - 9 3	6 - 3 3	8 - 2 6	3 + 5 8	7 + 7 14	1 + 6 7
9 - 7 2	17 - 8 9	7 - 6 1	6 + 4 10	9 + 5 14	5 + 3 8	8 + 3 11	10 - 6 4	3 + 6 9

61

7 + 3 10	9 + 5 14	8 + 9 17	3 + 3 6	5 - 3 2	8 - 3 5	12 - 3 9	9 - 8 1	1 + 6 7
8 - 7 1	13 - 4 9	4 + 5 9	4 + 4 8	15 - 7 8	2 + 5 7	3 + 6 9	3 + 9 12	17 - 8 9
5 + 7 12	5 + 2 7	3 - 2 1	6 + 3 9	13 - 9 4	5 - 4 1	7 - 5 2	6 + 4 10	3 + 4 7
9 + 9 18	7 + 4 11	11 - 2 9	13 - 6 7	7 - 6 1	16 - 8 8	7 - 3 4	15 - 8 7	5 + 8 13
11 - 9 2	8 + 1 9	7 + 7 14	10 - 6 4	1 + 2 3	8 + 8 16	8 + 5 13	3 + 8 11	9 + 6 15
13 - 8 5	5 - 2 3	4 + 3 7	7 - 2 5	12 - 6 6	7 + 8 15	11 - 7 4	12 - 4 8	1 + 5 6
5 + 3 8	16 - 7 9	3 + 5 8	2 + 6 8	2 + 7 9	8 - 4 4	5 + 9 14	16 - 9 7	6 + 1 7
6 - 5 1	17 - 9 8	2 + 2 4	7 + 6 13	9 + 2 11	14 - 7 7	10 - 7 3	4 + 6 10	3 + 7 10
14 - 5 9	11 - 4 7	9 - 7 2	8 + 6 14	14 - 8 6	4 - 2 2	4 - 3 1	8 - 5 3	2 + 3 5

62

14 - 6 8	8 + 5 13	15 - 7 8	10 - 8 2	6 + 4 10	10 - 7 3	2 + 6 8	3 + 4 7	14 - 8 6
5 + 8 13	7 + 4 11	15 - 9 6	8 + 4 12	5 + 6 11	6 + 8 14	2 + 2 4	8 - 7 1	10 - 4 6
8 + 6 14	7 - 5 2	18 - 9 9	2 + 5 7	3 + 2 5	7 + 7 14	7 - 2 5	4 + 7 11	14 - 9 5
4 - 3 1	8 + 7 15	5 + 3 8	3 - 2 1	11 - 8 3	8 + 2 10	12 - 6 6	16 - 8 8	9 + 8 17
5 - 3 2	13 - 5 8	17 - 8 9	4 + 6 10	11 - 5 6	2 + 3 5	12 - 7 5	16 - 9 7	5 - 2 3
8 - 6 2	8 - 5 3	17 - 9 8	13 - 6 7	3 + 9 12	8 - 2 6	2 + 8 10	1 + 8 9	13 - 4 9
15 - 8 7	3 + 3 6	4 + 2 6	9 + 5 14	9 + 1 10	13 - 8 5	4 + 5 9	6 + 7 13	10 - 5 5
8 + 9 17	4 + 8 12	9 + 7 16	11 - 3 8	14 - 5 9	13 - 7 6	6 + 5 11	7 + 1 8	6 + 1 7
12 - 9 3	7 + 8 15	7 + 2 9	11 - 4 7	9 - 8 1	7 + 6 13	1 + 2 3	8 + 8 16	12 - 4 8

63

13 - 7 6	16 - 7 9	3 + 3 6	18 - 9 9	6 + 6 12	17 - 9 8	14 - 7 7	9 + 6 15	8 - 5 3
9 - 4 5	7 + 2 9	7 + 8 15	5 + 5 10	7 - 6 1	4 + 4 8	7 + 3 10	2 + 8 10	16 - 8 8
11 - 4 7	6 + 7 13	10 - 7 3	12 - 3 9	5 + 2 7	2 + 4 6	6 + 8 14	10 - 2 8	8 + 8 16
5 - 3 2	11 - 7 4	15 - 8 7	4 + 6 10	8 + 6 14	7 + 9 16	9 - 1 8	4 + 1 5	12 - 4 8
13 - 9 4	9 + 2 11	3 - 2 1	6 + 9 15	5 + 6 11	6 - 3 3	3 + 7 10	6 + 4 10	3 + 5 8
5 - 4 1	6 - 4 2	4 - 2 2	4 - 3 1	3 + 2 5	13 - 5 8	12 - 8 4	11 - 6 5	2 + 3 5
2 + 6 8	8 + 4 12	9 + 7 16	2 + 7 9	4 + 5 9	7 + 6 13	12 - 9 3	4 + 8 12	12 - 7 5
9 - 7 2	13 - 6 7	7 + 5 12	12 - 6 6	15 - 7 8	5 + 7 12	8 + 7 15	3 + 6 9	17 - 8 9
2 + 2 4	4 + 2 6	16 - 9 7	10 - 4 6	8 + 3 11	3 + 9 12	6 - 5 1	12 - 5 7	10 - 5 5

64

6 + 8 14	5 + 1 6	12 - 7 5	2 + 6 8	2 + 4 6	7 - 3 4	7 + 5 12	11 - 3 8	13 - 7 6
7 + 2 9	8 + 5 13	5 - 2 3	4 - 2 2	2 + 1 3	12 - 5 7	6 + 3 9	11 - 2 9	3 + 6 9
13 - 6 7	15 - 9 6	17 - 9 8	8 + 8 16	8 - 2 6	4 + 4 8	11 - 4 7	1 + 6 7	10 - 6 4
12 - 6 6	15 - 6 9	4 + 1 5	8 + 7 15	16 - 7 9	2 + 3 5	5 - 4 1	8 - 7 1	17 - 8 9
4 + 8 12	7 + 9 16	18 - 9 9	10 - 1 9	3 + 5 8	16 - 9 7	3 + 8 11	9 + 5 14	14 - 7 7
7 + 4 11	6 + 1 7	6 + 7 13	6 + 5 11	6 - 5 1	5 + 3 8	14 - 8 6	6 + 2 8	10 - 5 5
5 + 5 10	2 + 9 11	2 + 5 7	11 - 6 5	5 + 9 14	8 - 4 4	5 + 8 13	11 - 5 6	3 + 1 4
10 - 3 7	8 + 1 9	7 + 3 10	3 + 3 6	11 - 9 2	8 + 2 10	4 - 3 1	13 - 8 5	9 - 2 7
4 + 5 9	7 - 5 2	6 - 4 2	8 - 3 5	4 + 2 6	9 - 8 1	1 + 5 6	7 - 4 3	4 + 6 10

65

3 + 7 10	6 - 4 2	2 + 5 7	3 + 8 11	11 - 3 8	7 - 4 3	8 - 6 2	3 + 5 8	8 - 3 5
7 + 7 14	16 - 8 8	9 - 0 9	8 - 2 6	4 + 4 8	8 + 5 13	17 - 8 9	7 + 5 12	8 + 3 11
5 + 7 12	2 + 6 8	6 - 2 4	18 - 9 9	5 - 2 3	7 + 2 9	15 - 7 8	4 - 2 2	8 - 4 4
16 - 7 9	6 + 3 9	4 + 8 12	12 - 8 4	9 - 4 5	13 - 7 6	2 + 4 6	4 - 3 1	5 + 4 9
9 + 7 16	2 + 1 3	3 - 2 1	4 + 5 9	8 + 7 15	3 + 4 7	9 - 7 2	5 - 4 1	6 + 8 14
10 - 2 8	4 + 2 6	2 + 2 4	9 + 1 10	3 + 3 6	13 - 8 5	9 - 1 8	16 - 9 7	6 + 7 13
6 + 5 11	5 + 2 7	8 + 6 14	13 - 6 7	2 + 3 5	1 + 1 2	1 + 2 3	2 + 7 9	11 - 8 3
17 - 9 8	12 - 5 7	6 - 3 3	2 + 8 10	14 - 6 8	12 - 7 5	3 + 2 5	8 + 2 10	4 + 3 7
7 - 6 1	8 + 9 17	7 - 5 2	15 - 8 7	7 - 3 4	5 + 8 13	12 - 3 9	6 - 5 1	9 + 5 14

66

7 + 7 = 14	6 - 4 = 2	9 - 8 = 1	4 - 2 = 2	5 + 6 = 11	3 + 4 = 7	16 - 8 = 8	17 - 8 = 9	7 + 9 = 16
16 - 9 = 7	9 - 3 = 6	9 + 4 = 13	3 + 2 = 5	13 - 7 = 6	15 - 9 = 6	5 + 2 = 7	9 + 1 = 10	9 + 2 = 11
2 + 2 = 4	12 - 8 = 4	11 - 3 = 8	16 - 7 = 9	9 + 5 = 14	2 + 5 = 7	10 - 7 = 3	8 - 7 = 1	8 + 8 = 16
9 + 8 = 17	1 + 8 = 9	3 + 1 = 4	5 + 3 = 8	8 + 5 = 13	5 + 9 = 14	2 + 1 = 3	3 + 7 = 10	1 + 2 = 3
10 - 8 = 2	11 - 5 = 6	7 + 5 = 12	13 - 6 = 7	7 + 1 = 8	5 + 7 = 12	10 - 2 = 8	6 - 2 = 4	10 - 3 = 7
5 - 2 = 3	5 + 8 = 13	1 + 1 = 2	15 - 6 = 9	4 + 4 = 8	14 - 8 = 6	6 - 5 = 1	3 - 2 = 1	13 - 9 = 4
10 - 5 = 5	6 + 6 = 12	3 + 6 = 9	14 - 6 = 8	6 + 1 = 7	8 + 9 = 17	5 + 4 = 9	11 - 6 = 5	9 - 2 = 7
11 - 4 = 7	2 + 7 = 9	7 + 2 = 9	8 - 5 = 3	12 - 3 = 9	9 + 6 = 15	7 + 8 = 15	5 - 4 = 1	8 - 3 = 5
11 - 2 = 9	7 - 2 = 5	8 + 6 = 14	13 - 8 = 5	3 + 8 = 11	8 + 2 = 10	12 - 7 = 5	1 + 7 = 8	14 - 7 = 7

67

16 - 8 = 8	3 - 2 = 1	2 + 5 = 7	13 - 5 = 8	5 - 2 = 3	8 + 2 = 10	17 - 9 = 8	3 + 2 = 5	15 - 7 = 8
3 + 4 = 7	3 + 8 = 11	8 + 8 = 16	12 - 3 = 9	9 - 6 = 3	2 + 8 = 10	5 + 6 = 11	2 + 1 = 3	9 + 1 = 10
15 - 9 = 6	4 - 2 = 2	11 - 7 = 4	14 - 7 = 7	11 - 4 = 7	8 - 7 = 1	18 - 9 = 9	6 + 3 = 9	7 + 3 = 10
17 - 8 = 9	5 + 3 = 8	7 + 2 = 9	7 + 1 = 8	10 - 8 = 2	8 + 6 = 14	9 + 2 = 11	9 + 7 = 16	8 - 2 = 6
4 + 3 = 7	8 + 4 = 12	9 + 3 = 12	13 - 8 = 5	13 - 9 = 4	1 + 6 = 7	13 - 7 = 6	5 + 8 = 13	16 - 7 = 9
5 + 2 = 7	1 + 7 = 8	5 - 4 = 1	12 - 6 = 6	4 + 6 = 10	2 + 9 = 11	6 - 5 = 1	12 - 8 = 4	7 + 5 = 12
1 + 8 = 9	8 + 7 = 15	6 + 7 = 13	12 - 7 = 5	11 - 8 = 3	9 + 6 = 15	7 - 4 = 3	3 + 5 = 8	12 - 4 = 8
7 + 6 = 13	15 - 8 = 7	8 - 6 = 2	12 - 5 = 7	1 + 2 = 3	8 - 4 = 4	7 + 8 = 15	14 - 5 = 9	9 - 7 = 2
9 - 4 = 5	4 - 3 = 1	5 + 9 = 14	8 + 3 = 11	14 - 8 = 6	4 + 9 = 13	1 + 5 = 6	14 - 6 = 8	7 + 9 = 16

68

2 + 2 = 4	7 + 8 = 15	7 + 5 = 12	9 + 7 = 16	11 - 6 = 5	13 - 6 = 7	12 - 8 = 4	9 - 3 = 6	5 - 2 = 3
15 - 6 = 9	7 + 7 = 14	6 - 3 = 3	9 - 2 = 7	6 + 8 = 14	8 - 4 = 4	3 + 9 = 12	4 + 9 = 13	6 - 4 = 2
9 - 4 = 5	4 + 8 = 12	3 + 1 = 4	9 + 1 = 10	3 - 2 = 1	12 - 7 = 5	9 - 5 = 4	2 + 9 = 11	4 + 3 = 7
9 - 6 = 3	5 + 6 = 11	5 + 7 = 12	10 - 8 = 2	7 + 1 = 8	4 - 2 = 2	6 - 2 = 4	8 + 6 = 14	2 + 5 = 7
5 + 3 = 8	2 + 4 = 6	9 - 8 = 1	11 - 8 = 3	14 - 9 = 5	7 - 3 = 4	18 - 9 = 9	4 - 3 = 1	9 + 9 = 18
5 - 4 = 1	9 + 5 = 14	16 - 8 = 8	4 + 1 = 5	7 + 3 = 10	14 - 5 = 9	5 - 3 = 2	8 + 7 = 15	5 + 5 = 10
1 + 4 = 5	15 - 7 = 8	9 + 6 = 15	13 - 7 = 6	14 - 6 = 8	13 - 5 = 8	1 + 6 = 7	3 + 5 = 8	13 - 8 = 5
7 + 9 = 16	3 + 7 = 10	15 - 8 = 7	6 + 9 = 15	9 - 1 = 8	4 + 7 = 11	3 + 6 = 9	12 - 6 = 6	4 + 6 = 10
9 + 4 = 13	8 + 9 = 17	6 - 5 = 1	6 + 3 = 9	8 - 7 = 1	4 + 4 = 8	13 - 4 = 9	10 - 3 = 7	8 + 4 = 12

69

4 + 4 = 8	5 + 2 = 7	7 + 2 = 9	3 + 2 = 5	4 + 5 = 9	6 - 5 = 1	11 - 5 = 6	10 - 4 = 6	13 - 9 = 4
12 - 4 = 8	3 - 2 = 1	10 - 1 = 9	9 - 2 = 7	7 - 6 = 1	16 - 8 = 8	4 - 3 = 1	5 - 4 = 1	7 - 3 = 4
14 - 7 = 7	2 + 3 = 5	15 - 6 = 9	4 + 3 = 7	3 + 8 = 11	2 + 6 = 8	2 + 7 = 9	8 - 2 = 6	6 + 2 = 8
6 - 3 = 3	12 - 5 = 7	5 + 1 = 6	1 + 6 = 7	7 + 4 = 11	12 - 9 = 3	9 + 4 = 13	17 - 8 = 9	11 - 6 = 5
7 + 6 = 13	18 - 9 = 9	15 - 9 = 6	14 - 6 = 8	5 - 2 = 3	9 + 1 = 10	4 + 2 = 6	5 + 4 = 9	3 + 5 = 8
5 + 3 = 8	5 + 5 = 10	16 - 7 = 9	7 - 4 = 3	9 + 6 = 15	7 + 3 = 10	17 - 9 = 8	8 - 7 = 1	6 + 6 = 12
8 + 8 = 16	13 - 6 = 7	2 + 5 = 7	6 + 5 = 11	9 + 9 = 18	7 + 1 = 8	4 + 8 = 12	13 - 5 = 8	2 + 9 = 11
12 - 3 = 9	9 + 3 = 12	9 + 5 = 14	11 - 8 = 3	11 - 7 = 4	8 + 5 = 13	8 - 3 = 5	2 + 4 = 6	6 + 8 = 14
12 - 7 = 5	5 + 9 = 14	3 + 3 = 6	3 + 1 = 4	5 - 3 = 2	6 + 9 = 15	13 - 7 = 6	14 - 8 = 6	15 - 7 = 8

70

9 - 8 1	2 + 9 11	3 - 2 1	9 - 6 3	7 - 5 2	2 + 7 9	3 + 3 6	7 + 5 12	3 + 8 11
6 + 7 13	6 + 1 7	12 - 6 6	16 - 8 8	3 + 9 12	1 + 3 4	6 + 3 9	11 - 5 6	15 - 9 6
4 - 3 1	12 - 5 7	8 + 2 10	6 - 4 2	6 + 5 11	10 - 1 9	6 - 3 3	10 - 4 6	15 - 6 9
8 + 8 16	17 - 9 8	2 + 4 6	6 + 4 10	1 + 4 5	4 + 6 10	17 - 8 9	14 - 9 5	3 + 2 5
6 + 8 14	8 - 5 3	5 + 4 9	11 - 6 5	2 + 3 5	7 + 6 13	12 - 8 4	3 + 7 10	3 + 5 8
4 + 8 12	4 + 5 9	7 + 3 10	3 + 1 4	7 + 2 9	8 - 7 1	7 - 2 5	9 - 4 5	5 - 3 2
4 + 3 7	13 - 4 9	7 + 4 11	12 - 7 5	7 - 3 4	11 - 4 7	18 - 9 9	3 + 4 7	11 - 8 3
6 + 2 8	5 + 5 10	6 - 2 4	12 - 4 8	9 + 3 12	2 + 5 7	14 - 8 6	5 + 7 12	13 - 6 7
9 - 2 7	9 + 6 15	15 - 7 8	2 + 6 8	8 + 3 11	13 - 8 5	14 - 5 9	1 + 5 6	12 - 3 9

71

2 + 2 4	13 - 7 6	8 - 7 1	4 + 2 6	16 - 8 8	9 + 3 12	3 + 6 9	3 + 5 8	5 - 3 2
8 + 5 13	2 + 6 8	7 + 7 14	8 + 4 12	13 - 9 4	18 - 9 9	7 + 3 10	8 - 3 5	9 + 7 16
5 + 2 7	6 + 5 11	4 + 4 8	6 + 8 14	13 - 4 9	4 - 3 1	7 - 5 2	7 - 3 4	14 - 7 7
2 + 4 6	2 + 1 3	9 + 2 11	9 + 6 15	16 - 9 7	4 + 5 9	3 + 4 7	13 - 6 7	17 - 9 8
4 + 3 7	8 + 7 15	11 - 8 3	15 - 9 6	15 - 7 8	5 + 6 11	5 + 4 9	3 - 2 1	11 - 9 2
8 + 9 17	9 + 4 13	17 - 8 9	14 - 6 8	7 - 2 5	11 - 6 5	5 + 5 10	5 + 7 12	6 + 3 9
11 - 3 8	4 + 6 10	6 - 4 2	13 - 8 5	9 - 8 1	16 - 7 9	5 - 4 1	9 - 2 7	8 - 5 3
12 - 6 6	4 + 9 13	10 - 8 2	10 - 7 3	7 + 1 8	1 + 4 5	10 - 9 1	8 + 8 16	5 + 9 14
2 + 5 7	3 + 1 4	6 + 9 15	15 - 8 7	10 - 3 7	4 + 8 12	8 + 6 14	7 - 6 1	12 - 4 8

72

9 - 5 4	6 + 2 8	3 + 8 11	2 + 6 8	17 - 8 9	4 + 3 7	8 + 7 15	3 + 5 8	17 - 9 8
13 - 5 8	7 + 4 11	6 - 4 2	4 - 3 1	4 + 7 11	2 + 5 7	15 - 7 8	3 - 2 1	7 - 6 1
5 + 1 6	12 - 7 5	16 - 7 9	6 + 1 7	8 + 4 12	12 - 5 7	18 - 9 9	2 + 1 3	14 - 8 6
13 - 7 6	7 - 3 4	4 + 5 9	8 + 3 11	4 + 8 12	12 - 6 6	6 + 4 10	9 - 3 6	6 + 8 14
15 - 6 9	8 + 2 10	9 + 2 11	4 + 4 8	7 + 3 10	3 + 7 10	9 - 0 9	6 + 3 9	3 + 2 5
5 - 4 1	7 + 1 8	2 + 8 10	5 - 3 2	5 + 7 12	8 - 7 1	3 + 6 9	12 - 8 4	11 - 9 2
10 - 4 6	5 + 4 9	2 + 4 6	5 - 2 3	7 + 5 12	6 - 5 1	11 - 3 8	9 - 2 7	8 + 6 14
8 - 4 4	16 - 8 8	15 - 9 6	2 + 3 5	1 + 4 5	7 + 6 13	9 + 8 17	8 - 3 5	13 - 8 5
10 - 7 3	11 - 7 4	9 + 3 12	3 + 3 6	7 - 4 3	14 - 6 8	7 - 5 2	9 + 5 14	2 + 9 11

73

3 - 2 1	4 + 1 5	1 + 8 9	5 + 8 13	17 - 8 9	7 - 4 3	4 + 2 6	3 + 5 8	8 + 6 14
12 - 8 4	12 - 4 8	9 + 6 15	5 - 4 1	12 - 5 7	8 + 5 13	2 + 9 11	7 + 4 11	2 + 8 10
11 - 6 5	5 - 2 3	4 + 3 7	6 - 3 3	16 - 8 8	2 + 5 7	8 - 3 5	1 + 1 2	8 + 3 11
3 + 8 11	10 - 6 4	6 + 2 8	5 + 5 10	9 + 4 13	9 + 5 14	17 - 9 8	3 + 4 7	15 - 9 6
16 - 7 9	2 + 2 4	11 - 4 7	11 - 5 6	11 - 2 9	5 - 3 2	4 + 8 12	16 - 9 7	8 + 7 15
9 + 1 10	6 - 2 4	8 + 2 10	14 - 6 8	4 - 2 2	11 - 8 3	9 - 6 3	7 - 6 1	5 + 3 8
7 + 9 16	10 - 5 5	13 - 7 6	14 - 8 6	12 - 9 3	2 + 3 5	10 - 2 8	6 + 6 12	5 + 2 7
10 - 3 7	4 + 9 13	6 - 5 1	10 - 9 1	8 + 9 17	4 + 7 11	8 + 8 16	7 - 3 4	10 - 1 9
12 - 6 6	7 + 1 8	4 + 5 9	2 + 6 8	6 + 3 9	8 - 4 4	8 - 7 1	6 + 7 13	8 + 4 12

74

7 + 1 8	13 - 7 6	15 - 8 7	12 - 5 7	10 - 9 1	7 + 3 10	14 - 6 8	8 + 4 12	6 - 2 4
8 - 7 1	5 + 8 13	14 - 5 9	3 + 4 7	10 - 4 6	4 + 6 10	6 + 7 13	2 + 4 6	2 + 7 9
4 - 3 1	5 + 6 11	6 + 3 9	17 - 8 9	2 + 5 7	3 + 6 9	4 + 4 8	18 - 9 9	3 + 3 6
6 + 6 12	6 - 4 2	9 + 7 16	2 + 3 5	13 - 6 7	7 + 9 16	5 - 3 2	3 + 7 10	6 - 3 3
4 - 2 2	3 - 2 1	7 - 2 5	5 + 5 10	5 + 9 14	1 + 5 6	16 - 9 7	2 + 1 3	13 - 9 4
11 - 4 7	2 + 8 10	8 - 6 2	10 - 3 7	9 - 1 8	2 + 2 4	13 - 4 9	8 + 2 10	15 - 7 8
3 + 8 11	6 + 8 14	13 - 8 5	6 + 2 8	5 + 3 8	8 + 6 14	9 - 0 9	7 - 6 1	1 + 4 5
4 + 5 9	9 + 3 12	17 - 9 8	8 + 5 13	14 - 7 7	10 - 6 4	8 - 3 5	11 - 5 6	16 - 8 8
8 + 1 9	8 + 9 17	4 + 8 12	5 - 2 3	11 - 6 5	6 - 5 1	9 + 9 18	1 + 6 7	11 - 7 4

75

3 + 7 10	9 - 5 4	5 + 9 14	8 + 2 10	7 + 3 10	6 - 3 3	4 + 9 13	9 - 3 6	2 + 8 10
12 - 6 6	11 - 7 4	9 + 7 16	10 - 8 2	14 - 5 9	4 + 7 11	4 + 2 6	8 - 7 1	3 + 5 8
5 - 3 2	11 - 9 2	10 - 6 4	8 - 5 3	5 - 2 3	1 + 8 9	8 + 3 11	7 + 1 8	3 + 1 4
4 + 4 8	10 - 4 6	8 + 6 14	15 - 7 8	1 + 1 2	4 + 3 7	3 + 3 6	12 - 5 7	7 + 7 14
4 - 3 1	4 + 8 12	7 - 5 2	1 + 7 8	2 + 6 8	7 - 4 3	9 + 2 11	4 + 1 5	17 - 8 9
8 + 8 16	5 + 3 8	9 - 7 2	15 - 8 7	9 + 3 12	2 + 4 6	9 - 0 9	6 + 4 10	10 - 5 5
5 + 2 7	8 + 1 9	7 - 2 5	9 - 4 5	2 + 2 4	13 - 9 4	9 + 6 15	10 - 7 3	11 - 6 5
8 + 7 15	8 - 3 5	11 - 3 8	16 - 8 8	15 - 6 9	5 + 7 12	6 - 2 4	18 - 9 9	16 - 7 9
13 - 6 7	14 - 7 7	4 - 2 2	7 + 2 9	7 + 8 15	17 - 9 8	6 + 9 15	6 + 6 12	3 + 2 5

76

9 - 2 7	7 - 6 1	3 + 5 8	18 - 9 9	2 + 6 8	5 - 4 1	12 - 5 7	4 + 3 7	5 + 2 7
17 - 9 8	7 - 5 2	4 + 2 6	3 + 3 6	4 + 1 5	14 - 9 5	17 - 8 9	1 + 5 6	8 + 6 14
15 - 7 8	8 + 3 11	11 - 3 8	4 + 9 13	16 - 8 8	8 + 7 15	8 - 6 2	4 - 2 2	5 + 3 8
9 + 5 14	6 + 9 15	6 - 4 2	9 - 6 3	16 - 7 9	9 - 4 5	5 + 9 14	10 - 2 8	10 - 4 6
4 + 7 11	8 + 1 9	5 + 4 9	3 - 2 1	10 - 5 5	9 - 3 6	14 - 8 6	12 - 6 6	9 - 1 8
8 + 9 17	9 + 6 15	14 - 6 8	14 - 5 9	9 + 1 10	13 - 8 5	6 + 6 12	10 - 6 4	6 + 4 10
3 + 1 4	3 + 9 12	10 - 1 9	6 + 3 9	9 + 7 16	7 + 7 14	4 - 3 1	2 + 9 11	7 + 8 15
12 - 3 9	2 + 4 6	8 - 3 5	5 + 5 10	15 - 8 7	3 + 8 11	2 + 2 4	7 - 2 5	3 + 2 5
9 + 8 17	6 - 2 4	8 + 5 13	2 + 8 10	16 - 9 7	9 - 8 1	4 + 6 10	8 - 5 3	9 + 3 12

77

9 - 7 2	4 + 5 9	12 - 6 6	13 - 5 8	10 - 8 2	3 - 2 1	13 - 6 7	7 - 5 2	7 + 6 13
5 + 8 13	1 + 1 2	17 - 8 9	14 - 7 7	3 + 8 11	8 + 3 11	3 + 2 5	5 + 2 7	9 - 0 9
5 + 9 14	9 - 5 4	15 - 8 7	8 + 2 10	3 + 6 9	8 + 7 15	12 - 7 5	11 - 6 5	2 + 5 7
4 + 7 11	5 - 3 2	1 + 9 10	18 - 9 9	6 + 2 8	6 - 4 2	6 + 4 10	15 - 7 8	15 - 9 6
12 - 4 8	12 - 5 7	2 + 3 5	3 + 7 10	8 + 8 16	2 + 6 8	16 - 9 7	9 + 9 18	2 + 9 11
7 + 7 14	8 - 6 2	5 + 1 6	6 + 3 9	14 - 6 8	9 + 3 12	7 + 3 10	6 - 2 4	4 + 2 6
6 - 5 1	10 - 5 5	1 + 3 4	9 - 3 6	17 - 9 8	3 + 4 7	1 + 5 6	6 + 6 12	9 + 2 11
14 - 8 6	4 + 6 10	4 + 8 12	7 + 1 8	10 - 2 8	13 - 8 5	9 - 2 7	5 - 4 1	13 - 7 6
7 + 2 9	8 - 4 4	7 - 3 4	6 + 7 13	5 - 2 3	10 - 7 3	9 + 4 13	10 - 9 1	6 + 1 7

78

7 - 3 = 4	10 - 4 = 6	8 + 5 = 13	9 + 6 = 15	10 - 9 = 1	11 - 4 = 7	18 - 9 = 9	12 - 6 = 6	4 - 3 = 1
2 + 7 = 9	7 - 5 = 2	6 + 7 = 13	6 + 3 = 9	1 + 7 = 8	9 - 5 = 4	13 - 5 = 8	15 - 7 = 8	5 + 7 = 12
2 + 4 = 6	8 + 1 = 9	9 + 5 = 14	14 - 9 = 5	12 - 4 = 8	5 + 2 = 7	1 + 5 = 6	6 + 8 = 14	9 + 1 = 10
16 - 8 = 8	6 - 5 = 1	14 - 7 = 7	8 - 4 = 4	9 + 3 = 12	6 - 4 = 2	13 - 6 = 7	11 - 8 = 3	4 + 7 = 11
1 + 3 = 4	11 - 6 = 5	5 - 4 = 1	9 - 8 = 1	1 + 4 = 5	3 - 2 = 1	7 + 5 = 12	2 + 5 = 7	13 - 7 = 6
7 - 4 = 3	2 + 1 = 3	9 + 9 = 18	4 + 8 = 12	4 + 5 = 9	8 + 6 = 14	3 + 8 = 11	3 + 7 = 10	6 - 2 = 4
8 - 3 = 5	17 - 8 = 9	7 + 9 = 16	7 + 2 = 9	5 + 3 = 8	4 + 2 = 6	7 + 7 = 14	1 + 8 = 9	1 + 1 = 2
2 + 3 = 5	16 - 9 = 7	8 + 2 = 10	3 + 3 = 6	5 - 3 = 2	16 - 7 = 9	6 - 3 = 3	15 - 6 = 9	3 + 4 = 7
5 - 2 = 3	1 + 2 = 3	9 + 8 = 17	9 - 3 = 6	14 - 6 = 8	15 - 8 = 7	12 - 8 = 4	2 + 6 = 8	10 - 3 = 7

79

5 + 2 = 7	9 - 5 = 4	9 - 4 = 5	8 + 7 = 15	18 - 9 = 9	13 - 5 = 8	5 + 6 = 11	11 - 6 = 5	5 + 3 = 8
16 - 7 = 9	6 - 3 = 3	14 - 8 = 6	14 - 7 = 7	2 + 4 = 6	2 + 9 = 11	9 - 3 = 6	10 - 9 = 1	16 - 9 = 7
15 - 7 = 8	17 - 8 = 9	6 + 5 = 11	8 - 2 = 6	17 - 9 = 8	4 + 2 = 6	2 + 8 = 10	7 + 2 = 9	15 - 6 = 9
4 - 2 = 2	8 - 4 = 4	6 - 4 = 2	8 + 5 = 13	4 + 4 = 8	8 + 9 = 17	9 - 8 = 1	6 + 2 = 8	4 - 3 = 1
5 + 8 = 13	4 + 6 = 10	16 - 8 = 8	12 - 7 = 5	7 - 3 = 4	2 + 6 = 8	8 + 6 = 14	5 - 3 = 2	6 - 5 = 1
15 - 8 = 7	6 + 4 = 10	3 + 4 = 7	4 + 5 = 9	6 + 9 = 15	10 - 5 = 5	11 - 7 = 4	3 + 8 = 11	8 + 4 = 12
4 + 7 = 11	9 + 1 = 10	3 + 3 = 6	5 - 2 = 3	7 + 9 = 16	2 + 7 = 9	9 + 5 = 14	6 - 2 = 4	1 + 8 = 9
7 + 8 = 15	6 + 3 = 9	9 + 7 = 16	7 - 2 = 5	9 - 6 = 3	8 - 5 = 3	9 + 9 = 18	3 - 2 = 1	5 - 4 = 1
7 - 6 = 1	6 + 8 = 14	1 + 7 = 8	12 - 9 = 3	3 + 5 = 8	1 + 1 = 2	9 + 6 = 15	10 - 6 = 4	9 + 4 = 13

80

11 - 3 = 8	6 + 5 = 11	6 + 2 = 8	8 + 3 = 11	9 - 2 = 7	5 - 4 = 1	2 + 9 = 11	10 - 9 = 1	4 - 3 = 1
8 + 4 = 12	2 + 1 = 3	3 + 6 = 9	14 - 6 = 8	6 - 5 = 1	12 - 4 = 8	14 - 5 = 9	15 - 7 = 8	8 - 6 = 2
7 + 5 = 12	7 + 6 = 13	4 + 7 = 11	17 - 9 = 8	1 + 4 = 5	7 - 4 = 3	5 + 7 = 12	4 + 3 = 7	8 - 7 = 1
13 - 4 = 9	16 - 7 = 9	11 - 4 = 7	6 + 1 = 7	7 - 5 = 2	5 + 8 = 13	4 - 2 = 2	18 - 9 = 9	8 + 6 = 14
9 - 7 = 2	16 - 8 = 8	13 - 8 = 5	10 - 1 = 9	12 - 5 = 7	1 + 8 = 9	7 - 6 = 1	17 - 8 = 9	8 - 2 = 6
6 - 4 = 2	3 + 5 = 8	5 + 2 = 7	4 + 1 = 5	8 + 7 = 15	8 + 5 = 13	6 + 4 = 10	5 - 3 = 2	10 - 8 = 2
4 + 5 = 9	5 - 2 = 3	10 - 6 = 4	8 - 4 = 4	8 - 5 = 3	13 - 5 = 8	9 + 3 = 12	5 + 3 = 8	8 + 8 = 16
4 + 8 = 12	2 + 5 = 7	5 + 4 = 9	7 - 3 = 4	6 + 3 = 9	3 + 2 = 5	9 + 4 = 13	4 + 2 = 6	3 + 9 = 12
2 + 7 = 9	3 - 2 = 1	15 - 8 = 7	6 + 6 = 12	2 + 6 = 8	1 + 7 = 8	9 + 5 = 14	3 + 4 = 7	14 - 8 = 6

81

9 - 5 = 4	2 + 1 = 3	5 + 6 = 11	1 + 1 = 2	15 - 7 = 8	16 - 8 = 8	6 + 6 = 12	6 + 3 = 9	6 - 4 = 2
14 - 6 = 8	8 + 8 = 16	7 + 8 = 15	12 - 6 = 6	6 - 3 = 3	9 + 5 = 14	3 + 7 = 10	11 - 5 = 6	17 - 9 = 8
9 - 4 = 5	6 + 7 = 13	8 - 4 = 4	3 + 6 = 9	2 + 4 = 6	15 - 8 = 7	1 + 3 = 4	7 + 7 = 14	4 + 5 = 9
3 - 2 = 1	6 + 8 = 14	13 - 8 = 5	4 + 2 = 6	3 + 8 = 11	1 + 9 = 10	7 - 6 = 1	15 - 9 = 6	5 - 4 = 1
12 - 5 = 7	18 - 9 = 9	4 + 3 = 7	12 - 8 = 4	4 + 7 = 11	8 + 2 = 10	2 + 9 = 11	5 + 9 = 14	4 - 3 = 1
2 + 2 = 4	7 - 3 = 4	8 + 5 = 13	4 - 2 = 2	6 + 1 = 7	5 - 2 = 3	14 - 7 = 7	3 + 3 = 6	5 + 1 = 6
10 - 6 = 4	9 + 2 = 11	9 - 8 = 1	13 - 4 = 9	9 + 4 = 13	11 - 7 = 4	2 + 3 = 5	4 + 1 = 5	8 - 3 = 5
13 - 5 = 8	4 + 4 = 8	4 + 8 = 12	17 - 8 = 9	7 + 5 = 12	4 + 9 = 13	13 - 7 = 6	2 + 5 = 7	10 - 8 = 2
5 + 3 = 8	12 - 4 = 8	9 - 7 = 2	11 - 6 = 5	5 - 3 = 2	7 + 3 = 10	9 - 2 = 7	14 - 5 = 9	7 + 1 = 8

82

17 - 9 8	10 - 9 1	6 + 8 14	18 - 9 9	4 + 2 6	2 + 8 10	8 + 4 12	4 + 1 5	11 - 7 4
14 - 7 7	8 + 3 11	5 + 7 12	4 + 6 10	8 + 7 15	2 + 6 8	9 + 6 15	7 + 6 13	1 + 6 7
15 - 7 8	12 - 4 8	11 - 3 8	4 - 2 2	13 - 4 9	7 + 7 14	2 + 4 6	2 + 9 11	2 + 7 9
1 + 2 3	15 - 6 9	14 - 8 6	16 - 7 9	3 - 2 1	5 - 3 2	13 - 8 5	6 + 7 13	9 - 2 7
7 - 4 3	7 + 2 9	6 + 5 11	5 + 9 14	1 + 8 9	2 + 2 4	5 + 6 11	7 - 5 2	3 + 9 12
17 - 8 9	16 - 9 7	11 - 5 6	15 - 8 7	1 + 5 6	13 - 7 6	2 + 5 7	6 + 6 12	9 - 4 5
3 + 4 7	4 - 3 1	7 - 6 1	12 - 7 5	1 + 4 5	7 - 3 4	5 - 4 1	2 + 1 3	6 - 2 4
6 + 3 9	16 - 8 8	14 - 6 8	9 - 0 9	9 + 4 13	5 - 2 3	6 + 4 10	10 - 6 4	3 + 8 11
8 + 5 13	12 - 6 6	3 + 5 8	5 + 8 13	5 + 2 7	7 + 5 12	6 - 4 2	10 - 2 8	9 - 6 3

83

8 + 1 9	8 - 7 1	4 + 8 12	18 - 9 9	17 - 8 9	5 + 5 10	8 + 8 16	14 - 8 6	12 - 3 9
14 - 6 8	9 - 6 3	2 + 3 5	4 + 6 10	7 - 2 5	8 + 2 10	6 - 3 3	5 - 2 3	7 + 5 12
3 + 7 10	3 + 4 7	9 + 2 11	8 - 3 5	10 - 9 1	8 + 7 15	7 + 7 14	7 + 4 11	5 + 8 13
8 - 6 2	8 - 4 4	5 - 4 1	14 - 7 7	2 + 8 10	4 - 3 1	6 + 7 13	7 + 1 8	6 - 4 2
2 + 2 4	11 - 8 3	3 + 9 12	6 + 4 10	7 - 5 2	8 + 6 14	2 + 1 3	17 - 9 8	15 - 9 6
6 + 5 11	4 + 9 13	10 - 6 4	7 - 4 3	13 - 9 4	3 - 2 1	16 - 9 7	10 - 5 5	9 + 7 16
12 - 8 4	7 - 3 4	15 - 7 8	7 + 2 9	5 + 7 12	4 + 1 5	9 - 2 7	4 + 4 8	13 - 5 8
15 - 8 7	13 - 6 7	1 + 5 6	6 + 8 14	16 - 7 9	1 + 6 7	3 + 8 11	1 + 4 5	4 + 7 11
11 - 6 5	6 + 1 7	9 + 6 15	9 - 7 2	5 + 4 9	6 + 2 8	11 - 3 8	9 + 5 14	10 - 8 2

84

18 - 9 9	9 + 2 11	9 - 2 7	1 + 5 6	12 - 4 8	1 + 4 5	8 + 6 14	3 + 2 5	4 + 2 6
7 - 5 2	9 + 4 13	6 - 2 4	6 - 4 2	16 - 8 8	4 + 6 10	12 - 8 4	3 + 5 8	8 + 2 10
5 + 5 10	2 + 3 5	2 + 4 6	11 - 9 2	4 + 7 11	13 - 5 8	4 + 3 7	7 + 7 14	14 - 6 8
9 - 6 3	4 + 8 12	7 + 4 11	13 - 8 5	6 - 5 1	8 + 7 15	4 + 4 8	6 + 4 10	10 - 1 9
7 + 5 12	2 + 7 9	5 - 4 1	12 - 6 6	8 + 4 12	7 + 8 15	14 - 8 6	10 - 4 6	10 - 5 5
6 + 5 11	3 + 6 9	4 - 3 1	7 + 6 13	9 - 1 8	6 + 6 12	14 - 7 7	5 - 3 2	9 - 0 9
5 + 9 14	8 - 5 3	10 - 3 7	17 - 9 8	4 + 5 9	7 + 9 16	16 - 9 7	11 - 3 8	10 - 8 2
5 + 8 13	15 - 8 7	6 + 8 14	17 - 8 9	13 - 7 6	3 + 4 7	9 + 3 12	3 - 2 1	6 + 7 13
9 - 3 6	9 - 8 1	3 + 7 10	15 - 9 6	8 - 3 5	4 - 2 2	7 + 3 10	1 + 3 4	2 + 5 7

85

6 + 4 10	4 - 3 1	6 - 5 1	10 - 5 5	16 - 7 9	9 + 8 17	14 - 7 7	2 + 1 3	6 - 3 3
6 + 7 13	1 + 3 4	13 - 4 9	10 - 3 7	7 + 3 10	2 + 5 7	4 + 4 8	17 - 8 9	1 + 2 3
11 - 8 3	6 - 2 4	5 + 3 8	12 - 5 7	5 - 3 2	7 + 4 11	15 - 8 7	7 + 7 14	4 + 6 10
7 + 5 12	9 + 6 15	16 - 8 8	7 - 6 1	2 + 8 10	15 - 7 8	6 - 4 2	7 + 6 13	3 + 2 5
15 - 9 6	4 + 5 9	17 - 9 8	10 - 2 8	8 + 3 11	5 + 8 13	12 - 8 4	13 - 6 7	11 - 6 5
5 + 2 7	4 + 2 6	6 + 6 12	2 + 4 6	9 - 4 5	6 + 9 15	5 - 4 1	8 - 5 3	11 - 3 8
1 + 5 6	9 - 5 4	7 + 8 15	5 + 7 12	5 + 9 14	4 + 3 7	3 - 2 1	8 + 2 10	1 + 8 9
1 + 9 10	3 + 3 6	9 - 2 7	14 - 8 6	8 - 7 1	7 - 2 5	3 + 8 11	13 - 8 5	13 - 7 6
7 + 1 8	8 + 1 9	8 - 6 2	10 - 4 6	3 + 6 9	10 - 8 2	6 + 5 11	9 - 7 2	8 + 7 15

86

6 - 2 4	8 - 7 1	13 - 5 8	6 + 8 14	4 - 3 1	11 - 5 6	18 - 9 9	1 + 2 3	6 + 1 7
12 - 7 5	8 + 6 14	13 - 8 5	8 + 1 9	6 + 6 12	5 + 2 7	15 - 7 8	7 + 1 8	15 - 9 6
9 + 6 15	7 - 5 2	16 - 7 9	1 + 7 8	10 - 7 3	6 + 4 10	7 - 3 4	16 - 8 8	6 + 2 8
7 + 4 11	12 - 9 3	15 - 8 7	3 + 3 6	12 - 3 9	11 - 6 5	1 + 3 4	3 + 8 11	8 + 3 11
4 - 2 2	14 - 8 6	6 - 3 3	7 + 6 13	7 + 8 15	3 + 4 7	8 + 5 13	12 - 6 6	8 + 7 15
13 - 6 7	7 - 4 3	5 + 6 11	5 - 4 1	6 + 5 11	3 + 6 9	6 - 4 2	8 - 3 5	5 + 7 12
9 - 7 2	5 - 3 2	8 - 2 6	10 - 6 4	1 + 4 5	4 + 2 6	8 - 4 4	6 - 5 1	14 - 7 7
5 - 2 3	17 - 8 9	2 + 3 5	5 + 1 6	3 + 2 5	8 + 9 17	5 + 5 10	4 + 3 7	9 - 4 5
12 - 4 8	6 + 3 9	8 + 2 10	2 + 7 9	9 - 5 4	4 + 5 9	7 + 3 10	4 + 6 10	2 + 6 8

87

3 + 2 5	10 - 8 2	9 + 6 15	8 + 8 16	7 + 6 13	12 - 7 5	4 + 1 5	5 + 5 10	7 - 6 1
5 - 4 1	4 + 7 11	5 + 1 6	14 - 8 6	5 + 6 11	8 + 9 17	7 - 2 5	6 + 2 8	12 - 6 6
8 - 4 4	6 - 4 2	10 - 6 4	3 + 1 4	17 - 8 9	8 + 6 14	14 - 7 7	2 + 2 4	8 + 5 13
9 - 4 5	6 + 4 10	11 - 8 3	7 + 5 12	7 + 8 15	6 + 7 13	11 - 9 2	4 + 9 13	4 + 6 10
7 + 3 10	9 - 5 4	5 + 3 8	5 + 9 14	9 - 6 3	2 + 6 8	3 + 9 12	12 - 9 3	13 - 7 6
7 + 4 11	4 + 3 7	8 + 7 15	5 + 4 9	6 + 5 11	6 - 5 1	1 + 8 9	14 - 6 8	16 - 9 7
18 - 9 9	7 + 9 16	15 - 7 8	11 - 4 7	17 - 9 8	5 - 3 2	2 + 8 10	1 + 7 8	8 - 7 1
7 + 2 9	6 + 8 14	13 - 6 7	10 - 7 3	13 - 5 8	13 - 9 4	4 - 2 2	4 - 3 1	12 - 8 4
4 + 2 6	7 - 3 4	13 - 8 5	9 + 3 12	5 + 2 7	3 + 5 8	6 - 2 4	11 - 5 6	16 - 7 9

88

16 - 8 8	5 + 2 7	2 + 5 7	11 - 8 3	12 - 4 8	4 + 2 6	11 - 7 4	3 - 2 1	8 + 2 10
9 - 2 7	5 + 8 13	2 + 2 4	9 - 1 8	6 - 3 3	8 + 4 12	14 - 6 8	17 - 8 9	10 - 3 7
17 - 9 8	3 + 4 7	7 + 3 10	3 + 6 9	3 + 7 10	6 + 1 7	8 + 7 15	2 + 3 5	14 - 9 5
1 + 3 4	15 - 8 7	8 + 5 13	15 - 7 8	6 + 6 12	7 - 6 1	5 + 3 8	8 + 1 9	14 - 7 7
8 + 6 14	12 - 5 7	7 + 8 15	3 + 9 12	4 + 8 12	18 - 9 9	4 + 5 9	6 + 7 13	13 - 7 6
5 + 1 6	1 + 6 7	9 - 6 3	10 - 8 2	4 - 3 1	2 + 4 6	8 + 9 17	4 - 2 2	4 + 4 8
2 + 9 11	8 - 6 2	7 - 2 5	12 - 6 6	1 + 2 3	6 - 2 4	6 - 4 2	13 - 9 4	1 + 1 2
7 + 2 9	13 - 5 8	8 + 3 11	7 - 3 4	9 + 2 11	5 - 4 1	8 - 5 3	3 + 8 11	13 - 6 7
11 - 3 8	2 + 8 10	13 - 4 9	3 + 3 6	9 - 7 2	10 - 6 4	4 + 6 10	10 - 7 3	8 + 8 16

89

17 - 9 8	15 - 7 8	2 + 8 10	12 - 7 5	10 - 5 5	16 - 8 8	9 + 5 14	13 - 4 9	8 - 5 3
15 - 8 7	9 - 5 4	3 + 5 8	6 - 5 1	2 + 5 7	8 - 4 4	7 + 8 15	7 + 2 9	3 + 3 6
2 + 9 11	9 + 8 17	3 + 6 9	6 + 6 12	8 + 4 12	8 + 3 11	5 + 3 8	17 - 8 9	11 - 9 2
9 + 9 18	2 + 4 6	6 + 1 7	10 - 8 2	6 + 9 15	6 - 4 2	12 - 6 6	14 - 8 6	5 + 8 13
9 + 4 13	4 + 7 11	1 + 3 4	15 - 6 9	6 + 3 9	9 - 0 9	16 - 7 9	16 - 9 7	4 - 3 1
8 + 6 14	15 - 9 6	5 - 2 3	6 - 3 3	7 + 7 14	8 + 7 15	5 - 3 2	3 - 2 1	7 - 2 5
5 - 4 1	9 + 6 15	6 + 2 8	4 + 9 13	9 - 4 5	14 - 6 8	4 + 3 7	7 + 3 10	8 + 8 16
4 + 2 6	7 + 4 11	3 + 8 11	7 - 4 3	4 + 8 12	11 - 4 7	6 + 8 14	9 + 7 16	5 + 7 12
18 - 9 9	13 - 7 6	8 - 7 1	8 + 5 13	13 - 6 7	12 - 5 7	8 + 2 10	11 - 8 3	6 - 2 4

90

9 + 5 = 14 | 11 - 8 = 3 | 16 - 8 = 8 | 2 + 4 = 6 | 17 - 9 = 8 | 9 + 7 = 16 | 12 - 8 = 4 | 2 + 5 = 7 | 13 - 4 = 9

3 + 6 = 9 | 5 - 4 = 1 | 11 - 5 = 6 | 1 + 7 = 8 | 8 + 1 = 9 | 8 - 7 = 1 | 11 - 2 = 9 | 8 + 6 = 14 | 15 - 8 = 7

7 + 2 = 9 | 15 - 7 = 8 | 9 - 0 = 9 | 12 - 6 = 6 | 14 - 9 = 5 | 7 + 5 = 12 | 6 + 7 = 13 | 13 - 6 = 7 | 6 + 3 = 9

17 - 8 = 9 | 4 + 2 = 6 | 8 - 2 = 6 | 4 - 2 = 2 | 1 + 2 = 3 | 8 + 5 = 13 | 7 - 3 = 4 | 7 + 8 = 15 | 6 + 1 = 7

3 + 5 = 8 | 8 + 7 = 15 | 7 + 9 = 16 | 5 - 3 = 2 | 7 - 4 = 3 | 18 - 9 = 9 | 16 - 7 = 9 | 2 + 6 = 8 | 8 - 5 = 3

4 - 3 = 1 | 14 - 7 = 7 | 10 - 4 = 6 | 1 + 5 = 6 | 8 + 4 = 12 | 2 + 1 = 3 | 5 + 2 = 7 | 9 + 1 = 10 | 4 + 8 = 12

13 - 8 = 5 | 4 + 3 = 7 | 6 - 5 = 1 | 6 + 8 = 14 | 3 - 2 = 1 | 9 - 2 = 7 | 7 - 2 = 5 | 9 + 2 = 11 | 7 + 4 = 11

8 - 3 = 5 | 9 - 6 = 3 | 13 - 9 = 4 | 1 + 4 = 5 | 3 + 2 = 5 | 5 + 3 = 8 | 1 + 3 = 4 | 6 + 4 = 10 | 10 - 2 = 8

3 + 7 = 10 | 9 - 3 = 6 | 9 - 4 = 5 | 4 + 6 = 10 | 11 - 4 = 7 | 8 + 9 = 17 | 4 + 7 = 11 | 9 - 5 = 4 | 8 + 2 = 10

91

2 + 2 = 4 | 3 + 3 = 6 | 3 + 9 = 12 | 4 + 2 = 6 | 11 - 2 = 9 | 6 + 6 = 12 | 5 - 2 = 3 | 1 + 9 = 10 | 4 + 9 = 13

12 - 6 = 6 | 9 - 7 = 2 | 4 + 1 = 5 | 5 + 6 = 11 | 12 - 8 = 4 | 3 - 2 = 1 | 2 + 6 = 8 | 13 - 6 = 7 | 6 - 3 = 3

5 + 7 = 12 | 15 - 8 = 7 | 11 - 4 = 7 | 7 - 6 = 1 | 18 - 9 = 9 | 6 + 2 = 8 | 5 + 3 = 8 | 10 - 9 = 1 | 10 - 6 = 4

17 - 9 = 8 | 1 + 4 = 5 | 2 + 1 = 3 | 12 - 4 = 8 | 16 - 8 = 8 | 6 + 7 = 13 | 1 + 8 = 9 | 10 - 5 = 5 | 7 + 3 = 10

13 - 5 = 8 | 13 - 8 = 5 | 8 + 2 = 10 | 10 - 2 = 8 | 10 - 8 = 2 | 8 + 7 = 15 | 1 + 2 = 3 | 7 + 9 = 16 | 5 + 4 = 9

14 - 9 = 5 | 11 - 8 = 3 | 6 + 5 = 11 | 6 - 4 = 2 | 5 + 2 = 7 | 16 - 7 = 9 | 2 + 3 = 5 | 9 - 3 = 6 | 5 + 1 = 6

4 + 5 = 9 | 15 - 7 = 8 | 13 - 7 = 6 | 5 + 8 = 13 | 1 + 7 = 8 | 8 + 1 = 9 | 14 - 8 = 6 | 7 - 3 = 4 | 6 - 5 = 1

9 + 7 = 16 | 8 + 8 = 16 | 2 + 4 = 6 | 8 + 6 = 14 | 8 - 5 = 3 | 9 - 4 = 5 | 16 - 9 = 7 | 5 - 3 = 2 | 17 - 8 = 9

3 + 2 = 5 | 9 + 5 = 14 | 7 + 7 = 14 | 9 + 4 = 13 | 3 + 8 = 11 | 5 - 4 = 1 | 14 - 7 = 7 | 10 - 3 = 7 | 7 + 4 = 11

92

4 + 7 = 11 | 2 + 3 = 5 | 8 + 7 = 15 | 7 - 6 = 1 | 18 - 9 = 9 | 16 - 9 = 7 | 2 + 7 = 9 | 17 - 8 = 9 | 1 + 6 = 7

15 - 7 = 8 | 6 + 6 = 12 | 15 - 9 = 6 | 4 + 9 = 13 | 1 + 3 = 4 | 13 - 5 = 8 | 9 + 1 = 10 | 7 - 5 = 2 | 5 + 8 = 13

6 + 3 = 9 | 6 + 5 = 11 | 9 + 5 = 14 | 8 + 1 = 9 | 9 - 5 = 4 | 8 - 5 = 3 | 7 - 4 = 3 | 17 - 9 = 8 | 8 + 8 = 16

4 + 6 = 10 | 9 + 8 = 17 | 5 + 6 = 11 | 9 + 2 = 11 | 5 + 7 = 12 | 16 - 8 = 8 | 3 + 6 = 9 | 6 + 2 = 8 | 3 + 8 = 11

11 - 8 = 3 | 10 - 3 = 7 | 5 - 2 = 3 | 9 - 7 = 2 | 8 + 2 = 10 | 4 - 3 = 1 | 2 + 1 = 3 | 11 - 5 = 6 | 13 - 7 = 6

7 + 7 = 14 | 3 + 2 = 5 | 11 - 4 = 7 | 9 - 1 = 8 | 2 + 6 = 8 | 3 + 4 = 7 | 7 + 2 = 9 | 3 + 9 = 12 | 12 - 8 = 4

13 - 8 = 5 | 4 + 4 = 8 | 9 - 6 = 3 | 12 - 3 = 9 | 7 + 4 = 11 | 10 - 6 = 4 | 5 - 4 = 1 | 9 + 3 = 12 | 16 - 7 = 9

6 - 3 = 3 | 5 - 3 = 2 | 5 + 3 = 8 | 7 + 3 = 10 | 3 - 2 = 1 | 15 - 8 = 7 | 5 + 5 = 10 | 8 + 4 = 12 | 10 - 9 = 1

9 - 4 = 5 | 4 - 2 = 2 | 5 + 9 = 14 | 2 + 2 = 4 | 10 - 5 = 5 | 8 - 4 = 4 | 11 - 6 = 5 | 7 - 3 = 4 | 1 + 9 = 10

93

13 - 8 = 5 | 7 - 4 = 3 | 17 - 8 = 9 | 11 - 2 = 9 | 3 + 5 = 8 | 16 - 9 = 7 | 11 - 4 = 7 | 2 + 2 = 4 | 4 + 5 = 9

6 + 1 = 7 | 8 + 6 = 14 | 7 - 6 = 1 | 16 - 8 = 8 | 4 - 3 = 1 | 10 - 8 = 2 | 8 - 7 = 1 | 14 - 9 = 5 | 2 + 1 = 3

7 - 5 = 2 | 8 + 5 = 13 | 13 - 9 = 4 | 9 + 2 = 11 | 7 + 4 = 11 | 12 - 4 = 8 | 12 - 8 = 4 | 18 - 9 = 9 | 4 + 3 = 7

8 + 7 = 15 | 3 - 2 = 1 | 9 - 4 = 5 | 4 + 4 = 8 | 8 + 1 = 9 | 4 + 7 = 11 | 7 + 3 = 10 | 9 - 2 = 7 | 9 + 9 = 18

5 + 6 = 11 | 3 + 1 = 4 | 6 + 3 = 9 | 17 - 9 = 8 | 7 + 5 = 12 | 8 - 6 = 2 | 9 - 5 = 4 | 3 + 8 = 11 | 8 - 5 = 3

13 - 5 = 8 | 6 + 4 = 10 | 6 - 2 = 4 | 1 + 7 = 8 | 13 - 4 = 9 | 10 - 4 = 6 | 7 + 6 = 13 | 9 - 8 = 1 | 1 + 1 = 2

11 - 6 = 5 | 8 + 9 = 17 | 6 + 5 = 11 | 6 + 2 = 8 | 16 - 7 = 9 | 8 + 8 = 16 | 14 - 8 = 6 | 2 + 8 = 10 | 9 + 4 = 13

2 + 7 = 9 | 5 + 3 = 8 | 14 - 5 = 9 | 5 - 4 = 1 | 1 + 9 = 10 | 2 + 9 = 11 | 14 - 6 = 8 | 4 + 1 = 5 | 10 - 3 = 7

6 + 9 = 15 | 6 - 4 = 2 | 8 - 3 = 5 | 5 + 4 = 9 | 6 - 5 = 1 | 4 - 2 = 2 | 9 + 5 = 14 | 1 + 4 = 5 | 5 + 5 = 10

94

8 + 4 12	10 - 8 2	16 - 9 7	13 - 8 5	10 - 3 7	10 - 4 6	5 + 3 8	5 + 8 13	13 - 5 8
6 - 5 1	1 + 6 7	12 - 7 5	7 - 3 4	11 - 3 8	9 + 2 11	8 + 8 16	2 + 2 4	7 + 4 11
6 + 6 12	6 + 9 15	2 + 8 10	8 + 5 13	17 - 8 9	18 - 9 9	9 - 3 6	14 - 9 5	16 - 7 9
4 + 4 8	10 - 7 3	3 + 3 6	1 + 2 3	15 - 6 9	7 + 3 10	5 + 2 7	6 - 2 4	8 - 6 2
16 - 8 8	10 - 5 5	6 + 2 8	6 + 7 13	8 + 7 15	3 - 2 1	14 - 5 9	9 + 5 14	11 - 5 6
9 + 9 18	2 + 7 9	7 - 6 1	5 - 3 2	2 + 5 7	9 - 5 4	8 + 6 14	3 + 6 9	9 - 2 7
8 + 2 10	17 - 9 8	4 + 7 11	1 + 5 6	3 + 4 7	14 - 8 6	12 - 3 9	8 - 7 1	4 + 3 7
2 + 4 6	7 - 5 2	6 - 3 3	6 + 8 14	10 - 9 1	1 + 9 10	9 + 1 10	13 - 4 9	1 + 4 5
14 - 7 7	7 + 9 16	5 + 7 12	5 + 5 10	4 + 5 9	8 - 4 4	7 - 4 3	5 + 4 9	9 - 7 2

95

5 - 4 1	9 + 7 16	8 + 1 9	5 + 3 8	7 - 4 3	1 + 4 5	16 - 8 8	6 + 5 11	3 - 2 1
2 + 9 11	10 - 9 1	12 - 6 6	4 + 2 6	2 + 3 5	11 - 5 6	11 - 6 5	6 - 2 4	4 + 5 9
8 + 6 14	5 + 4 9	6 + 2 8	15 - 8 7	3 + 8 11	4 - 3 1	4 + 6 10	6 + 3 9	11 - 8 3
3 + 3 6	8 - 7 1	6 - 5 1	9 + 6 15	13 - 7 6	6 + 4 10	18 - 9 9	6 - 3 3	6 + 6 12
10 - 5 5	11 - 3 8	3 + 4 7	9 - 7 2	5 + 8 13	8 - 5 3	5 + 5 10	12 - 3 9	14 - 6 8
3 + 5 8	1 + 2 3	9 - 6 3	7 - 5 2	16 - 9 7	13 - 5 8	9 + 1 10	8 + 8 16	8 + 9 17
9 - 8 1	15 - 6 9	6 - 4 2	3 + 7 10	7 + 5 12	13 - 6 7	2 + 8 10	2 + 7 9	8 + 3 11
17 - 9 8	1 + 8 9	10 - 7 3	5 + 7 12	6 + 7 13	9 - 0 9	6 + 1 7	4 + 3 7	8 + 7 15
10 - 8 2	4 - 2 2	9 + 2 11	7 - 2 5	2 + 5 7	17 - 8 9	3 + 6 9	14 - 5 9	13 - 9 4

96

12 - 6 6	6 + 8 14	11 - 9 2	4 + 2 6	18 - 9 9	17 - 9 8	4 - 3 1	13 - 4 9	8 + 8 16
6 + 6 12	6 + 7 13	6 - 5 1	10 - 4 6	6 + 3 9	12 - 5 7	10 - 3 7	7 - 6 1	6 + 2 8
7 + 8 15	3 + 5 8	16 - 8 8	6 + 4 10	4 + 5 9	6 + 9 15	7 - 4 3	11 - 2 9	4 - 2 2
2 + 5 7	7 + 5 12	7 + 9 16	6 - 3 3	1 + 9 10	13 - 5 8	8 - 6 2	5 - 2 3	4 + 1 5
9 + 8 17	16 - 9 7	3 - 2 1	15 - 6 9	1 + 1 2	8 - 3 5	6 - 4 2	5 - 4 1	3 + 7 10
5 + 4 9	11 - 7 4	2 + 7 9	3 + 1 4	9 - 7 2	8 + 6 14	5 + 2 7	4 + 9 13	15 - 7 8
5 + 6 11	8 + 5 13	12 - 8 4	7 + 4 11	9 + 4 13	6 - 2 4	11 - 8 3	5 + 8 13	12 - 9 3
9 - 8 1	2 + 6 8	4 + 8 12	1 + 7 8	10 - 5 5	12 - 4 8	5 + 5 10	2 + 3 5	8 + 2 10
3 + 6 9	11 - 3 8	3 + 8 11	2 + 2 4	16 - 7 9	8 - 4 4	9 - 6 3	3 + 2 5	17 - 8 9

97

6 + 1 7	4 + 8 12	8 - 6 2	8 + 4 12	17 - 8 9	9 + 6 15	5 - 4 1	9 + 1 10	5 + 3 8
7 + 3 10	4 + 9 13	7 - 5 2	6 - 4 2	2 + 4 6	5 - 3 2	1 + 7 8	16 - 8 8	3 + 7 10
14 - 7 7	6 + 8 14	7 - 4 3	5 - 2 3	7 + 5 12	5 + 4 9	2 + 6 8	18 - 9 9	14 - 8 6
1 + 1 2	17 - 9 8	9 - 5 4	3 + 4 7	13 - 8 5	6 + 2 8	2 + 8 10	13 - 7 6	1 + 4 5
3 + 5 8	2 + 3 5	15 - 7 8	4 + 2 6	16 - 9 7	5 + 6 11	2 + 5 7	4 + 6 10	9 - 4 5
11 - 8 3	9 - 7 2	8 + 6 14	14 - 5 9	4 - 2 2	4 + 4 8	4 - 3 1	12 - 9 3	14 - 6 8
15 - 6 9	1 + 9 10	2 + 2 4	7 + 8 15	5 + 2 7	9 - 8 1	8 - 5 3	15 - 8 7	7 + 4 11
9 - 6 3	12 - 5 7	7 + 9 16	5 + 5 10	3 - 2 1	6 - 2 4	8 + 7 15	12 - 4 8	11 - 4 7
9 - 2 7	10 - 1 9	9 + 4 13	9 + 8 17	4 + 3 7	7 + 7 14	10 - 6 4	8 + 8 16	10 - 7 3

98

4 - 3 1	12 - 4 8	2 + 2 4	7 + 4 11	12 - 5 7	12 - 7 5	10 - 5 5	2 + 3 5	7 + 2 9
6 + 2 8	3 + 8 11	6 - 5 1	9 + 6 15	4 - 2 2	6 + 6 12	15 - 7 8	5 + 9 14	6 + 5 11
3 + 2 5	2 + 5 7	9 + 5 14	9 - 4 5	10 - 3 7	5 + 5 10	3 + 5 8	11 - 6 5	6 + 7 13
15 - 9 6	1 + 9 10	12 - 6 6	8 + 9 17	16 - 8 8	5 + 2 7	8 + 4 12	12 - 3 9	8 + 8 16
2 + 7 9	5 + 1 6	2 + 6 8	3 + 3 6	8 + 7 15	5 - 3 2	5 + 7 12	9 - 1 8	7 + 5 12
4 + 1 5	17 - 9 8	17 - 8 9	9 + 1 10	3 + 7 10	7 + 1 8	7 - 4 3	8 - 5 3	4 + 8 12
9 - 6 3	2 + 9 11	5 - 4 1	8 - 2 6	13 - 6 7	4 + 3 7	18 - 9 9	14 - 7 7	2 + 8 10
8 + 2 10	6 - 4 2	15 - 8 7	4 + 2 6	12 - 8 4	7 + 9 16	8 - 7 1	11 - 7 4	8 + 6 14
11 - 8 3	14 - 8 6	10 - 7 3	11 - 2 9	7 - 5 2	4 + 4 8	8 - 3 5	13 - 5 8	14 - 9 5

99

17 - 9 8	9 - 0 9	14 - 9 5	17 - 8 9	10 - 2 8	2 + 7 9	8 - 3 5	2 + 4 6	6 - 4 2
14 - 6 8	7 - 4 3	3 + 2 5	8 + 9 17	8 + 6 14	13 - 9 4	2 + 5 7	11 - 7 4	11 - 6 5
3 + 8 11	6 + 4 10	4 + 8 12	4 + 7 11	14 - 8 6	9 - 3 6	4 + 4 8	2 + 1 3	6 + 6 12
4 + 2 6	3 - 2 1	13 - 5 8	3 + 1 4	5 + 5 10	5 - 2 3	11 - 8 3	8 + 5 13	5 + 2 7
3 + 9 12	5 + 1 6	15 - 8 7	8 - 5 3	9 - 2 7	8 + 7 15	8 + 8 16	7 - 3 4	6 - 5 1
5 + 4 9	5 + 7 12	1 + 4 5	3 + 5 8	7 + 6 13	5 + 6 11	11 - 2 9	5 - 4 1	6 - 3 3
3 + 3 6	12 - 4 8	7 + 7 14	1 + 9 10	6 + 7 13	8 + 2 10	9 - 1 8	8 - 6 2	14 - 7 7
7 + 2 9	11 - 9 2	4 - 3 1	1 + 8 9	6 + 5 11	3 + 6 9	8 - 4 4	16 - 9 7	10 - 6 4
7 + 4 11	4 - 2 2	15 - 7 8	4 + 6 10	4 + 3 7	16 - 8 8	7 - 2 5	14 - 5 9	6 + 3 9

100

6 - 4 2	1 + 7 8	10 - 1 9	5 - 4 1	4 + 7 11	5 - 3 2	16 - 8 8	6 + 4 10	17 - 8 9
5 + 7 12	8 - 6 2	14 - 6 8	4 + 4 8	4 + 3 7	10 - 8 2	9 - 7 2	4 - 3 1	7 + 2 9
18 - 9 9	17 - 9 8	3 + 3 6	5 + 9 14	8 + 4 12	7 + 5 12	5 + 4 9	2 + 3 5	11 - 4 7
8 - 7 1	9 + 9 18	8 + 6 14	14 - 8 6	5 + 3 8	15 - 7 8	13 - 9 4	7 - 6 1	8 + 3 11
3 + 6 9	8 - 5 3	3 - 2 1	6 + 7 13	5 + 6 11	9 + 4 13	4 + 6 10	9 - 6 3	2 + 5 7
9 - 3 6	3 + 1 4	4 + 5 9	8 + 7 15	8 + 2 10	13 - 6 7	7 + 6 13	12 - 7 5	6 + 2 8
14 - 7 7	1 + 5 6	4 - 2 2	8 - 2 6	6 - 5 1	11 - 3 8	11 - 2 9	8 + 5 13	3 + 5 8
3 + 4 7	15 - 8 7	3 + 8 11	11 - 6 5	2 + 7 9	4 + 8 12	9 - 0 9	4 + 9 13	12 - 4 8
10 - 2 8	3 + 7 10	9 + 3 12	7 - 5 2	2 + 2 4	12 - 3 9	1 + 8 9	11 - 5 6	9 - 1 8

101

13 - 7 6	11 - 8 3	8 + 1 9	9 - 2 7	5 - 3 2	7 - 5 2	6 + 5 11	10 - 7 3	10 - 8 2
8 + 8 16	15 - 6 9	7 - 4 3	9 - 8 1	6 + 4 10	16 - 7 9	2 + 1 3	6 + 7 13	16 - 9 7
9 + 7 16	4 + 2 6	5 + 2 7	4 - 3 1	5 + 4 9	4 + 6 10	12 - 7 5	4 + 5 9	2 + 3 5
5 - 4 1	8 + 2 10	6 - 5 1	1 + 4 5	3 + 2 5	17 - 8 9	13 - 6 7	13 - 5 8	6 + 2 8
17 - 9 8	8 - 3 5	15 - 8 7	7 + 2 9	3 + 5 8	7 + 4 11	2 + 5 7	14 - 9 5	6 + 9 15
6 + 1 7	2 + 4 6	4 + 3 7	10 - 3 7	5 + 8 13	2 + 2 4	4 + 4 8	2 + 8 10	9 - 7 2
13 - 8 5	8 + 9 17	14 - 6 8	7 + 8 15	4 - 2 2	8 + 7 15	8 - 6 2	6 - 3 3	9 - 4 5
12 - 5 7	6 - 2 4	5 + 6 11	12 - 8 4	3 + 3 6	5 + 3 8	5 + 5 10	4 + 7 11	1 + 6 7
7 - 2 5	3 + 1 4	10 - 1 9	7 - 3 4	9 + 6 15	16 - 8 8	12 - 3 9	3 + 6 9	3 - 2 1

102

14 - 6 8	6 - 4 2	2 + 2 4	12 - 4 8	8 - 5 3	1 + 8 9	5 - 2 3	4 + 3 7	13 - 9 4
8 + 9 17	13 - 5 8	7 + 3 10	2 + 9 11	10 - 9 1	15 - 8 7	12 - 8 4	15 - 9 6	5 - 3 2
3 + 7 10	2 + 4 6	8 + 3 11	10 - 5 5	4 - 2 2	6 + 4 10	12 - 7 5	3 + 2 5	13 - 7 6
4 + 4 8	14 - 7 7	6 + 7 13	15 - 7 8	7 - 6 1	7 - 5 2	8 + 2 10	18 - 9 9	7 + 4 11
16 - 8 8	8 - 7 1	2 + 7 9	5 + 3 8	16 - 7 9	9 - 1 8	1 + 5 6	6 + 5 11	9 - 8 1
7 - 2 5	9 - 0 9	3 + 5 8	1 + 7 8	6 + 2 8	4 - 3 1	6 - 5 1	11 - 6 5	4 + 8 12
5 + 4 9	6 + 3 9	1 + 6 7	11 - 5 6	5 + 7 12	10 - 6 4	8 + 5 13	4 + 7 11	5 + 8 13
7 + 6 13	2 + 6 8	7 + 5 12	7 + 2 9	7 + 9 16	2 + 1 3	4 + 6 10	6 - 2 4	8 + 4 12
5 - 4 1	5 + 6 11	1 + 4 5	10 - 3 7	7 - 4 3	17 - 9 8	10 - 7 3	9 + 2 11	11 - 3 8

103

17 - 8 9	17 - 9 8	4 + 5 9	6 + 1 7	6 + 5 11	5 - 4 1	4 - 2 2	7 - 6 1	10 - 9 1
6 + 9 15	10 - 6 4	14 - 9 5	7 - 4 3	4 + 7 11	10 - 2 8	6 + 3 9	5 + 8 13	3 + 2 5
8 - 4 4	9 - 7 2	7 + 4 11	3 + 8 11	11 - 7 4	7 + 2 9	8 + 5 13	7 + 3 10	2 + 6 8
6 - 4 2	5 + 2 7	2 + 5 7	2 + 1 3	8 + 8 16	3 + 7 10	16 - 9 7	6 - 3 3	12 - 4 8
5 + 5 10	6 + 6 12	3 + 5 8	15 - 8 7	7 + 6 13	6 + 2 8	2 + 2 4	7 + 7 14	9 + 7 16
12 - 5 7	9 - 4 5	1 + 8 9	5 - 3 2	10 - 8 2	9 - 6 3	11 - 9 2	8 + 7 15	4 - 3 1
1 + 3 4	3 - 2 1	7 + 8 15	18 - 9 9	3 + 3 6	4 + 9 13	15 - 7 8	13 - 9 4	14 - 5 9
8 + 2 10	9 - 8 1	14 - 7 7	4 + 6 10	11 - 4 7	1 + 7 8	4 + 3 7	7 + 5 12	15 - 9 6
7 + 9 16	11 - 8 3	2 + 8 10	6 + 7 13	6 - 5 1	13 - 7 6	10 - 3 7	13 - 6 7	12 - 6 6

104

8 - 4 4	14 - 8 6	4 + 3 7	6 + 4 10	10 - 2 8	8 + 2 10	6 + 1 7	5 + 2 7	13 - 7 6
3 + 7 10	7 + 5 12	5 - 4 1	11 - 7 4	8 + 5 13	9 + 7 16	2 + 9 11	7 - 5 2	15 - 8 7
2 + 4 6	13 - 4 9	14 - 9 5	10 - 8 2	9 - 2 7	9 - 8 1	4 - 3 1	4 + 6 10	12 - 8 4
6 - 4 2	3 - 2 1	18 - 9 9	8 + 3 11	13 - 6 7	4 + 5 9	4 + 8 12	5 + 7 12	5 + 6 11
2 + 5 7	17 - 8 9	4 - 2 2	15 - 6 9	5 + 4 9	7 + 6 13	16 - 8 8	8 + 7 15	2 + 7 9
1 + 9 10	8 + 9 17	9 - 5 4	9 - 0 9	11 - 9 2	2 + 3 5	4 + 4 8	6 + 2 8	6 + 5 11
9 - 4 5	9 + 3 12	4 + 2 6	10 - 5 5	7 + 2 9	4 + 7 11	5 + 8 13	8 - 6 2	7 + 3 10
2 + 2 4	9 + 5 14	1 + 8 9	7 - 4 3	10 - 3 7	14 - 5 9	5 + 3 8	9 - 7 2	14 - 7 7
7 + 9 16	13 - 5 8	17 - 9 8	13 - 8 5	9 + 6 15	7 - 2 5	11 - 4 7	8 + 4 12	9 - 1 8

105

5 + 8 13	13 - 6 7	10 - 5 5	14 - 8 6	5 + 7 12	7 - 3 4	8 + 4 12	16 - 7 9	17 - 8 9
12 - 6 6	16 - 9 7	6 + 7 13	9 + 4 13	15 - 9 6	5 + 4 9	13 - 9 4	4 + 4 8	3 + 1 4
3 + 3 6	6 + 3 9	4 + 6 10	8 - 5 3	3 + 4 7	6 + 9 15	3 + 6 9	7 + 7 14	8 + 8 16
9 - 2 7	5 + 3 8	9 + 6 15	8 - 7 1	4 + 5 9	2 + 6 8	13 - 8 5	7 + 4 11	16 - 8 8
10 - 2 8	2 + 7 9	6 + 2 8	2 + 8 10	2 + 9 11	5 + 6 11	17 - 9 8	5 + 5 10	6 + 5 11
8 - 4 4	14 - 5 9	9 - 6 3	5 + 9 14	7 + 3 10	3 + 7 10	7 - 4 3	3 + 8 11	12 - 7 5
7 - 5 2	4 - 3 1	5 - 2 3	9 + 8 17	15 - 6 9	3 + 9 12	7 + 9 16	8 - 2 6	9 - 8 1
2 + 3 5	2 + 5 7	14 - 7 7	9 - 7 2	11 - 2 9	6 - 4 2	8 + 9 17	2 + 4 6	8 - 3 5
11 - 4 7	6 + 4 10	10 - 4 6	8 + 3 11	18 - 9 9	5 - 3 2	12 - 8 4	13 - 5 8	8 - 6 2

106

15 - 8 7	1 + 4 5	6 + 3 9	13 - 8 5	6 + 1 7	7 + 8 15	6 + 5 11	17 - 8 9	2 + 8 10
7 + 1 8	4 + 7 11	4 - 2 2	9 - 8 1	2 + 5 7	6 + 8 14	15 - 7 8	9 + 7 16	8 + 1 9
14 - 8 6	18 - 9 9	5 - 4 1	17 - 9 8	4 + 5 9	13 - 4 9	3 + 7 10	11 - 2 9	9 + 5 14
11 - 8 3	9 - 2 7	6 - 5 1	12 - 6 6	8 - 5 3	8 + 3 11	8 - 7 1	5 - 3 2	8 - 6 2
3 - 2 1	6 + 4 10	1 + 9 10	5 + 1 6	5 + 7 12	13 - 9 4	13 - 5 8	12 - 9 3	9 + 3 12
8 - 3 5	11 - 3 8	15 - 6 9	5 + 6 11	5 + 4 9	14 - 6 8	14 - 9 5	7 + 2 9	6 + 2 8
5 + 8 13	10 - 4 6	4 + 6 10	7 + 4 11	5 - 2 3	3 + 2 5	9 + 8 17	11 - 7 4	1 + 6 7
12 - 5 7	5 + 9 14	9 - 4 5	3 + 6 9	13 - 7 6	7 + 7 14	8 + 2 10	9 - 6 3	6 + 7 13
4 - 3 1	16 - 8 8	4 + 2 6	2 + 1 3	8 + 6 14	2 + 7 9	8 + 8 16	13 - 6 7	10 - 8 2

107

14 - 6 8	11 - 6 5	6 + 5 11	6 - 4 2	5 + 4 9	4 + 3 7	6 + 7 13	5 + 8 13	13 - 5 8
4 - 2 2	5 - 3 2	8 + 6 14	13 - 7 6	1 + 4 5	11 - 2 9	14 - 9 5	8 + 7 15	2 + 7 9
1 + 2 3	6 + 6 12	4 + 8 12	4 + 4 8	7 - 4 3	2 + 3 5	11 - 5 6	4 + 9 13	6 + 9 15
7 + 5 12	8 + 3 11	7 - 6 1	2 + 6 8	5 + 2 7	3 + 6 9	11 - 8 3	8 - 3 5	17 - 9 8
9 + 1 10	9 - 5 4	3 + 2 5	10 - 4 6	6 - 5 1	7 + 1 8	2 + 5 7	8 - 4 4	15 - 6 9
16 - 9 7	9 + 9 18	2 + 4 6	4 + 5 9	5 - 4 1	6 - 3 3	3 + 8 11	9 + 5 14	12 - 8 4
5 + 7 12	14 - 5 9	16 - 8 8	18 - 9 9	4 + 2 6	3 + 7 10	8 + 4 12	7 + 6 13	12 - 7 5
15 - 7 8	7 + 2 9	8 - 6 2	13 - 8 5	4 - 3 1	14 - 7 7	7 + 7 14	8 + 8 16	1 + 8 9
10 - 7 3	10 - 1 9	15 - 8 7	2 + 2 4	12 - 5 7	5 + 3 8	10 - 3 7	3 - 2 1	5 - 2 3

108

7 + 6 13	8 - 3 5	6 + 2 8	1 + 6 7	3 + 7 10	11 - 8 3	7 - 3 4	11 - 6 5	7 + 3 10
8 - 4 4	17 - 9 8	7 + 8 15	17 - 8 9	7 - 4 3	15 - 7 8	3 + 2 5	4 + 4 8	11 - 2 9
5 + 5 10	2 + 9 11	7 + 7 14	8 + 6 14	6 - 5 1	3 + 4 7	15 - 9 6	7 + 5 12	8 + 4 12
1 + 3 4	4 + 6 10	13 - 6 7	7 + 2 9	3 + 1 4	16 - 9 7	10 - 8 2	1 + 8 9	3 - 2 1
12 - 8 4	9 - 0 9	13 - 7 6	16 - 8 8	9 - 6 3	7 - 6 1	4 + 8 12	7 + 1 8	6 - 3 3
8 + 5 13	6 + 6 12	5 - 3 2	1 + 4 5	2 + 7 9	10 - 7 3	14 - 7 7	4 + 5 9	10 - 4 6
5 + 2 7	8 - 6 2	4 + 9 13	6 + 8 14	6 + 3 9	9 + 8 17	9 - 4 5	8 + 7 15	9 - 7 2
3 + 5 8	11 - 4 7	2 + 5 7	6 + 5 11	8 + 2 10	6 - 4 2	12 - 5 7	13 - 5 8	7 - 5 2
14 - 6 8	16 - 7 9	5 - 2 3	10 - 5 5	2 + 6 8	9 + 2 11	14 - 5 9	5 + 3 8	4 + 7 11

109

6 + 8 14	5 + 7 12	12 - 3 9	2 + 2 4	1 + 4 5	7 - 5 2	6 + 7 13	9 - 6 3	1 + 3 4
2 + 6 8	4 - 2 2	7 + 2 9	7 + 5 12	6 - 5 1	18 - 9 9	9 - 8 1	2 + 4 6	14 - 5 9
3 + 3 6	4 + 7 11	8 - 4 4	16 - 7 9	16 - 8 8	10 - 2 8	8 + 7 15	3 + 8 11	5 + 6 11
14 - 9 5	4 - 3 1	8 + 6 14	3 + 9 12	6 - 2 4	15 - 7 8	8 - 3 5	10 - 8 2	11 - 8 3
14 - 7 7	5 - 3 2	3 + 7 10	10 - 4 6	3 + 6 9	9 + 5 14	4 + 6 10	4 + 3 7	5 - 2 3
11 - 4 7	8 + 1 9	7 + 9 16	15 - 8 7	17 - 8 9	7 + 3 10	7 - 4 3	4 + 4 8	13 - 9 4
3 + 4 7	12 - 9 3	4 + 9 13	9 + 2 11	5 + 5 10	13 - 7 6	1 + 6 7	11 - 5 6	4 + 5 9
8 + 2 10	8 + 3 11	9 + 9 18	7 - 3 4	5 - 4 1	5 + 2 7	3 + 1 4	5 + 8 13	7 - 6 1
4 + 8 12	6 + 1 7	2 + 7 9	3 - 2 1	13 - 5 8	15 - 9 6	11 - 6 5	9 - 0 9	12 - 7 5

110

5 + 1 = 6	5 - 3 = 2	4 + 6 = 10	1 + 3 = 4	6 + 5 = 11	3 + 7 = 10	2 + 6 = 8	8 + 8 = 16	3 + 1 = 4
7 + 9 = 16	13 - 6 = 7	3 - 2 = 1	5 + 4 = 9	3 + 9 = 12	4 + 2 = 6	7 + 5 = 12	5 + 7 = 12	17 - 8 = 9
2 + 2 = 4	11 - 5 = 6	11 - 3 = 8	5 + 2 = 7	12 - 7 = 5	8 + 9 = 17	8 + 4 = 12	9 + 1 = 10	11 - 6 = 5
11 - 7 = 4	6 + 3 = 9	6 + 7 = 13	7 + 3 = 10	4 + 9 = 13	10 - 3 = 7	7 + 2 = 9	7 + 4 = 11	2 + 9 = 11
6 + 1 = 7	12 - 4 = 8	9 - 4 = 5	1 + 6 = 7	5 + 3 = 8	17 - 9 = 8	6 - 5 = 1	16 - 8 = 8	11 - 4 = 7
15 - 7 = 8	18 - 9 = 9	8 - 6 = 2	16 - 9 = 7	9 - 2 = 7	9 - 7 = 2	14 - 6 = 8	2 + 4 = 6	9 - 5 = 4
4 - 3 = 1	5 - 2 = 3	14 - 9 = 5	10 - 1 = 9	16 - 7 = 9	12 - 5 = 7	9 + 3 = 12	1 + 5 = 6	6 + 4 = 10
8 + 7 = 15	14 - 8 = 6	8 - 7 = 1	9 + 7 = 16	9 + 8 = 17	10 - 6 = 4	4 + 4 = 8	11 - 2 = 9	7 - 3 = 4
7 + 8 = 15	13 - 5 = 8	1 + 2 = 3	9 - 0 = 9	8 - 5 = 3	4 + 8 = 12	5 + 6 = 11	13 - 7 = 6	9 - 6 = 3

111

2 + 7 = 9	8 - 4 = 4	7 + 2 = 9	7 + 4 = 11	7 - 4 = 3	11 - 8 = 3	5 + 4 = 9	4 + 5 = 9	7 - 5 = 2
9 - 4 = 5	7 - 6 = 1	7 + 3 = 10	12 - 3 = 9	16 - 7 = 9	4 + 8 = 12	2 + 6 = 8	4 + 4 = 8	10 - 5 = 5
15 - 7 = 8	5 - 3 = 2	9 - 3 = 6	16 - 9 = 7	13 - 7 = 6	9 + 8 = 17	10 - 7 = 3	2 + 8 = 10	2 + 4 = 6
18 - 9 = 9	4 + 6 = 10	2 + 1 = 3	4 - 3 = 1	7 - 3 = 4	10 - 1 = 9	9 + 6 = 15	15 - 8 = 7	6 - 5 = 1
3 + 5 = 8	12 - 6 = 6	1 + 4 = 5	17 - 9 = 8	7 + 5 = 12	11 - 4 = 7	5 + 3 = 8	2 + 3 = 5	6 + 9 = 15
13 - 8 = 5	5 - 4 = 1	3 + 1 = 4	5 + 5 = 10	11 - 6 = 5	3 + 3 = 6	2 + 5 = 7	3 - 2 = 1	11 - 9 = 2
8 + 8 = 16	4 + 3 = 7	12 - 9 = 3	6 - 2 = 4	6 + 5 = 11	6 + 7 = 13	9 + 2 = 11	9 + 4 = 13	16 - 8 = 8
9 + 5 = 14	14 - 6 = 8	3 + 6 = 9	2 + 9 = 11	3 + 4 = 7	10 - 4 = 6	1 + 8 = 9	13 - 6 = 7	6 + 3 = 9
10 - 9 = 1	12 - 4 = 8	4 - 2 = 2	4 + 7 = 11	6 + 2 = 8	8 + 7 = 15	12 - 5 = 7	9 - 8 = 1	8 + 4 = 12

112

5 + 9 = 14	4 + 4 = 8	2 + 7 = 9	13 - 8 = 5	7 + 2 = 9	11 - 3 = 8	4 + 3 = 7	8 + 7 = 15	3 + 8 = 11
11 - 4 = 7	8 + 8 = 16	10 - 9 = 1	5 + 2 = 7	7 + 8 = 15	15 - 8 = 7	17 - 9 = 8	13 - 7 = 6	15 - 6 = 9
6 + 4 = 10	6 - 3 = 3	6 - 5 = 1	14 - 8 = 6	3 + 2 = 5	15 - 9 = 6	12 - 6 = 6	7 - 3 = 4	14 - 6 = 8
7 - 4 = 3	8 - 3 = 5	3 + 3 = 6	9 + 4 = 13	13 - 5 = 8	4 + 8 = 12	2 + 4 = 6	4 + 1 = 5	13 - 6 = 7
8 + 4 = 12	8 + 3 = 11	8 + 6 = 14	4 + 5 = 9	5 - 3 = 2	3 + 5 = 8	13 - 4 = 9	3 + 6 = 9	10 - 7 = 3
17 - 8 = 9	6 + 7 = 13	5 + 5 = 10	8 + 2 = 10	9 - 7 = 2	8 + 1 = 9	9 - 4 = 5	5 - 2 = 3	11 - 9 = 2
8 - 5 = 3	4 - 3 = 1	11 - 8 = 3	6 + 1 = 7	6 + 3 = 9	9 + 5 = 14	9 - 5 = 4	6 - 2 = 4	1 + 3 = 4
16 - 8 = 8	18 - 9 = 9	1 + 1 = 2	16 - 7 = 9	1 + 6 = 7	9 + 7 = 16	7 - 5 = 2	5 + 7 = 12	3 + 7 = 10
4 + 2 = 6	1 + 8 = 9	11 - 6 = 5	7 + 3 = 10	15 - 7 = 8	7 - 6 = 1	8 + 9 = 17	5 + 6 = 11	3 - 2 = 1

113

12 - 3 = 9	9 + 2 = 11	8 + 5 = 13	4 + 8 = 12	13 - 9 = 4	10 - 7 = 3	6 - 4 = 2	7 + 2 = 9	16 - 7 = 9
1 + 6 = 7	5 - 2 = 3	3 - 2 = 1	8 - 6 = 2	11 - 8 = 3	9 + 1 = 10	14 - 8 = 6	14 - 7 = 7	15 - 7 = 8
2 + 1 = 3	12 - 8 = 4	5 - 3 = 2	11 - 4 = 7	8 - 4 = 4	15 - 9 = 6	18 - 9 = 9	2 + 9 = 11	2 + 3 = 5
15 - 8 = 7	8 + 2 = 10	2 + 5 = 7	13 - 6 = 7	7 + 7 = 14	8 + 9 = 17	6 + 2 = 8	3 + 2 = 5	9 - 3 = 6
7 + 8 = 15	6 + 6 = 12	6 - 5 = 1	9 + 6 = 15	5 + 7 = 12	4 + 2 = 6	7 + 5 = 12	16 - 9 = 7	7 + 9 = 16
10 - 3 = 7	5 + 6 = 11	5 + 9 = 14	2 + 8 = 10	5 - 4 = 1	11 - 5 = 6	8 - 7 = 1	8 + 4 = 12	12 - 7 = 5
6 + 4 = 10	3 + 6 = 9	8 + 8 = 16	15 - 6 = 9	4 + 4 = 8	16 - 8 = 8	12 - 6 = 6	9 + 4 = 13	4 - 3 = 1
10 - 1 = 9	17 - 8 = 9	14 - 6 = 8	7 + 1 = 8	7 + 3 = 10	13 - 7 = 6	6 + 8 = 14	2 + 6 = 8	6 + 7 = 13
1 + 2 = 3	9 - 5 = 4	12 - 5 = 7	10 - 8 = 2	5 + 8 = 13	3 + 8 = 11	5 + 1 = 6	2 + 7 = 9	6 - 3 = 3

114

6 + 8 14	5 - 2 3	8 - 3 5	3 + 5 8	12 - 7 5	17 - 8 9	3 - 2 1	15 - 7 8	11 - 6 5
5 - 3 2	4 - 2 2	5 + 1 6	7 + 2 9	4 + 3 7	2 + 9 11	8 + 6 14	7 - 5 2	11 - 4 7
15 - 8 7	8 - 6 2	4 + 4 8	3 + 3 6	7 - 6 1	7 + 4 11	1 + 3 4	4 + 1 5	6 + 6 12
7 - 4 3	2 + 7 9	11 - 7 4	4 + 2 6	18 - 9 9	4 + 9 13	9 - 3 6	8 - 4 4	6 + 7 13
3 + 2 5	7 + 3 10	13 - 7 6	2 + 5 7	3 + 7 10	7 + 9 16	2 + 8 10	10 - 1 9	4 - 3 1
5 + 3 8	8 + 4 12	6 + 5 11	14 - 9 5	11 - 9 2	2 + 4 6	15 - 9 6	17 - 9 8	8 - 5 3
11 - 5 6	7 + 5 12	8 + 9 17	4 + 8 12	7 + 7 14	6 - 4 2	11 - 8 3	13 - 8 5	14 - 7 7
2 + 6 8	8 + 1 9	1 + 5 6	16 - 8 8	11 - 3 8	12 - 8 4	13 - 6 7	4 + 6 10	2 + 1 3
8 + 7 15	10 - 8 2	1 + 7 8	6 + 3 9	16 - 9 7	4 + 7 11	14 - 5 9	14 - 8 6	5 + 6 11

115

16 - 8 8	13 - 4 9	4 + 6 10	6 - 2 4	8 + 6 14	1 + 5 6	6 + 5 11	5 + 8 13	4 + 2 6
6 - 3 3	15 - 8 7	4 + 8 12	15 - 6 9	2 + 3 5	8 - 4 4	5 + 6 11	10 - 2 8	6 + 8 14
6 + 6 12	5 - 3 2	1 + 2 3	4 + 3 7	3 + 6 9	3 + 4 7	9 + 2 11	8 - 7 1	10 - 3 7
4 - 2 2	18 - 9 9	2 + 6 8	5 + 2 7	7 + 5 12	5 - 4 1	9 - 4 5	6 + 9 15	1 + 4 5
2 + 8 10	7 - 5 2	4 + 7 11	13 - 9 4	9 - 7 2	14 - 9 5	7 + 7 14	12 - 3 9	9 + 9 18
2 + 4 6	9 + 7 16	6 + 7 13	15 - 7 8	11 - 9 2	8 + 1 9	6 + 1 7	17 - 9 8	13 - 7 6
11 - 7 4	4 + 5 9	8 + 2 10	12 - 5 7	2 + 2 4	2 + 1 3	10 - 4 6	10 - 1 9	1 + 6 7
9 - 1 8	3 + 5 8	3 - 2 1	5 + 7 12	10 - 9 1	8 - 5 3	4 + 9 13	13 - 5 8	16 - 7 9
9 - 2 7	8 - 6 2	7 - 4 3	4 - 3 1	5 + 1 6	3 + 9 12	2 + 9 11	14 - 8 6	11 - 5 6

116

4 - 3 1	15 - 8 7	6 + 6 12	7 + 4 11	1 + 9 10	1 + 2 3	8 + 5 13	3 + 8 11	17 - 8 9
8 + 4 12	8 - 7 1	3 - 2 1	7 + 9 16	2 + 2 4	5 + 4 9	18 - 9 9	7 + 5 12	16 - 8 8
6 - 3 3	8 - 5 3	10 - 3 7	9 + 5 14	15 - 9 6	9 + 2 11	4 - 2 2	9 - 5 4	3 + 6 9
4 + 7 11	6 + 4 10	15 - 7 8	10 - 6 4	7 - 2 5	5 - 4 1	9 - 2 7	5 + 7 12	7 - 3 4
7 + 3 10	10 - 8 2	7 - 5 2	5 + 2 7	14 - 5 9	2 + 8 10	17 - 9 8	11 - 6 5	7 + 7 14
4 + 8 12	12 - 4 8	6 - 2 4	13 - 5 8	4 + 5 9	7 - 6 1	7 - 4 3	6 + 2 8	6 + 3 9
12 - 5 7	7 + 2 9	16 - 9 7	10 - 5 5	7 + 8 15	3 + 1 4	6 + 5 11	8 - 6 2	12 - 7 5
2 + 3 5	14 - 8 6	13 - 8 5	4 + 2 6	12 - 8 4	6 - 4 2	2 + 6 8	5 + 5 10	4 + 9 13
8 + 8 16	7 + 6 13	2 + 1 3	5 - 3 2	6 + 8 14	3 + 2 5	8 + 6 14	8 + 7 15	11 - 5 6

117

2 + 5 7	14 - 6 8	6 + 5 11	3 + 7 10	12 - 6 6	13 - 6 7	6 + 6 12	8 - 3 5	6 + 8 14
6 - 4 2	8 + 9 17	18 - 9 9	5 + 8 13	5 + 5 10	8 - 6 2	3 + 4 7	5 + 7 12	6 - 2 4
1 + 5 6	12 - 9 3	9 - 7 2	16 - 8 8	7 + 7 14	8 + 5 13	14 - 5 9	12 - 3 9	2 + 9 11
15 - 9 6	15 - 7 8	7 + 4 11	8 + 4 12	6 - 5 1	2 + 2 4	3 + 3 6	3 + 8 11	8 + 3 11
3 + 1 4	4 + 4 8	5 + 3 8	13 - 4 9	9 - 5 4	9 - 4 5	6 - 3 3	5 + 2 7	7 + 5 12
8 + 2 10	3 - 2 1	2 + 7 9	9 - 2 7	11 - 6 5	6 + 9 15	1 + 2 3	4 + 2 6	15 - 8 7
10 - 8 2	2 + 1 3	16 - 7 9	8 + 8 16	5 + 4 9	6 + 3 9	7 - 3 4	14 - 8 6	17 - 8 9
11 - 2 9	7 + 2 9	4 + 7 11	9 + 7 16	7 + 1 8	11 - 5 6	17 - 9 8	9 + 4 13	4 - 2 2
4 - 3 1	14 - 7 7	7 - 5 2	10 - 4 6	13 - 9 4	3 + 5 8	2 + 4 6	12 - 4 8	8 - 4 4

118

13 - 8 5	13 - 5 8	6 + 8 14	7 - 5 2	2 + 9 11	4 + 6 10	7 + 7 14	3 - 2 1	4 + 2 6
7 + 8 15	6 + 1 7	15 - 9 6	11 - 7 4	5 + 6 11	1 + 4 5	6 - 3 3	14 - 8 6	4 + 3 7
8 + 6 14	10 - 5 5	1 + 8 9	4 + 7 11	3 + 4 7	7 + 5 12	8 - 4 4	9 - 4 5	4 - 3 1
5 - 4 1	4 + 8 12	8 - 3 5	5 + 4 9	17 - 9 8	5 + 1 6	8 - 5 3	10 - 2 8	6 + 4 10
14 - 6 8	3 + 1 4	12 - 4 8	3 + 5 8	3 + 3 6	8 + 4 12	4 - 2 2	8 - 7 1	10 - 6 4
2 + 5 7	14 - 5 9	8 + 3 11	4 + 5 9	6 + 2 8	10 - 4 6	13 - 9 4	16 - 9 7	15 - 7 8
17 - 8 9	5 - 3 2	2 + 8 10	7 + 4 11	5 + 5 10	4 + 9 13	7 + 9 16	9 - 2 7	7 + 6 13
15 - 6 9	12 - 7 5	6 + 9 15	2 + 3 5	13 - 6 7	10 - 9 1	6 + 6 12	8 + 1 9	6 + 3 9
8 + 2 10	16 - 8 8	12 - 8 4	13 - 4 9	6 - 5 1	11 - 2 9	6 - 4 2	7 + 2 9	5 + 9 14

119

8 + 3 11	2 + 5 7	13 - 9 4	4 - 3 1	6 + 4 10	10 - 5 5	15 - 8 7	3 + 2 5	9 - 7 2
4 + 5 9	17 - 9 8	2 + 4 6	6 + 8 14	7 + 2 9	2 + 7 9	16 - 7 9	15 - 7 8	16 - 8 8
6 - 5 1	4 + 9 13	16 - 9 7	5 + 1 6	9 + 6 15	4 + 6 10	13 - 5 8	4 - 2 2	8 - 4 4
12 - 6 6	9 + 5 14	3 + 3 6	14 - 7 7	8 + 4 12	14 - 6 8	12 - 4 8	7 + 8 15	13 - 8 5
6 + 6 12	9 - 2 7	3 + 6 9	10 - 3 7	6 + 3 9	9 - 1 8	11 - 3 8	5 + 7 12	8 - 5 3
1 + 8 9	4 + 4 8	8 + 2 10	5 + 6 11	7 + 4 11	10 - 8 2	3 + 8 11	5 + 3 8	13 - 6 7
18 - 9 9	11 - 9 2	8 - 3 5	5 + 5 10	6 + 7 13	11 - 7 4	12 - 7 5	4 + 3 7	9 - 4 5
5 + 2 7	6 + 5 11	1 + 7 8	8 + 5 13	8 + 9 17	17 - 8 9	3 - 2 1	10 - 2 8	14 - 9 5
2 + 6 8	7 - 5 2	4 + 7 11	1 + 6 7	6 - 2 4	3 + 7 10	7 - 4 3	7 + 7 14	11 - 2 9

120

3 + 8 11	6 + 4 10	16 - 9 7	18 - 9 9	12 - 8 4	4 + 7 11	3 - 2 1	17 - 9 8	8 + 5 13
4 + 5 9	10 - 2 8	5 + 1 6	7 + 5 12	3 + 2 5	3 + 5 8	17 - 8 9	5 + 4 9	5 + 7 12
9 - 8 1	4 + 8 12	5 + 8 13	4 + 6 10	6 - 5 1	7 + 2 9	13 - 7 6	13 - 8 5	2 + 3 5
9 - 3 6	1 + 6 7	9 + 3 12	5 + 2 7	7 + 3 10	2 + 7 9	10 - 7 3	1 + 2 3	11 - 2 9
8 + 2 10	8 + 7 15	2 + 5 7	14 - 6 8	14 - 7 7	5 + 3 8	4 + 3 7	10 - 8 2	9 + 1 10
4 - 3 1	15 - 9 6	6 + 2 8	8 - 7 1	5 - 4 1	9 + 9 18	11 - 4 7	7 - 3 4	6 - 3 3
10 - 5 5	11 - 5 6	7 - 4 3	6 + 5 11	15 - 8 7	7 - 6 1	13 - 5 8	12 - 6 6	8 + 4 12
16 - 7 9	9 - 2 7	8 - 6 2	2 + 8 10	13 - 9 4	3 + 1 4	7 + 6 13	3 + 3 6	7 + 7 14
13 - 4 9	2 + 1 3	16 - 8 8	1 + 5 6	11 - 7 4	15 - 7 8	3 + 7 10	11 - 3 8	8 + 3 11

121

16 - 7 9	17 - 8 9	7 + 4 11	4 - 2 2	4 + 9 13	4 + 3 7	15 - 7 8	5 - 4 1	4 + 7 11
14 - 7 7	3 + 2 5	6 + 2 8	8 - 5 3	6 - 5 1	4 + 6 10	7 + 8 15	4 + 5 9	4 - 3 1
11 - 6 5	14 - 6 8	5 + 8 13	5 + 4 9	12 - 6 6	16 - 8 8	6 + 8 14	3 + 1 4	7 - 4 3
7 + 6 13	6 - 3 3	9 + 5 14	9 + 9 18	6 + 3 9	3 - 2 1	9 - 7 2	2 + 9 11	9 + 1 10
18 - 9 9	2 + 8 10	11 - 4 7	6 - 2 4	9 - 4 5	6 - 4 2	8 + 6 14	5 + 6 11	16 - 9 7
1 + 2 3	7 + 9 16	10 - 9 1	10 - 6 4	9 + 6 15	2 + 3 5	7 + 7 14	13 - 5 8	7 + 1 8
15 - 6 9	12 - 9 3	8 + 8 16	5 + 7 12	12 - 4 8	7 - 6 1	5 + 2 7	5 - 2 3	2 + 5 7
9 - 8 1	8 - 6 2	12 - 8 4	8 + 5 13	15 - 8 7	4 + 4 8	10 - 5 5	6 + 7 13	3 + 4 7
17 - 9 8	1 + 9 10	12 - 7 5	2 + 7 9	2 + 4 6	7 + 3 10	13 - 8 5	14 - 8 6	6 + 5 11

122

4 + 5 9	4 + 9 13	7 + 8 15	10 - 4 6	6 - 5 1	7 + 6 13	12 - 7 5	11 - 7 4	12 - 4 8
12 - 5 7	3 + 8 11	2 + 7 9	2 + 8 10	2 + 5 7	13 - 6 7	2 + 9 11	4 + 7 11	6 + 5 11
17 - 8 9	7 + 1 8	12 - 6 6	8 - 3 5	13 - 8 5	4 + 8 12	5 - 4 1	13 - 7 6	15 - 6 9
3 + 6 9	9 + 6 15	9 - 3 6	7 + 3 10	5 + 2 7	5 + 3 8	8 + 2 10	3 + 9 12	16 - 9 7
16 - 8 8	7 + 4 11	5 + 7 12	12 - 8 4	8 + 8 16	17 - 9 8	3 + 7 10	6 + 9 15	16 - 7 9
4 + 4 8	5 + 5 10	7 + 5 12	1 + 5 6	10 - 9 1	10 - 5 5	18 - 9 9	1 + 8 9	2 + 3 5
6 + 4 10	9 - 5 4	4 + 6 10	8 - 2 6	8 + 7 15	9 - 0 9	11 - 4 7	6 + 8 14	7 - 5 2
15 - 9 6	5 + 6 11	8 - 6 2	8 - 7 1	3 + 2 5	6 - 4 2	10 - 8 2	4 - 3 1	2 + 2 4
3 - 2 1	2 + 6 8	10 - 2 8	5 - 3 2	14 - 9 5	15 - 7 8	1 + 3 4	3 + 3 6	10 - 3 7

123

16 - 7 9	9 - 4 5	7 + 4 11	7 - 2 5	3 + 2 5	7 + 5 12	14 - 5 9	6 + 8 14	4 + 1 5
12 - 9 3	8 + 3 11	10 - 5 5	5 + 5 10	4 - 3 1	7 + 7 14	3 - 2 1	2 + 2 4	9 + 1 10
18 - 9 9	2 + 9 11	5 + 8 13	3 + 5 8	9 - 2 7	17 - 9 8	15 - 8 7	6 - 4 2	4 + 4 8
5 - 2 3	7 - 5 2	3 + 6 9	3 + 7 10	14 - 8 6	5 + 7 12	2 + 7 9	7 + 9 16	4 + 7 11
14 - 6 8	8 - 5 3	12 - 6 6	9 + 4 13	8 + 4 12	1 + 6 7	5 + 1 6	1 + 9 10	9 - 5 4
3 + 8 11	3 + 4 7	9 + 3 12	5 + 4 9	16 - 8 8	10 - 4 6	8 + 5 13	9 - 0 9	8 + 1 9
7 + 6 13	11 - 5 6	7 - 3 4	11 - 9 2	8 - 6 2	4 + 2 6	10 - 1 9	12 - 8 4	4 - 2 2
8 + 8 16	9 - 6 3	13 - 8 5	17 - 8 9	5 + 3 8	13 - 9 4	4 + 9 13	1 + 4 5	5 - 4 1
6 + 2 8	15 - 7 8	10 - 8 2	2 + 8 10	5 - 3 2	1 + 3 4	14 - 9 5	6 - 3 3	6 + 4 10

124

6 + 2 8	4 + 6 10	17 - 9 8	9 + 7 16	11 - 5 6	9 - 6 3	7 - 6 1	6 + 7 13	15 - 6 9
6 - 4 2	3 + 2 5	7 + 6 13	14 - 7 7	15 - 7 8	6 + 4 10	5 + 7 12	14 - 8 6	7 + 4 11
6 + 5 11	9 - 4 5	1 + 6 7	3 - 2 1	15 - 8 7	2 + 2 4	4 + 4 8	8 - 7 1	2 + 8 10
10 - 4 6	1 + 5 6	17 - 8 9	5 + 1 6	9 - 8 1	8 - 4 4	7 - 3 4	6 + 9 15	1 + 2 3
3 + 8 11	4 - 3 1	9 + 5 14	11 - 8 3	10 - 5 5	4 + 9 13	15 - 9 6	18 - 9 9	5 - 4 1
9 + 8 17	2 + 7 9	9 - 0 9	12 - 6 6	5 + 2 7	6 - 5 1	6 - 3 3	1 + 8 9	8 + 7 15
7 + 8 15	9 + 2 11	4 - 2 2	7 - 5 2	16 - 9 7	8 + 6 14	4 + 1 5	9 + 1 10	13 - 9 4
12 - 9 3	5 + 3 8	3 + 4 7	9 + 6 15	8 + 1 9	8 - 3 5	8 - 6 2	13 - 5 8	7 + 3 10
2 + 3 5	2 + 5 7	11 - 9 2	7 + 7 14	13 - 8 5	9 + 4 13	8 + 4 12	8 - 5 3	16 - 8 8

125

5 + 8 13	16 - 8 8	13 - 6 7	6 + 7 13	10 - 6 4	1 + 6 7	10 - 1 9	8 + 4 12	5 - 3 2
8 - 5 3	3 - 2 1	4 - 3 1	2 + 5 7	3 + 6 9	3 + 4 7	5 + 5 10	11 - 3 8	8 + 2 10
7 - 5 2	3 + 2 5	8 + 8 16	14 - 9 5	13 - 5 8	7 + 3 10	5 + 3 8	3 + 3 6	5 + 6 11
7 + 8 15	5 - 4 1	14 - 6 8	9 + 4 13	4 + 8 12	7 - 6 1	15 - 8 7	12 - 8 4	8 - 4 4
2 + 9 11	6 - 2 4	2 + 2 4	17 - 9 8	6 + 2 8	15 - 9 6	11 - 9 2	8 - 7 1	9 + 5 14
6 + 6 12	2 + 8 10	5 + 4 9	13 - 7 6	2 + 3 5	6 - 3 3	2 + 6 8	2 + 4 6	13 - 9 4
3 + 7 10	18 - 9 9	4 + 6 10	13 - 4 9	8 + 5 13	14 - 7 7	7 + 4 11	6 + 8 14	8 + 6 14
9 + 2 11	14 - 8 6	13 - 8 5	1 + 8 9	7 - 4 3	16 - 7 9	17 - 8 9	3 + 9 12	7 + 7 14
4 - 2 2	6 - 4 2	10 - 4 6	16 - 9 7	2 + 7 9	7 + 5 12	10 - 2 8	10 - 7 3	4 + 5 9

126

12 - 9 = 3	5 + 5 = 10	18 - 9 = 9	3 + 7 = 10	3 + 4 = 7	7 + 9 = 16	7 - 3 = 4	13 - 8 = 5	2 + 4 = 6
5 + 9 = 14	6 - 3 = 3	3 - 2 = 1	3 + 6 = 9	6 + 6 = 12	17 - 8 = 9	5 + 1 = 6	4 + 9 = 13	5 - 2 = 3
8 + 2 = 10	12 - 7 = 5	7 + 2 = 9	11 - 2 = 9	5 - 4 = 1	12 - 4 = 8	2 + 5 = 7	6 - 5 = 1	2 + 7 = 9
6 - 2 = 4	6 + 2 = 8	9 + 2 = 11	8 - 6 = 2	11 - 9 = 2	4 + 2 = 6	13 - 7 = 6	11 - 3 = 8	10 - 7 = 3
6 - 4 = 2	4 + 3 = 7	8 + 1 = 9	4 + 7 = 11	15 - 6 = 9	5 + 6 = 11	4 + 6 = 10	5 + 4 = 9	7 + 6 = 13
6 + 5 = 11	9 + 6 = 15	8 + 3 = 11	16 - 8 = 8	8 + 6 = 14	9 - 6 = 3	10 - 5 = 5	12 - 5 = 7	14 - 8 = 6
11 - 7 = 4	14 - 7 = 7	3 + 5 = 8	2 + 3 = 5	4 - 3 = 1	10 - 8 = 2	7 - 2 = 5	15 - 7 = 8	6 + 7 = 13
1 + 7 = 8	1 + 9 = 10	3 + 2 = 5	9 - 2 = 7	6 + 3 = 9	11 - 8 = 3	7 - 6 = 1	5 + 7 = 12	16 - 9 = 7
15 - 8 = 7	17 - 9 = 8	16 - 7 = 9	3 + 3 = 6	4 + 8 = 12	4 + 4 = 8	8 - 5 = 3	9 + 4 = 13	6 + 4 = 10

127

8 + 2 = 10	5 + 3 = 8	6 - 5 = 1	12 - 5 = 7	8 + 1 = 9	5 - 4 = 1	6 + 9 = 15	13 - 6 = 7	8 + 7 = 15
4 + 8 = 12	3 + 6 = 9	5 + 8 = 13	11 - 7 = 4	17 - 8 = 9	3 + 5 = 8	6 + 4 = 10	8 - 6 = 2	14 - 7 = 7
7 + 7 = 14	10 - 7 = 3	3 + 9 = 12	3 + 3 = 6	6 + 6 = 12	6 + 7 = 13	15 - 6 = 9	3 + 2 = 5	13 - 5 = 8
12 - 9 = 3	2 + 7 = 9	13 - 4 = 9	4 + 7 = 11	7 + 5 = 12	16 - 8 = 8	3 - 2 = 1	2 + 4 = 6	9 - 8 = 1
10 - 3 = 7	1 + 4 = 5	4 + 1 = 5	9 - 6 = 3	6 - 3 = 3	5 + 4 = 9	2 + 6 = 8	9 + 2 = 11	4 - 3 = 1
2 + 2 = 4	10 - 8 = 2	10 - 2 = 8	6 + 2 = 8	9 - 3 = 6	7 - 2 = 5	11 - 4 = 7	15 - 7 = 8	4 + 9 = 13
16 - 7 = 9	9 + 3 = 12	6 - 4 = 2	3 + 8 = 11	4 + 3 = 7	3 + 4 = 7	12 - 6 = 6	2 + 3 = 5	11 - 9 = 2
10 - 9 = 1	8 + 6 = 14	10 - 6 = 4	5 + 7 = 12	15 - 8 = 7	7 + 2 = 9	8 + 5 = 13	8 + 8 = 16	17 - 9 = 8
11 - 2 = 9	6 - 2 = 4	14 - 8 = 6	8 + 4 = 12	4 + 4 = 8	13 - 8 = 5	8 - 2 = 6	9 + 4 = 13	7 - 4 = 3

128

13 - 5 = 8	2 + 4 = 6	7 + 2 = 9	5 - 3 = 2	17 - 8 = 9	15 - 8 = 7	10 - 4 = 6	6 - 5 = 1	6 + 1 = 7
2 + 2 = 4	7 + 1 = 8	8 - 4 = 4	6 + 9 = 15	12 - 6 = 6	3 + 4 = 7	1 + 7 = 8	6 - 2 = 4	8 - 7 = 1
3 + 7 = 10	5 + 8 = 13	17 - 9 = 8	13 - 8 = 5	10 - 3 = 7	7 + 5 = 12	3 + 1 = 4	3 - 2 = 1	5 - 2 = 3
6 + 3 = 9	18 - 9 = 9	6 - 4 = 2	9 - 7 = 2	11 - 3 = 8	8 + 6 = 14	1 + 6 = 7	16 - 8 = 8	15 - 6 = 9
8 + 9 = 17	7 + 3 = 10	5 + 6 = 11	11 - 9 = 2	16 - 7 = 9	15 - 9 = 6	7 + 9 = 16	4 - 3 = 1	5 - 4 = 1
9 + 4 = 13	11 - 4 = 7	4 + 8 = 12	2 + 3 = 5	9 + 8 = 17	8 - 6 = 2	4 + 2 = 6	14 - 7 = 7	4 + 4 = 8
7 - 5 = 2	2 + 1 = 3	10 - 8 = 2	9 - 2 = 7	5 + 2 = 7	2 + 9 = 11	14 - 8 = 6	6 + 4 = 10	15 - 7 = 8
9 - 6 = 3	4 + 5 = 9	12 - 9 = 3	7 - 3 = 4	8 - 5 = 3	4 + 6 = 10	8 + 1 = 9	6 + 6 = 12	5 + 7 = 12
4 + 7 = 11	9 + 2 = 11	14 - 6 = 8	5 + 1 = 6	8 + 5 = 13	5 + 5 = 10	1 + 9 = 10	4 - 2 = 2	6 + 2 = 8

129

18 - 9 = 9	5 - 4 = 1	5 - 3 = 2	7 + 9 = 16	15 - 8 = 7	5 + 3 = 8	17 - 8 = 9	12 - 6 = 6	3 + 2 = 5
9 + 7 = 16	9 - 5 = 4	5 + 6 = 11	3 + 8 = 11	3 - 2 = 1	8 + 3 = 11	12 - 7 = 5	16 - 8 = 8	17 - 9 = 8
9 + 3 = 12	14 - 7 = 7	4 + 2 = 6	14 - 8 = 6	8 + 7 = 15	2 + 2 = 4	12 - 3 = 9	3 + 7 = 10	6 + 4 = 10
11 - 2 = 9	10 - 2 = 8	11 - 8 = 3	9 - 1 = 8	2 + 4 = 6	1 + 5 = 6	1 + 7 = 8	7 - 3 = 4	10 - 5 = 5
14 - 9 = 5	8 - 3 = 5	16 - 9 = 7	9 + 1 = 10	3 + 3 = 6	5 + 8 = 13	9 + 8 = 17	8 - 6 = 2	6 + 6 = 12
14 - 6 = 8	7 + 7 = 14	9 + 5 = 14	8 + 2 = 10	9 + 2 = 11	6 - 2 = 4	2 + 1 = 3	12 - 8 = 4	5 + 5 = 10
7 + 2 = 9	11 - 6 = 5	8 + 4 = 12	4 - 2 = 2	2 + 8 = 10	13 - 6 = 7	2 + 6 = 8	13 - 7 = 6	4 - 3 = 1
1 + 3 = 4	4 + 5 = 9	4 + 3 = 7	9 - 0 = 9	3 + 4 = 7	4 + 7 = 11	4 + 4 = 8	5 - 2 = 3	7 + 4 = 11
9 - 7 = 2	4 + 9 = 13	14 - 5 = 9	6 + 5 = 11	5 + 9 = 14	13 - 4 = 9	6 - 5 = 1	13 - 8 = 5	10 - 8 = 2

130

14 - 8 6	7 + 3 10	9 - 8 1	13 - 5 8	16 - 8 8	15 - 6 9	6 + 4 10	9 + 3 12	6 - 5 1
9 - 7 2	4 - 3 1	3 - 2 1	12 - 4 8	12 - 3 9	4 + 8 12	5 + 8 13	3 + 7 10	5 + 5 10
6 + 1 7	7 + 7 14	7 + 5 12	17 - 8 9	8 + 5 13	12 - 8 4	3 + 4 7	3 + 5 8	6 + 8 14
11 - 4 7	6 + 9 15	5 + 4 9	7 + 8 15	8 + 7 15	2 + 4 6	15 - 7 8	5 - 3 2	6 + 6 12
8 + 3 11	11 - 7 4	12 - 5 7	10 - 5 5	14 - 6 8	8 + 6 14	4 + 5 9	6 + 5 11	3 + 9 12
7 - 4 3	1 + 5 6	5 + 9 14	10 - 8 2	10 - 6 4	7 + 6 13	8 - 5 3	5 - 2 3	2 + 8 10
11 - 6 5	15 - 9 6	2 + 7 9	14 - 9 5	9 - 5 4	3 + 6 9	2 + 1 3	6 + 3 9	2 + 9 11
14 - 5 9	2 + 3 5	3 + 8 11	10 - 9 1	6 + 7 13	5 + 7 12	17 - 9 8	4 + 4 8	9 - 3 6
9 + 6 15	16 - 7 9	11 - 8 3	6 - 4 2	18 - 9 9	13 - 4 9	4 + 7 11	4 - 2 2	10 - 4 6

131

10 - 1 9	17 - 9 8	13 - 8 5	8 + 3 11	7 + 1 8	7 + 5 12	3 - 2 1	5 + 6 11	9 + 4 13
8 - 7 1	5 - 4 1	12 - 5 7	8 - 5 3	2 + 3 5	5 + 2 7	9 + 6 15	15 - 8 7	14 - 8 6
8 - 3 5	16 - 8 8	11 - 9 2	7 + 6 13	3 + 7 10	5 + 5 10	16 - 9 7	4 + 4 8	6 + 7 13
15 - 9 6	8 + 6 14	8 + 7 15	7 - 4 3	10 - 4 6	7 - 5 2	8 + 2 10	18 - 9 9	9 + 3 12
11 - 3 8	12 - 6 6	6 + 8 14	13 - 7 6	6 - 4 2	6 + 4 10	9 - 1 8	3 + 5 8	17 - 8 9
2 + 7 9	8 + 8 16	8 + 9 17	4 + 7 11	3 + 8 11	7 + 4 11	9 - 3 6	4 + 8 12	8 + 5 13
4 + 3 7	9 - 7 2	4 - 3 1	7 - 2 5	9 - 6 3	6 + 5 11	3 + 6 9	2 + 2 4	5 - 3 2
2 + 1 3	10 - 5 5	5 + 8 13	2 + 5 7	9 + 8 17	11 - 7 4	12 - 8 4	5 + 9 14	16 - 7 9
8 - 6 2	4 + 2 6	8 - 4 4	10 - 2 8	9 - 2 7	4 + 6 10	4 + 1 5	13 - 5 8	3 + 2 5

132

3 + 6 9	4 + 5 9	6 - 5 1	6 + 2 8	7 - 3 4	8 - 4 4	7 - 5 2	14 - 5 9	3 + 3 6
5 + 2 7	4 + 8 12	9 + 6 15	12 - 6 6	9 - 8 1	4 - 3 1	15 - 8 7	5 + 8 13	9 - 7 2
5 + 9 14	2 + 4 6	13 - 5 8	13 - 8 5	5 + 5 10	15 - 9 6	7 + 8 15	8 + 7 15	13 - 4 9
6 + 3 9	6 - 4 2	3 + 2 5	6 + 8 14	11 - 3 8	14 - 8 6	3 - 2 1	9 + 2 11	14 - 6 8
11 - 7 4	4 - 2 2	8 - 5 3	7 + 4 11	8 - 6 2	17 - 8 9	11 - 5 6	4 + 3 7	4 + 4 8
6 + 4 10	3 + 7 10	16 - 7 9	16 - 9 7	13 - 7 6	2 + 2 4	17 - 9 8	13 - 6 7	15 - 7 8
11 - 8 3	7 + 5 12	12 - 8 4	5 - 3 2	6 + 6 12	4 + 7 11	8 + 5 13	15 - 6 9	6 + 1 7
12 - 5 7	8 + 4 12	4 + 2 6	6 + 5 11	2 + 9 11	2 + 3 5	10 - 3 7	7 + 6 13	5 + 6 11
9 - 5 4	8 + 8 16	10 - 6 4	3 + 9 12	4 + 1 5	5 + 4 9	1 + 3 4	7 + 9 16	12 - 7 5

133

4 + 2 6	8 - 5 3	10 - 4 6	1 + 8 9	14 - 7 7	13 - 7 6	16 - 9 7	5 + 1 6	9 + 6 15
16 - 7 9	10 - 7 3	4 + 4 8	9 - 4 5	2 + 9 11	8 + 2 10	13 - 9 4	7 + 2 9	7 + 3 10
9 - 8 1	7 + 7 14	8 - 7 1	7 - 3 4	8 + 6 14	5 - 4 1	7 + 5 12	15 - 8 7	9 + 2 11
5 + 7 12	7 - 4 3	15 - 7 8	4 - 2 2	4 + 7 11	4 + 3 7	4 - 3 1	3 + 7 10	6 + 5 11
8 + 3 11	5 + 8 13	6 - 2 4	3 + 4 7	10 - 9 1	17 - 9 8	10 - 8 2	12 - 3 9	13 - 8 5
8 + 8 16	5 - 3 2	7 + 9 16	12 - 6 6	9 + 3 12	11 - 3 8	2 + 8 10	13 - 4 9	11 - 5 6
3 + 8 11	3 + 5 8	2 + 3 5	6 + 6 12	16 - 8 8	8 - 6 2	10 - 3 7	6 + 3 9	10 - 2 8
5 + 6 11	5 + 4 9	12 - 8 4	7 - 5 2	1 + 3 4	9 - 7 2	1 + 1 2	3 - 2 1	4 + 5 9
1 + 4 5	8 + 1 9	3 + 6 9	7 + 6 13	9 + 8 17	17 - 8 9	1 + 7 8	14 - 8 6	10 - 6 4

134

1 + 3 = 4	8 - 3 = 5	17 - 8 = 9	16 - 7 = 9	7 + 1 = 8	15 - 7 = 8	10 - 5 = 5	14 - 8 = 6	18 - 9 = 9
7 - 3 = 4	10 - 8 = 2	7 + 5 = 12	3 + 3 = 6	12 - 8 = 4	8 + 5 = 13	13 - 6 = 7	9 - 5 = 4	4 + 6 = 10
6 + 1 = 7	5 - 3 = 2	9 + 5 = 14	4 + 4 = 8	13 - 9 = 4	16 - 8 = 8	8 + 6 = 14	8 + 7 = 15	6 - 4 = 2
2 + 3 = 5	7 + 6 = 13	7 - 4 = 3	12 - 4 = 8	2 + 4 = 6	8 - 4 = 4	4 - 2 = 2	9 - 6 = 3	13 - 7 = 6
5 + 6 = 11	5 + 8 = 13	2 + 5 = 7	4 + 2 = 6	17 - 9 = 8	3 + 7 = 10	3 + 2 = 5	9 + 6 = 15	6 - 5 = 1
7 + 9 = 16	11 - 5 = 6	8 - 5 = 3	13 - 8 = 5	5 + 3 = 8	9 - 2 = 7	7 + 3 = 10	4 + 8 = 12	6 + 2 = 8
5 + 2 = 7	14 - 7 = 7	10 - 2 = 8	13 - 5 = 8	6 + 7 = 13	2 + 7 = 9	8 - 6 = 2	15 - 6 = 9	6 + 9 = 15
8 + 2 = 10	6 - 2 = 4	8 + 3 = 11	3 + 8 = 11	10 - 6 = 4	5 - 2 = 3	6 + 4 = 10	1 + 7 = 8	10 - 7 = 3
8 - 2 = 6	1 + 2 = 3	9 - 1 = 8	1 + 1 = 2	3 + 5 = 8	2 + 6 = 8	6 + 5 = 11	14 - 6 = 8	2 + 2 = 4

135

1 + 2 = 3	5 + 9 = 14	7 + 7 = 14	6 + 2 = 8	14 - 8 = 6	5 + 6 = 11	8 + 2 = 10	4 + 6 = 10	10 - 7 = 3
8 - 4 = 4	9 + 5 = 14	2 + 4 = 6	12 - 9 = 3	7 + 6 = 13	7 + 1 = 8	6 + 4 = 10	4 + 3 = 7	11 - 6 = 5
6 + 6 = 12	13 - 8 = 5	9 - 2 = 7	8 + 4 = 12	4 + 8 = 12	7 + 8 = 15	6 + 1 = 7	17 - 9 = 8	14 - 7 = 7
4 + 7 = 11	5 + 4 = 9	9 - 3 = 6	5 + 3 = 8	6 + 3 = 9	9 + 8 = 17	5 - 3 = 2	9 - 7 = 2	11 - 9 = 2
6 - 2 = 4	11 - 8 = 3	17 - 8 = 9	8 - 2 = 6	5 + 2 = 7	6 + 5 = 11	12 - 6 = 6	2 + 9 = 11	3 + 2 = 5
3 + 1 = 4	16 - 8 = 8	1 + 1 = 2	10 - 8 = 2	9 - 4 = 5	18 - 9 = 9	9 + 1 = 10	7 - 3 = 4	3 + 9 = 12
4 + 5 = 9	8 - 6 = 2	4 - 3 = 1	9 + 6 = 15	7 - 4 = 3	6 - 5 = 1	9 - 6 = 3	13 - 5 = 8	10 - 4 = 6
11 - 5 = 6	9 + 4 = 13	3 + 4 = 7	12 - 4 = 8	15 - 8 = 7	13 - 9 = 4	3 + 8 = 11	14 - 6 = 8	6 - 3 = 3
8 - 3 = 5	2 + 6 = 8	2 + 7 = 9	6 + 7 = 13	2 + 5 = 7	6 - 4 = 2	14 - 5 = 9	13 - 6 = 7	1 + 5 = 6

136

5 - 3 = 2	12 - 9 = 3	5 + 8 = 13	15 - 8 = 7	8 - 7 = 1	6 - 4 = 2	3 - 2 = 1	10 - 6 = 4	3 + 7 = 10
8 - 3 = 5	11 - 6 = 5	4 + 2 = 6	14 - 6 = 8	6 - 5 = 1	7 + 6 = 13	4 + 3 = 7	7 + 9 = 16	5 - 4 = 1
4 + 5 = 9	16 - 8 = 8	10 - 3 = 7	9 + 2 = 11	14 - 5 = 9	5 + 6 = 11	4 - 3 = 1	4 - 2 = 2	14 - 8 = 6
9 + 1 = 10	6 - 3 = 3	7 - 4 = 3	3 + 6 = 9	8 + 2 = 10	14 - 7 = 7	2 + 8 = 10	7 + 3 = 10	2 + 4 = 6
17 - 8 = 9	6 + 6 = 12	6 + 2 = 8	12 - 8 = 4	3 + 4 = 7	13 - 5 = 8	12 - 7 = 5	2 + 6 = 8	6 + 9 = 15
17 - 9 = 8	6 + 8 = 14	5 + 5 = 10	2 + 7 = 9	8 + 3 = 11	12 - 6 = 6	9 + 7 = 16	9 - 7 = 2	10 - 9 = 1
7 + 2 = 9	8 + 8 = 16	8 - 4 = 4	5 + 2 = 7	1 + 9 = 10	5 + 3 = 8	9 - 8 = 1	7 - 6 = 1	4 + 9 = 13
8 + 5 = 13	3 + 8 = 11	3 + 3 = 6	11 - 9 = 2	5 + 7 = 12	13 - 4 = 9	8 + 6 = 14	4 + 1 = 5	12 - 4 = 8
7 + 8 = 15	13 - 8 = 5	16 - 9 = 7	1 + 6 = 7	18 - 9 = 9	1 + 4 = 5	2 + 2 = 4	9 - 2 = 7	12 - 5 = 7

137

2 + 3 = 5	6 + 7 = 13	8 + 9 = 17	4 + 1 = 5	4 - 3 = 1	17 - 9 = 8	4 + 6 = 10	9 - 6 = 3	7 - 5 = 2
5 + 6 = 11	15 - 6 = 9	5 - 3 = 2	5 + 7 = 12	10 - 6 = 4	12 - 8 = 4	13 - 6 = 7	17 - 8 = 9	7 + 6 = 13
11 - 7 = 4	16 - 8 = 8	16 - 7 = 9	7 + 8 = 15	6 - 3 = 3	4 + 8 = 12	8 + 8 = 16	8 + 5 = 13	7 - 3 = 4
3 - 2 = 1	7 + 1 = 8	9 + 2 = 11	1 + 4 = 5	7 + 9 = 16	2 + 4 = 6	5 + 2 = 7	6 - 4 = 2	12 - 5 = 7
7 + 4 = 11	15 - 7 = 8	14 - 6 = 8	1 + 2 = 3	4 - 2 = 2	3 + 4 = 7	8 + 3 = 11	6 + 3 = 9	14 - 5 = 9
2 + 2 = 4	4 + 7 = 11	11 - 5 = 6	12 - 4 = 8	6 + 4 = 10	11 - 8 = 3	13 - 5 = 8	6 + 2 = 8	13 - 7 = 6
8 - 6 = 2	8 - 5 = 3	13 - 8 = 5	9 - 5 = 4	14 - 8 = 6	8 + 7 = 15	3 + 7 = 10	5 + 4 = 9	4 + 3 = 7
2 + 5 = 7	7 + 7 = 14	7 + 5 = 12	14 - 7 = 7	3 + 6 = 9	6 + 6 = 12	9 + 3 = 12	2 + 8 = 10	9 + 5 = 14
6 - 5 = 1	9 - 1 = 8	14 - 9 = 5	9 - 8 = 1	8 - 3 = 5	3 + 5 = 8	7 + 3 = 10	18 - 9 = 9	5 - 4 = 1

138

5 + 8 13	5 + 5 10	9 - 1 8	17 - 9 8	9 + 6 15	3 + 4 7	13 - 6 7	5 + 4 9	6 + 3 9
3 + 7 10	2 + 9 11	8 - 4 4	5 + 7 12	11 - 4 7	5 + 9 14	7 + 3 10	16 - 8 8	6 + 4 10
7 - 3 4	1 + 7 8	8 - 7 1	16 - 7 9	9 - 2 7	5 - 3 2	5 - 4 1	6 - 5 1	4 + 4 8
7 + 4 11	14 - 5 9	8 - 3 5	9 + 9 18	15 - 9 6	7 + 7 14	2 + 5 7	5 + 2 7	9 + 7 16
14 - 9 5	3 + 6 9	13 - 5 8	13 - 7 6	3 - 2 1	7 - 4 3	6 - 3 3	18 - 9 9	2 + 2 4
6 + 8 14	1 + 5 6	13 - 8 5	10 - 3 7	8 + 5 13	11 - 3 8	11 - 8 3	10 - 1 9	9 - 3 6
17 - 8 9	14 - 8 6	8 + 1 9	4 + 5 9	13 - 4 9	6 + 5 11	6 + 7 13	10 - 6 4	8 + 9 17
8 + 3 11	4 + 7 11	16 - 9 7	15 - 7 8	2 + 4 6	4 + 2 6	9 + 3 12	9 - 8 1	6 + 1 7
5 - 2 3	5 + 6 11	3 + 5 8	4 - 3 1	7 + 6 13	10 - 4 6	1 + 6 7	6 - 2 4	8 + 2 10

139

10 - 8 2	11 - 6 5	8 + 8 16	5 + 8 13	4 + 5 9	8 + 1 9	15 - 6 9	12 - 9 3	4 + 8 12
8 + 6 14	6 + 8 14	2 + 2 4	16 - 7 9	16 - 8 8	12 - 6 6	13 - 5 8	6 + 6 12	15 - 7 8
12 - 5 7	2 + 8 10	3 - 2 1	4 + 2 6	6 + 9 15	17 - 8 9	14 - 7 7	13 - 8 5	5 + 4 9
2 + 5 7	7 + 2 9	3 + 4 7	5 - 2 3	18 - 9 9	12 - 8 4	8 - 7 1	5 - 4 1	10 - 4 6
7 + 7 14	5 + 3 8	4 + 7 11	17 - 9 8	6 - 4 2	8 - 3 5	1 + 4 5	1 + 8 9	2 + 3 5
8 + 3 11	3 + 7 10	5 + 7 12	11 - 3 8	3 + 5 8	15 - 8 7	16 - 9 7	11 - 5 6	6 - 5 1
4 + 9 13	4 + 3 7	6 + 5 11	4 + 4 8	9 - 6 3	13 - 7 6	7 + 5 12	12 - 3 9	12 - 7 5
6 + 4 10	8 - 5 3	9 + 3 12	3 + 9 12	14 - 6 8	2 + 9 11	6 - 2 4	2 + 4 6	10 - 7 3
6 + 3 9	5 + 2 7	1 + 1 2	8 - 4 4	6 + 1 7	5 - 3 2	1 + 7 8	9 - 4 5	7 - 3 4

140

5 - 4 1	11 - 8 3	4 + 9 13	17 - 9 8	8 - 3 5	16 - 8 8	7 - 6 1	5 + 7 12	12 - 6 6
14 - 8 6	4 + 8 12	9 - 0 9	3 + 1 4	7 + 6 13	1 + 5 6	4 - 3 1	2 + 2 4	7 - 3 4
5 - 3 2	3 - 2 1	2 + 4 6	13 - 6 7	5 + 9 14	13 - 4 9	6 + 3 9	4 - 2 2	7 + 1 8
16 - 9 7	2 + 7 9	3 + 9 12	10 - 4 6	14 - 7 7	10 - 3 7	8 + 1 9	7 + 2 9	7 + 9 16
9 - 3 6	8 + 4 12	7 + 4 11	6 + 7 13	2 + 3 5	9 - 4 5	3 + 7 10	10 - 2 8	4 + 3 7
4 + 5 9	9 + 4 13	15 - 8 7	9 - 8 1	11 - 5 6	14 - 9 5	13 - 7 6	7 + 5 12	7 + 8 15
8 + 9 17	17 - 8 9	11 - 4 7	4 + 1 5	9 + 8 17	9 - 6 3	8 + 6 14	12 - 8 4	7 - 4 3
4 + 2 6	16 - 7 9	8 + 8 16	13 - 8 5	15 - 7 8	3 + 3 6	6 + 2 8	5 + 3 8	8 - 6 2
6 + 8 14	3 + 4 7	5 + 6 11	7 + 3 10	10 - 7 3	7 - 5 2	2 + 8 10	15 - 6 9	3 + 5 8

141

8 - 4 4	15 - 7 8	8 + 3 11	15 - 6 9	17 - 9 8	8 - 7 1	12 - 5 7	16 - 8 8	2 + 9 11
2 + 6 8	13 - 6 7	5 - 4 1	17 - 8 9	8 + 6 14	1 + 7 8	9 - 1 8	4 + 6 10	7 + 6 13
10 - 5 5	16 - 9 7	2 + 8 10	8 + 5 13	6 - 3 3	9 + 2 11	3 + 5 8	9 + 4 13	10 - 6 4
3 + 9 12	12 - 7 5	3 + 4 7	14 - 7 7	3 + 7 10	12 - 6 6	8 + 8 16	9 - 7 2	5 + 2 7
2 + 5 7	4 + 9 13	11 - 7 4	2 + 2 4	8 - 6 2	9 + 1 10	7 + 8 15	5 - 2 3	3 + 2 5
8 - 5 3	18 - 9 9	7 - 4 3	14 - 9 5	11 - 5 6	5 + 3 8	3 + 6 9	9 - 2 7	4 - 2 2
14 - 6 8	10 - 7 3	6 + 2 8	7 - 3 4	4 + 5 9	5 + 6 11	5 + 8 13	13 - 7 6	4 + 8 12
3 + 1 4	7 - 6 1	6 + 9 15	15 - 9 6	9 + 5 14	16 - 7 9	6 + 3 9	5 + 7 12	6 + 8 14
6 + 4 10	11 - 3 8	7 + 5 12	4 + 4 8	7 + 7 14	13 - 9 4	7 - 5 2	13 - 4 9	7 + 3 10

142

3 - 2 = 1	8 - 4 = 4	2 + 2 = 4	4 - 3 = 1	2 + 6 = 8	16 - 9 = 7	18 - 9 = 9	5 - 4 = 1	6 + 2 = 8
17 - 8 = 9	4 - 2 = 2	6 - 4 = 2	12 - 7 = 5	4 + 3 = 7	5 + 5 = 10	7 + 8 = 15	7 + 5 = 12	5 + 8 = 13
13 - 6 = 7	9 - 3 = 6	8 + 8 = 16	14 - 5 = 9	8 - 5 = 3	3 + 8 = 11	9 - 7 = 2	6 + 6 = 12	1 + 4 = 5
4 + 8 = 12	3 + 4 = 7	8 - 7 = 1	7 + 4 = 11	5 + 6 = 11	1 + 6 = 7	7 + 3 = 10	1 + 7 = 8	9 - 5 = 4
8 + 9 = 17	8 + 2 = 10	7 + 6 = 13	6 + 4 = 10	3 + 3 = 6	5 - 2 = 3	15 - 8 = 7	10 - 6 = 4	9 + 1 = 10
17 - 9 = 8	14 - 7 = 7	16 - 8 = 8	5 - 3 = 2	2 + 9 = 11	1 + 5 = 6	10 - 8 = 2	6 + 8 = 14	13 - 5 = 8
9 + 6 = 15	7 + 9 = 16	8 - 2 = 6	6 + 7 = 13	14 - 6 = 8	9 - 1 = 8	2 + 3 = 5	11 - 5 = 6	10 - 7 = 3
13 - 7 = 6	10 - 2 = 8	2 + 5 = 7	5 + 3 = 8	12 - 6 = 6	6 + 9 = 15	12 - 9 = 3	9 - 4 = 5	5 + 7 = 12
1 + 3 = 4	7 - 6 = 1	9 + 7 = 16	16 - 7 = 9	7 - 2 = 5	12 - 8 = 4	3 + 6 = 9	3 + 2 = 5	4 + 2 = 6

143

4 + 2 = 6	3 + 8 = 11	6 - 5 = 1	2 + 7 = 9	8 + 1 = 9	14 - 6 = 8	5 - 3 = 2	4 - 2 = 2	9 - 0 = 9
13 - 7 = 6	6 - 2 = 4	7 + 4 = 11	10 - 4 = 6	9 - 5 = 4	14 - 5 = 9	4 + 8 = 12	16 - 9 = 7	12 - 4 = 8
6 + 1 = 7	7 + 2 = 9	16 - 8 = 8	8 + 9 = 17	13 - 8 = 5	8 - 6 = 2	11 - 5 = 6	4 - 3 = 1	10 - 3 = 7
5 + 4 = 9	17 - 9 = 8	8 - 3 = 5	5 + 6 = 11	15 - 6 = 9	7 + 6 = 13	10 - 5 = 5	6 + 8 = 14	6 + 7 = 13
2 + 9 = 11	3 + 6 = 9	8 + 8 = 16	8 + 4 = 12	7 - 3 = 4	5 + 3 = 8	8 + 5 = 13	3 - 2 = 1	17 - 8 = 9
7 + 9 = 16	8 - 7 = 1	9 + 9 = 18	8 - 4 = 4	6 + 6 = 12	16 - 7 = 9	2 + 6 = 8	13 - 6 = 7	2 + 2 = 4
8 + 7 = 15	6 - 4 = 2	9 + 7 = 16	2 + 5 = 7	5 + 5 = 10	7 - 5 = 2	8 + 6 = 14	11 - 4 = 7	14 - 7 = 7
4 + 6 = 10	10 - 6 = 4	15 - 9 = 6	12 - 9 = 3	3 + 3 = 6	3 + 7 = 10	10 - 7 = 3	2 + 8 = 10	7 + 3 = 10
6 + 9 = 15	6 - 3 = 3	5 + 7 = 12	4 + 5 = 9	5 + 8 = 13	7 - 4 = 3	4 + 4 = 8	3 + 4 = 7	13 - 4 = 9

144

17 - 9 = 8	3 - 2 = 1	12 - 7 = 5	5 + 8 = 13	4 + 6 = 10	3 + 2 = 5	6 + 7 = 13	16 - 7 = 9	18 - 9 = 9
15 - 7 = 8	15 - 9 = 6	7 - 6 = 1	13 - 6 = 7	16 - 9 = 7	13 - 5 = 8	12 - 5 = 7	3 + 5 = 8	7 + 6 = 13
6 - 4 = 2	12 - 9 = 3	14 - 7 = 7	13 - 8 = 5	7 - 3 = 4	11 - 8 = 3	4 + 9 = 13	8 + 5 = 13	11 - 4 = 7
9 + 4 = 13	6 + 3 = 9	1 + 5 = 6	4 + 7 = 11	5 + 3 = 8	3 + 7 = 10	2 + 2 = 4	5 + 1 = 6	7 + 9 = 16
17 - 8 = 9	3 + 8 = 11	6 + 8 = 14	4 + 4 = 8	14 - 6 = 8	5 - 4 = 1	9 - 6 = 3	6 + 4 = 10	4 + 8 = 12
1 + 8 = 9	10 - 3 = 7	8 - 7 = 1	2 + 7 = 9	5 + 5 = 10	9 + 3 = 12	5 + 7 = 12	6 + 9 = 15	1 + 1 = 2
2 + 3 = 5	10 - 5 = 5	5 + 6 = 11	4 - 3 = 1	13 - 9 = 4	8 - 4 = 4	9 - 3 = 6	2 + 5 = 7	6 - 3 = 3
2 + 8 = 10	7 + 3 = 10	11 - 2 = 9	8 - 6 = 2	10 - 9 = 1	4 + 5 = 9	10 - 7 = 3	14 - 5 = 9	15 - 6 = 9
6 + 6 = 12	6 - 5 = 1	4 + 2 = 6	3 + 3 = 6	5 - 3 = 2	8 + 3 = 11	10 - 1 = 9	7 + 4 = 11	5 + 2 = 7

145

6 + 7 = 13	11 - 9 = 2	17 - 9 = 8	8 - 4 = 4	7 + 5 = 12	6 + 1 = 7	6 + 8 = 14	3 - 2 = 1	7 + 9 = 16
12 - 7 = 5	9 - 2 = 7	5 - 4 = 1	9 - 3 = 6	9 - 1 = 8	14 - 8 = 6	10 - 7 = 3	5 + 5 = 10	6 + 5 = 11
17 - 8 = 9	5 + 8 = 13	5 + 3 = 8	2 + 9 = 11	3 + 2 = 5	15 - 8 = 7	9 - 6 = 3	7 + 6 = 13	1 + 4 = 5
14 - 7 = 7	8 + 2 = 10	8 + 7 = 15	6 - 4 = 2	1 + 8 = 9	3 + 3 = 6	1 + 6 = 7	16 - 8 = 8	9 + 7 = 16
11 - 4 = 7	4 + 8 = 12	15 - 7 = 8	12 - 5 = 7	10 - 8 = 2	8 - 2 = 6	11 - 8 = 3	7 + 3 = 10	4 - 3 = 1
8 - 7 = 1	11 - 6 = 5	8 + 3 = 11	7 + 1 = 8	2 + 8 = 10	9 + 4 = 13	4 - 2 = 2	5 + 9 = 14	14 - 9 = 5
18 - 9 = 9	6 + 4 = 10	1 + 1 = 2	10 - 6 = 4	5 + 2 = 7	2 + 5 = 7	13 - 8 = 5	1 + 2 = 3	8 + 6 = 14
3 + 4 = 7	16 - 9 = 7	4 + 5 = 9	8 + 9 = 17	12 - 4 = 8	14 - 6 = 8	7 - 4 = 3	7 - 3 = 4	15 - 9 = 6
5 + 4 = 9	12 - 8 = 4	4 + 4 = 8	7 + 8 = 15	13 - 9 = 4	9 - 7 = 2	1 + 9 = 10	4 + 3 = 7	9 + 1 = 10

146

2 + 7 9	7 - 5 2	1 + 1 2	11 - 8 3	4 + 8 12	11 - 5 6	9 - 2 7	12 - 4 8	3 + 7 10
7 - 6 1	6 + 5 11	8 - 5 3	8 - 6 2	2 + 4 6	3 + 8 11	14 - 6 8	5 + 6 11	4 + 4 8
9 + 1 10	12 - 7 5	5 + 1 6	17 - 8 9	12 - 6 6	11 - 3 8	6 - 3 3	5 + 4 9	8 + 1 9
11 - 7 4	12 - 9 3	6 + 4 10	6 - 4 2	7 - 2 5	3 + 5 8	14 - 7 7	5 + 7 12	5 - 3 2
6 + 2 8	8 + 5 13	7 + 8 15	6 + 6 12	2 + 5 7	4 + 3 7	2 + 3 5	7 + 9 16	1 + 5 6
2 + 6 8	7 + 4 11	2 + 9 11	4 + 9 13	3 + 2 5	9 + 6 15	8 - 2 6	3 - 2 1	4 + 2 6
8 + 3 11	15 - 7 8	8 + 8 16	5 - 4 1	5 + 8 13	11 - 4 7	4 + 7 11	8 - 7 1	10 - 7 3
15 - 6 9	14 - 8 6	13 - 6 7	16 - 7 9	5 - 2 3	8 + 7 15	13 - 4 9	3 + 4 7	4 - 3 1
11 - 6 5	7 + 7 14	7 + 1 8	13 - 7 6	11 - 9 2	3 + 6 9	10 - 1 9	8 - 3 5	10 - 6 4

147

6 + 3 9	5 + 8 13	1 + 1 2	1 + 2 3	2 + 2 4	1 + 3 4	1 + 5 6	7 - 6 1	4 - 3 1
3 - 2 1	10 - 3 7	6 - 2 4	7 + 5 12	8 - 6 2	2 + 8 10	5 + 1 6	6 + 8 14	17 - 8 9
3 + 4 7	3 + 7 10	12 - 6 6	8 + 4 12	15 - 7 8	8 + 2 10	18 - 9 9	4 + 1 5	4 + 3 7
9 - 8 1	12 - 8 4	10 - 2 8	14 - 7 7	11 - 7 4	5 + 7 12	4 + 6 10	2 + 7 9	12 - 9 3
11 - 8 3	5 - 4 1	3 + 3 6	6 + 2 8	9 - 5 4	16 - 8 8	9 - 2 7	5 + 3 8	4 + 2 6
8 + 7 15	13 - 5 8	14 - 8 6	9 + 6 15	16 - 7 9	6 - 5 1	4 + 7 11	7 + 3 10	12 - 5 7
2 + 6 8	3 + 1 4	16 - 9 7	7 + 1 8	17 - 9 8	12 - 4 8	2 + 5 7	15 - 8 7	6 - 4 2
7 + 7 14	15 - 9 6	5 - 3 2	2 + 3 5	5 + 9 14	10 - 5 5	7 - 4 3	7 + 2 9	3 + 6 9
9 - 6 3	1 + 6 7	11 - 2 9	13 - 6 7	8 + 6 14	8 + 8 16	7 - 5 2	11 - 9 2	5 + 6 11

148

11 - 3 8	6 + 2 8	6 - 4 2	9 - 6 3	8 - 4 4	12 - 9 3	3 + 9 12	14 - 5 9	14 - 6 8
15 - 7 8	1 + 5 6	15 - 8 7	6 + 8 14	16 - 8 8	12 - 4 8	8 + 3 11	7 + 5 12	8 + 5 13
13 - 7 6	5 - 3 2	16 - 9 7	8 + 8 16	9 + 7 16	8 + 7 15	5 + 8 13	2 + 5 7	4 + 4 8
3 + 4 7	4 + 1 5	6 + 5 11	6 + 3 9	11 - 6 5	4 - 2 2	2 + 9 11	2 + 2 4	3 - 2 1
2 + 7 9	9 + 5 14	7 - 5 2	14 - 7 7	7 - 3 4	10 - 7 3	2 + 4 6	7 + 7 14	8 - 7 1
10 - 8 2	7 + 8 15	8 - 5 3	6 - 5 1	9 - 3 6	4 + 2 6	9 - 7 2	2 + 3 5	3 + 7 10
8 - 3 5	8 - 2 6	7 + 4 11	6 + 7 13	3 + 5 8	11 - 5 6	4 - 3 1	5 + 6 11	3 + 8 11
11 - 7 4	8 + 1 9	2 + 6 8	7 + 3 10	10 - 4 6	1 + 1 2	9 - 8 1	1 + 4 5	5 - 2 3
7 - 6 1	5 + 2 7	15 - 9 6	8 + 6 14	7 - 4 3	16 - 7 9	17 - 8 9	1 + 8 9	3 + 2 5

149

6 + 5 11	11 - 4 7	7 - 4 3	3 + 5 8	5 + 3 8	13 - 7 6	7 + 5 12	6 + 9 15	15 - 7 8
2 + 3 5	9 + 1 10	2 + 5 7	3 + 2 5	3 - 2 1	8 - 7 1	3 + 6 9	9 + 2 11	12 - 6 6
4 + 5 9	17 - 8 9	15 - 9 6	18 - 9 9	14 - 7 7	8 + 5 13	7 - 3 4	15 - 6 9	4 + 9 13
9 - 7 2	10 - 3 7	4 - 3 1	2 + 1 3	11 - 7 4	5 - 2 3	9 + 4 13	8 - 3 5	17 - 9 8
5 - 4 1	8 + 7 15	9 - 6 3	6 + 8 14	1 + 3 4	9 - 4 5	7 + 2 9	6 - 4 2	5 + 6 11
2 + 4 6	6 - 5 1	8 + 2 10	14 - 6 8	5 + 2 7	9 + 3 12	6 + 3 9	6 + 2 8	10 - 8 2
11 - 6 5	2 + 7 9	8 - 4 4	7 + 8 15	13 - 4 9	15 - 8 7	2 + 9 11	12 - 7 5	13 - 6 7
7 + 3 10	7 + 4 11	13 - 8 5	12 - 4 8	8 + 6 14	2 + 8 10	16 - 8 8	16 - 9 7	4 + 7 11
12 - 8 4	5 + 1 6	5 + 4 9	3 + 8 11	4 + 2 6	5 + 7 12	5 - 3 2	3 + 7 10	9 - 3 6

150

9 + 3 = 12	8 - 7 = 1	12 - 4 = 8	2 + 3 = 5	3 + 2 = 5	4 + 9 = 13	5 - 4 = 1	5 - 3 = 2	9 - 1 = 8
11 - 5 = 6	1 + 2 = 3	6 + 7 = 13	3 + 7 = 10	6 + 9 = 15	5 + 5 = 10	11 - 7 = 4	6 - 4 = 2	4 - 3 = 1
7 - 6 = 1	4 + 5 = 9	2 + 8 = 10	1 + 7 = 8	7 + 8 = 15	7 + 9 = 16	1 + 9 = 10	4 + 8 = 12	3 + 9 = 12
3 + 3 = 6	6 + 6 = 12	2 + 2 = 4	13 - 7 = 6	2 + 9 = 11	13 - 8 = 5	15 - 7 = 8	12 - 6 = 6	15 - 8 = 7
12 - 7 = 5	14 - 9 = 5	7 - 3 = 4	10 - 4 = 6	6 - 5 = 1	3 - 2 = 1	4 - 2 = 2	8 - 3 = 5	6 - 3 = 3
9 - 8 = 1	9 + 9 = 18	8 - 2 = 6	7 + 3 = 10	7 - 5 = 2	8 + 8 = 16	5 + 9 = 14	8 + 2 = 10	3 + 4 = 7
10 - 1 = 9	4 + 3 = 7	9 + 1 = 10	7 + 6 = 13	10 - 3 = 7	5 + 4 = 9	4 + 4 = 8	8 - 5 = 3	18 - 9 = 9
17 - 9 = 8	16 - 7 = 9	2 + 5 = 7	5 + 7 = 12	3 + 8 = 11	14 - 5 = 9	11 - 4 = 7	17 - 8 = 9	14 - 6 = 8
9 + 2 = 11	6 + 4 = 10	8 + 5 = 13	6 + 2 = 8	2 + 6 = 8	16 - 9 = 7	10 - 6 = 4	2 + 7 = 9	8 - 4 = 4

151

6 - 4 = 2	12 - 9 = 3	8 + 3 = 11	5 - 3 = 2	4 - 3 = 1	11 - 3 = 8	1 + 7 = 8	15 - 6 = 9	9 + 3 = 12
18 - 9 = 9	7 - 6 = 1	4 + 6 = 10	14 - 7 = 7	3 + 5 = 8	7 + 5 = 12	7 + 9 = 16	2 + 6 = 8	16 - 8 = 8
1 + 8 = 9	5 + 2 = 7	13 - 5 = 8	4 + 3 = 7	14 - 9 = 5	12 - 8 = 4	5 - 2 = 3	9 + 7 = 16	11 - 9 = 2
8 + 8 = 16	2 + 5 = 7	7 - 5 = 2	5 + 5 = 10	8 - 7 = 1	7 + 6 = 13	10 - 4 = 6	12 - 5 = 7	11 - 5 = 6
12 - 7 = 5	7 + 7 = 14	14 - 8 = 6	17 - 9 = 8	4 + 5 = 9	5 + 4 = 9	2 + 7 = 9	3 - 2 = 1	2 + 9 = 11
4 + 4 = 8	9 - 2 = 7	9 + 5 = 14	8 - 4 = 4	14 - 6 = 8	7 - 4 = 3	8 - 6 = 2	3 + 3 = 6	9 + 1 = 10
2 + 8 = 10	10 - 6 = 4	3 + 6 = 9	15 - 8 = 7	6 + 2 = 8	5 + 6 = 11	6 - 3 = 3	5 - 4 = 1	7 - 2 = 5
6 + 1 = 7	8 + 7 = 15	13 - 4 = 9	6 - 5 = 1	6 + 8 = 14	7 + 3 = 10	15 - 7 = 8	4 + 2 = 6	16 - 9 = 7
3 + 4 = 7	8 + 4 = 12	4 + 9 = 13	6 - 2 = 4	5 + 3 = 8	8 + 5 = 13	3 + 8 = 11	9 - 5 = 4	4 + 8 = 12

152

9 + 6 = 15	6 - 4 = 2	4 + 7 = 11	5 - 3 = 2	1 + 9 = 10	8 - 3 = 5	8 + 3 = 11	11 - 6 = 5	5 + 5 = 10
3 - 2 = 1	6 + 7 = 13	10 - 7 = 3	5 + 2 = 7	6 + 2 = 8	5 - 4 = 1	7 - 5 = 2	15 - 7 = 8	18 - 9 = 9
11 - 7 = 4	16 - 8 = 8	12 - 7 = 5	3 + 9 = 12	14 - 9 = 5	11 - 9 = 2	5 + 3 = 8	2 + 8 = 10	9 - 2 = 7
17 - 9 = 8	7 - 3 = 4	10 - 5 = 5	4 + 3 = 7	7 + 2 = 9	7 + 4 = 11	5 + 9 = 14	8 - 4 = 4	4 - 3 = 1
13 - 7 = 6	3 + 2 = 5	13 - 8 = 5	8 + 6 = 14	9 - 3 = 6	3 + 3 = 6	15 - 8 = 7	6 + 5 = 11	7 + 1 = 8
4 + 5 = 9	3 + 6 = 9	7 - 4 = 3	1 + 8 = 9	6 - 3 = 3	8 + 7 = 15	6 + 3 = 9	11 - 3 = 8	9 - 7 = 2
14 - 8 = 6	10 - 3 = 7	12 - 8 = 4	2 + 5 = 7	4 + 6 = 10	15 - 6 = 9	8 + 2 = 10	2 + 3 = 5	5 + 8 = 13
1 + 5 = 6	6 - 5 = 1	9 + 8 = 17	1 + 4 = 5	13 - 5 = 8	17 - 8 = 9	6 + 6 = 12	8 + 4 = 12	4 + 1 = 5
4 + 4 = 8	11 - 5 = 6	3 + 8 = 11	1 + 2 = 3	9 - 4 = 5	8 - 6 = 2	13 - 4 = 9	2 + 2 = 4	5 + 4 = 9

153

7 + 8 = 15	7 - 6 = 1	12 - 4 = 8	12 - 8 = 4	6 + 6 = 12	6 + 3 = 9	3 + 5 = 8	4 + 3 = 7	14 - 6 = 8
15 - 8 = 7	10 - 2 = 8	12 - 6 = 6	5 + 4 = 9	14 - 8 = 6	10 - 7 = 3	2 + 3 = 5	7 + 7 = 14	7 + 3 = 10
8 - 5 = 3	1 + 8 = 9	2 + 7 = 9	8 + 8 = 16	7 + 1 = 8	4 + 9 = 13	9 - 7 = 2	13 - 8 = 5	8 - 6 = 2
13 - 6 = 7	8 + 4 = 12	11 - 4 = 7	5 + 1 = 6	18 - 9 = 9	10 - 6 = 4	16 - 8 = 8	4 + 4 = 8	12 - 5 = 7
1 + 5 = 6	5 - 3 = 2	11 - 7 = 4	6 + 5 = 11	3 + 7 = 10	7 - 5 = 2	4 + 2 = 6	9 - 2 = 7	11 - 3 = 8
17 - 8 = 9	8 - 4 = 4	4 + 5 = 9	8 + 7 = 15	4 - 3 = 1	9 - 6 = 3	5 + 3 = 8	16 - 9 = 7	3 + 3 = 6
8 + 3 = 11	7 + 6 = 13	8 + 6 = 14	6 + 7 = 13	4 + 7 = 11	3 + 6 = 9	8 + 2 = 10	11 - 2 = 9	9 - 4 = 5
9 - 8 = 1	1 + 6 = 7	3 + 8 = 11	9 + 7 = 16	11 - 5 = 6	12 - 7 = 5	7 + 2 = 9	2 + 2 = 4	5 + 6 = 11
8 + 5 = 13	4 + 6 = 10	16 - 7 = 9	4 - 2 = 2	5 - 2 = 3	5 - 4 = 1	15 - 7 = 8	4 + 8 = 12	6 - 5 = 1

154

13 - 7 6	4 - 2 2	7 + 4 11	15 - 6 9	5 + 6 11	15 - 8 7	5 - 3 2	7 - 3 4	4 - 3 1
1 + 8 9	3 + 5 8	6 + 3 9	9 - 1 8	3 - 2 1	2 + 3 5	9 - 3 6	6 + 5 11	13 - 8 5
3 + 4 7	6 + 1 7	2 + 4 6	8 - 6 2	2 + 9 11	3 + 7 10	14 - 6 8	2 + 1 3	7 + 1 8
5 + 4 9	7 + 8 15	10 - 9 1	6 + 9 15	7 - 4 3	17 - 9 8	18 - 9 9	2 + 7 9	7 - 6 1
15 - 9 6	12 - 9 3	6 + 7 13	4 + 9 13	17 - 8 9	10 - 5 5	12 - 7 5	9 + 7 16	11 - 6 5
8 + 8 16	6 + 2 8	2 + 2 4	14 - 7 7	6 + 8 14	10 - 7 3	7 + 7 14	16 - 8 8	9 - 5 4
13 - 6 7	13 - 5 8	12 - 5 7	4 + 3 7	12 - 8 4	7 + 2 9	7 + 6 13	12 - 4 8	8 + 3 11
3 + 8 11	9 - 2 7	5 - 4 1	4 + 5 9	1 + 7 8	13 - 4 9	8 + 6 14	4 + 6 10	3 + 9 12
8 + 5 13	11 - 7 4	6 - 4 2	3 + 2 5	12 - 3 9	16 - 9 7	5 + 8 13	6 + 6 12	1 + 6 7

155

6 + 7 13	4 - 2 2	12 - 7 5	17 - 8 9	2 + 6 8	9 + 9 18	17 - 9 8	6 - 5 1	15 - 8 7
6 + 4 10	11 - 9 2	2 + 4 6	5 + 5 10	1 + 4 5	3 + 8 11	6 + 6 12	8 - 7 1	11 - 5 6
11 - 8 3	6 + 2 8	4 + 9 13	7 + 6 13	4 - 3 1	13 - 8 5	4 + 1 5	15 - 7 8	7 + 2 9
14 - 6 8	9 + 3 12	6 + 5 11	12 - 3 9	5 + 9 14	5 - 3 2	14 - 9 5	4 + 2 6	4 + 7 11
10 - 3 7	5 + 8 13	3 + 3 6	2 + 8 10	5 + 4 9	14 - 8 6	11 - 7 4	8 + 7 15	8 + 5 13
3 + 6 9	7 + 1 8	1 + 1 2	18 - 9 9	3 + 7 10	8 - 5 3	16 - 7 9	13 - 7 6	5 + 6 11
5 - 2 3	16 - 9 7	3 + 4 7	15 - 9 6	7 - 4 3	13 - 6 7	4 + 3 7	10 - 5 5	16 - 8 8
9 - 7 2	1 + 7 8	6 - 2 4	3 - 2 1	6 - 3 3	14 - 5 9	9 - 8 1	9 + 2 11	2 + 5 7
9 - 2 7	7 + 5 12	9 - 5 4	1 + 3 4	2 + 7 9	7 + 7 14	8 + 6 14	10 - 6 4	6 + 3 9

156

4 + 7 11	2 + 2 4	4 - 3 1	9 - 5 4	4 + 3 7	13 - 7 6	17 - 9 8	16 - 8 8	5 + 5 10
9 + 9 18	9 - 1 8	2 + 3 5	6 - 5 1	11 - 5 6	17 - 8 9	3 - 2 1	4 + 8 12	2 + 4 6
1 + 8 9	8 - 4 4	5 + 2 7	12 - 8 4	8 + 6 14	1 + 3 4	8 + 2 10	16 - 9 7	3 + 2 5
12 - 4 8	6 - 4 2	3 + 3 6	15 - 8 7	6 + 1 7	10 - 1 9	15 - 9 6	3 + 9 12	13 - 5 8
5 + 3 8	18 - 9 9	13 - 9 4	3 + 4 7	4 + 4 8	8 + 3 11	13 - 8 5	2 + 8 10	3 + 7 10
6 + 9 15	1 + 5 6	5 + 4 9	8 - 7 1	7 + 8 15	2 + 1 3	7 - 5 2	12 - 9 3	7 - 3 4
12 - 3 9	7 + 9 16	11 - 4 7	6 + 5 11	6 + 6 12	8 - 5 3	4 + 6 10	10 - 7 3	8 + 5 13
7 - 6 1	1 + 1 2	7 + 2 9	16 - 7 9	9 + 4 13	5 + 6 11	11 - 7 4	9 + 2 11	5 - 2 3
11 - 6 5	3 + 8 11	5 - 4 1	14 - 6 8	10 - 8 2	2 + 9 11	5 + 7 12	8 - 6 2	15 - 6 9

157

4 + 6 10	9 + 6 15	3 + 2 5	6 + 4 10	8 + 5 13	4 - 3 1	5 + 8 13	5 + 5 10	7 + 7 14
18 - 9 9	12 - 4 8	3 + 8 11	9 + 7 16	15 - 8 7	3 + 7 10	7 - 5 2	13 - 5 8	9 - 4 5
11 - 6 5	5 - 2 3	16 - 8 8	8 + 3 11	17 - 8 9	7 - 6 1	6 + 2 8	12 - 7 5	7 + 3 10
9 + 5 14	6 - 3 3	11 - 5 6	9 - 1 8	13 - 8 5	3 + 4 7	7 + 2 9	15 - 7 8	12 - 5 7
6 + 6 12	9 + 2 11	10 - 8 2	9 + 1 10	3 + 9 12	4 + 4 8	10 - 6 4	14 - 6 8	6 + 3 9
4 + 5 9	3 + 3 6	16 - 9 7	1 + 4 5	9 + 4 13	5 + 3 8	14 - 7 7	12 - 9 3	8 + 9 17
11 - 9 2	1 + 2 3	4 + 7 11	4 + 3 7	2 + 2 4	9 - 2 7	10 - 7 3	14 - 9 5	6 + 7 13
17 - 9 8	15 - 9 6	2 + 7 9	6 - 2 4	3 - 2 1	2 + 5 7	2 + 3 5	13 - 9 4	6 + 1 7
7 + 1 8	12 - 8 4	15 - 6 9	13 - 6 7	5 - 4 1	4 + 8 12	9 - 5 4	5 + 4 9	10 - 3 7

158

4	2	2	6	3	15	8	4	17
+ 7	+ 5	+ 1	+ 5	+ 2	- 8	- 5	+ 3	- 9
11	7	3	11	5	7	3	7	8
3	13	5	11	5	9	17	18	2
+ 7	- 9	+ 4	- 6	+ 8	- 4	- 8	- 9	+ 7
10	4	9	5	13	5	9	9	9
4	10	4	7	1	13	12	1	12
- 3	- 3	+ 2	- 5	+ 5	- 7	- 3	+ 8	- 8
1	7	6	2	6	6	9	9	4
4	1	7	11	2	6	16	8	8
- 2	+ 3	+ 8	- 4	+ 2	- 5	- 8	+ 1	+ 5
2	4	15	7	4	1	8	9	13
8	6	15	8	13	3	5	7	6
- 3	- 3	- 6	+ 2	- 8	+ 1	- 2	- 4	+ 3
5	3	9	10	5	4	3	3	9
3	1	13	11	4	15	1	3	8
+ 9	+ 2	- 4	- 2	+ 6	- 7	+ 6	- 2	+ 3
12	3	9	9	10	8	7	1	11
11	3	6	14	2	4	8	6	6
- 5	+ 5	+ 2	- 6	+ 3	+ 5	- 6	+ 8	+ 1
6	8	8	8	5	9	2	14	7
16	10	9	5	9	6	2	10	5
- 9	- 7	- 0	+ 6	- 5	+ 7	+ 6	- 8	+ 1
7	3	9	11	4	13	8	2	6
14	7	9	8	7	12	5	10	3
- 8	+ 3	+ 7	+ 7	- 2	- 7	+ 3	- 2	+ 8
6	10	16	15	5	5	8	8	11

159

4	7	12	14	8	5	6	16	9
+ 8	+ 7	- 7	- 7	- 3	- 4	+ 4	- 7	+ 8
12	14	5	7	5	1	10	9	17
3	2	18	11	4	5	7	5	5
+ 7	+ 3	- 9	- 4	+ 6	+ 6	+ 3	- 2	+ 7
10	5	9	7	10	11	10	3	12
5	14	16	6	11	5	5	2	6
+ 1	- 8	- 8	- 5	- 7	+ 5	- 3	+ 6	+ 2
6	6	8	1	4	10	2	8	8
10	3	9	6	7	17	4	4	3
- 2	+ 1	- 0	- 4	- 6	- 9	+ 4	+ 2	+ 8
8	4	9	2	1	8	8	6	11
2	2	11	17	8	12	4	13	15
+ 1	+ 4	- 5	- 8	+ 7	- 3	+ 1	- 5	- 7
3	6	6	9	15	9	5	8	8
8	10	9	15	8	5	3	8	12
- 6	- 5	+ 4	- 9	+ 3	+ 4	+ 9	+ 2	- 6
2	5	13	6	11	9	12	10	6
15	9	4	6	7	11	7	4	11
- 6	+ 9	+ 7	+ 3	- 3	- 3	+ 5	- 2	- 6
9	18	11	9	4	8	12	2	5
13	2	2	9	4	7	3	11	13
- 4	+ 8	+ 2	+ 2	- 3	+ 2	- 2	- 8	- 8
9	10	4	11	1	9	1	3	5
9	6	3	8	14	9	5	3	8
- 3	+ 5	+ 3	+ 8	- 6	- 2	+ 9	+ 4	+ 5
6	11	6	16	8	7	14	7	13

160

7	17	1	10	3	3	9	8	7
- 4	- 9	+ 7	- 1	+ 8	+ 7	- 3	+ 5	+ 1
3	8	8	9	11	10	6	13	8
3	16	2	8	17	4	2	8	16
+ 3	- 8	+ 4	+ 3	- 8	+ 6	+ 2	+ 4	- 7
6	8	6	11	9	10	4	12	9
7	5	8	7	6	8	8	4	5
+ 6	+ 7	+ 2	+ 9	- 5	+ 7	- 7	+ 4	- 2
13	12	10	16	1	15	1	8	3
8	7	3	9	6	4	8	14	6
- 4	- 5	+ 5	- 4	+ 1	- 3	+ 8	- 9	+ 9
4	2	8	5	7	1	16	5	15
9	6	4	5	14	15	8	12	18
- 7	- 4	- 2	+ 6	- 7	- 7	- 3	- 3	- 9
2	2	2	11	7	8	5	9	9
6	3	12	14	14	9	3	15	11
+ 5	- 2	- 6	- 5	- 6	+ 8	+ 6	- 8	- 7
11	1	6	9	8	17	9	7	4
2	6	4	2	2	10	4	10	11
+ 1	+ 6	+ 1	+ 8	+ 5	- 4	+ 2	- 8	- 3
3	12	5	10	7	6	6	2	8
4	5	9	6	9	3	9	6	7
+ 8	+ 8	- 5	+ 4	- 0	+ 9	- 6	+ 2	+ 4
12	13	4	10	9	12	3	8	11
5	5	5	13	14	9	10	8	6
- 3	+ 4	+ 1	- 8	- 8	+ 7	- 2	+ 1	- 3
2	9	6	5	6	16	8	9	3

161

4	13	6	9	11	12	8	16	15
+ 8	- 9	+ 2	- 1	- 4	- 9	+ 9	- 8	- 6
12	4	8	8	7	3	17	8	9
8	4	10	9	1	1	2	6	3
+ 6	+ 3	- 8	+ 8	+ 2	+ 8	+ 6	+ 8	+ 3
14	7	2	17	3	9	8	14	6
6	13	11	6	13	6	13	3	5
+ 3	- 7	- 6	- 5	- 6	- 3	- 4	+ 6	+ 5
9	6	5	1	7	3	9	9	10
3	15	2	4	4	9	15	4	6
+ 5	- 9	+ 7	+ 5	+ 4	- 6	- 7	- 3	+ 6
8	6	9	9	8	3	8	1	12
5	2	1	4	6	17	8	7	6
+ 4	+ 4	+ 4	+ 1	- 4	- 9	- 2	- 5	+ 7
9	6	5	5	2	8	6	2	13
7	9	6	1	12	7	16	11	14
+ 3	- 5	- 2	+ 3	- 8	+ 5	- 9	- 7	- 9
10	4	4	4	4	12	7	4	5
7	6	8	13	14	8	8	5	7
- 4	+ 5	- 4	- 8	- 7	+ 3	- 5	+ 6	+ 1
3	11	4	5	7	11	3	11	8
1	6	10	3	1	12	14	2	8
+ 9	+ 9	- 5	- 2	+ 1	- 4	- 8	+ 3	- 3
10	15	5	1	2	8	6	5	5
11	8	4	2	3	9	5	6	7
- 8	+ 2	+ 7	+ 5	+ 2	+ 4	- 2	+ 4	- 2
3	10	11	7	5	13	3	10	5

162

4 + 1 = 5	2 + 1 = 3	5 + 4 = 9	4 + 7 = 11	18 - 9 = 9	13 - 6 = 7	2 + 4 = 6	12 - 4 = 8	4 + 9 = 13
6 - 4 = 2	16 - 9 = 7	17 - 8 = 9	5 + 2 = 7	1 + 1 = 2	6 - 2 = 4	8 - 4 = 4	6 + 5 = 11	5 + 7 = 12
5 + 8 = 13	4 + 2 = 6	4 + 3 = 7	2 + 2 = 4	5 - 4 = 1	8 + 1 = 9	10 - 8 = 2	10 - 3 = 7	9 + 1 = 10
11 - 4 = 7	3 + 7 = 10	9 + 6 = 15	6 + 1 = 7	1 + 8 = 9	10 - 7 = 3	9 - 5 = 4	6 - 3 = 3	13 - 4 = 9
12 - 7 = 5	12 - 5 = 7	14 - 9 = 5	7 - 3 = 4	1 + 2 = 3	5 - 3 = 2	1 + 6 = 7	15 - 8 = 7	4 + 5 = 9
7 - 5 = 2	2 + 7 = 9	6 + 6 = 12	6 + 8 = 14	8 + 2 = 10	15 - 7 = 8	11 - 3 = 8	14 - 8 = 6	3 + 3 = 6
7 + 7 = 14	5 - 2 = 3	2 + 5 = 7	7 + 5 = 12	2 + 3 = 5	7 + 8 = 15	16 - 8 = 8	4 + 4 = 8	6 + 9 = 15
17 - 9 = 8	11 - 8 = 3	9 - 2 = 7	7 + 3 = 10	9 - 7 = 2	9 - 1 = 8	5 + 3 = 8	6 + 2 = 8	8 - 7 = 1
7 + 2 = 9	15 - 6 = 9	13 - 5 = 8	11 - 7 = 4	9 - 4 = 5	8 + 4 = 12	9 - 3 = 6	3 + 5 = 8	8 - 6 = 2

163

5 + 1 = 6	6 - 3 = 3	8 + 7 = 15	17 - 9 = 8	13 - 5 = 8	7 + 5 = 12	9 + 3 = 12	3 + 1 = 4	1 + 8 = 9
9 - 2 = 7	2 + 2 = 4	14 - 8 = 6	18 - 9 = 9	12 - 7 = 5	4 - 3 = 1	16 - 9 = 7	2 + 7 = 9	3 - 2 = 1
7 + 4 = 11	5 - 4 = 1	4 - 2 = 2	16 - 8 = 8	12 - 4 = 8	2 + 6 = 8	9 + 9 = 18	15 - 8 = 7	1 + 3 = 4
8 - 7 = 1	12 - 5 = 7	6 + 6 = 12	10 - 6 = 4	4 + 5 = 9	3 + 5 = 8	11 - 5 = 6	8 + 5 = 13	5 + 5 = 10
6 - 5 = 1	7 + 2 = 9	8 + 3 = 11	13 - 7 = 6	6 + 8 = 14	6 + 5 = 11	5 - 3 = 2	9 + 7 = 16	5 + 2 = 7
8 - 4 = 4	3 + 7 = 10	9 - 4 = 5	15 - 9 = 6	9 - 1 = 8	13 - 9 = 4	5 + 9 = 14	9 + 6 = 15	6 + 2 = 8
12 - 6 = 6	8 + 8 = 16	14 - 5 = 9	1 + 6 = 7	15 - 7 = 8	5 + 7 = 12	6 - 2 = 4	1 + 2 = 3	4 + 6 = 10
4 + 7 = 11	2 + 5 = 7	9 + 8 = 17	11 - 7 = 4	1 + 7 = 8	7 + 8 = 15	5 + 4 = 9	12 - 8 = 4	7 - 5 = 2
7 + 6 = 13	9 + 5 = 14	10 - 5 = 5	5 - 2 = 3	9 - 3 = 6	14 - 7 = 7	11 - 8 = 3	11 - 3 = 8	3 + 4 = 7

164

14 - 8 = 6	8 - 4 = 4	2 + 4 = 6	17 - 9 = 8	16 - 9 = 7	14 - 7 = 7	2 + 3 = 5	17 - 8 = 9	6 - 4 = 2
3 + 8 = 11	1 + 6 = 7	14 - 9 = 5	3 + 3 = 6	7 + 6 = 13	5 + 3 = 8	4 + 2 = 6	13 - 8 = 5	4 - 3 = 1
11 - 5 = 6	10 - 6 = 4	3 - 2 = 1	12 - 6 = 6	13 - 5 = 8	8 + 3 = 11	7 + 2 = 9	3 + 4 = 7	1 + 9 = 10
6 + 3 = 9	5 + 6 = 11	8 + 8 = 16	8 - 5 = 3	10 - 8 = 2	7 - 4 = 3	15 - 7 = 8	12 - 8 = 4	9 + 4 = 13
5 - 4 = 1	5 - 3 = 2	5 + 7 = 12	2 + 7 = 9	6 + 7 = 13	8 + 6 = 14	7 - 3 = 4	5 + 4 = 9	7 + 3 = 10
8 + 7 = 15	5 - 2 = 3	13 - 7 = 6	6 + 5 = 11	5 + 2 = 7	16 - 7 = 9	7 - 5 = 2	6 - 5 = 1	6 + 6 = 12
7 + 9 = 16	4 + 8 = 12	3 + 5 = 8	10 - 4 = 6	7 + 4 = 11	12 - 9 = 3	3 + 1 = 4	1 + 8 = 9	12 - 5 = 7
4 - 2 = 2	4 + 7 = 11	9 + 5 = 14	7 + 8 = 15	2 + 2 = 4	16 - 8 = 8	1 + 2 = 3	5 + 5 = 10	15 - 6 = 9
14 - 6 = 8	11 - 3 = 8	6 - 3 = 3	4 + 6 = 10	7 - 6 = 1	7 + 5 = 12	15 - 8 = 7	8 - 2 = 6	1 + 4 = 5

165

4 + 5 = 9	1 + 3 = 4	15 - 8 = 7	7 + 7 = 14	5 - 4 = 1	3 + 2 = 5	6 - 5 = 1	7 + 3 = 10	6 + 8 = 14
11 - 5 = 6	8 + 7 = 15	8 + 5 = 13	16 - 8 = 8	2 + 1 = 3	7 - 6 = 1	13 - 6 = 7	10 - 2 = 8	3 + 6 = 9
12 - 8 = 4	9 - 3 = 6	7 + 5 = 12	7 + 4 = 11	11 - 3 = 8	8 - 5 = 3	16 - 9 = 7	1 + 1 = 2	3 - 2 = 1
7 - 2 = 5	11 - 6 = 5	2 + 7 = 9	10 - 8 = 2	5 + 8 = 13	14 - 8 = 6	13 - 5 = 8	3 + 5 = 8	6 + 3 = 9
3 + 3 = 6	9 + 2 = 11	9 - 1 = 8	4 - 2 = 2	8 - 3 = 5	11 - 2 = 9	6 - 4 = 2	4 + 7 = 11	5 + 3 = 8
14 - 6 = 8	3 + 7 = 10	12 - 6 = 6	4 + 4 = 8	7 + 6 = 13	9 - 2 = 7	6 + 5 = 11	17 - 8 = 9	5 + 4 = 9
8 + 8 = 16	13 - 4 = 9	7 + 1 = 8	6 + 6 = 12	9 - 7 = 2	2 + 2 = 4	17 - 9 = 8	4 - 3 = 1	6 - 3 = 3
5 + 1 = 6	15 - 9 = 6	4 + 2 = 6	6 + 9 = 15	2 + 3 = 5	14 - 7 = 7	2 + 8 = 10	4 + 3 = 7	9 + 3 = 12
9 + 5 = 14	10 - 5 = 5	5 - 2 = 3	5 + 6 = 11	9 + 7 = 16	12 - 7 = 5	12 - 9 = 3	10 - 4 = 6	3 + 1 = 4

166

1 + 6 = 7 | 14 - 9 = 5 | 4 + 6 = 10 | 8 - 2 = 6 | 10 - 8 = 2 | 6 + 1 = 7 | 6 - 5 = 1 | 8 - 3 = 5 | 2 + 7 = 9

3 + 1 = 4 | 14 - 5 = 9 | 15 - 7 = 8 | 2 + 6 = 8 | 7 + 2 = 9 | 18 - 9 = 9 | 5 + 2 = 7 | 3 + 2 = 5 | 13 - 5 = 8

3 - 2 = 1 | 16 - 7 = 9 | 15 - 8 = 7 | 7 - 4 = 3 | 10 - 5 = 5 | 14 - 8 = 6 | 9 + 3 = 12 | 1 + 7 = 8 | 5 + 3 = 8

8 - 6 = 2 | 11 - 9 = 2 | 5 + 7 = 12 | 17 - 9 = 8 | 16 - 8 = 8 | 9 + 1 = 10 | 5 - 2 = 3 | 17 - 8 = 9 | 3 + 4 = 7

11 - 4 = 7 | 2 + 5 = 7 | 7 + 1 = 8 | 9 + 7 = 16 | 1 + 5 = 6 | 8 + 3 = 11 | 4 + 2 = 6 | 9 - 1 = 8 | 13 - 7 = 6

6 - 3 = 3 | 1 + 4 = 5 | 6 + 7 = 13 | 6 + 3 = 9 | 5 + 8 = 13 | 7 - 3 = 4 | 2 + 4 = 6 | 6 + 4 = 10 | 7 + 3 = 10

13 - 6 = 7 | 7 + 7 = 14 | 14 - 7 = 7 | 5 + 6 = 11 | 8 + 5 = 13 | 6 - 4 = 2 | 3 + 7 = 10 | 9 - 5 = 4 | 5 + 4 = 9

9 - 7 = 2 | 9 + 4 = 13 | 12 - 4 = 8 | 7 + 6 = 13 | 13 - 4 = 9 | 10 - 6 = 4 | 4 - 3 = 1 | 4 + 5 = 9 | 9 - 6 = 3

9 + 8 = 17 | 8 + 7 = 15 | 11 - 2 = 9 | 10 - 2 = 8 | 4 - 2 = 2 | 6 + 5 = 11 | 6 + 6 = 12 | 2 + 8 = 10 | 14 - 6 = 8

167

11 - 8 = 3 | 1 + 7 = 8 | 14 - 7 = 7 | 8 + 3 = 11 | 3 + 5 = 8 | 2 + 6 = 8 | 8 + 6 = 14 | 4 + 6 = 10 | 5 - 4 = 1

3 - 2 = 1 | 14 - 8 = 6 | 5 - 3 = 2 | 7 - 4 = 3 | 4 + 8 = 12 | 7 + 2 = 9 | 7 + 3 = 10 | 11 - 7 = 4 | 7 + 6 = 13

17 - 9 = 8 | 17 - 8 = 9 | 15 - 6 = 9 | 8 + 4 = 12 | 3 + 4 = 7 | 14 - 5 = 9 | 15 - 8 = 7 | 2 + 9 = 11 | 3 + 1 = 4

3 + 7 = 10 | 4 + 9 = 13 | 4 - 2 = 2 | 2 + 5 = 7 | 12 - 6 = 6 | 12 - 5 = 7 | 5 + 7 = 12 | 3 + 2 = 5 | 16 - 9 = 7

2 + 4 = 6 | 16 - 8 = 8 | 13 - 5 = 8 | 12 - 4 = 8 | 9 + 9 = 18 | 16 - 7 = 9 | 3 + 8 = 11 | 6 + 8 = 14 | 5 - 2 = 3

6 - 3 = 3 | 8 - 7 = 1 | 9 - 8 = 1 | 12 - 7 = 5 | 13 - 7 = 6 | 15 - 7 = 8 | 18 - 9 = 9 | 4 + 3 = 7 | 8 - 5 = 3

5 + 1 = 6 | 14 - 6 = 8 | 6 + 3 = 9 | 4 + 4 = 8 | 6 + 4 = 10 | 3 + 3 = 6 | 6 + 2 = 8 | 4 + 7 = 11 | 2 + 8 = 10

7 - 3 = 4 | 9 + 6 = 15 | 11 - 3 = 8 | 5 + 5 = 10 | 5 + 3 = 8 | 13 - 8 = 5 | 2 + 2 = 4 | 7 + 9 = 16 | 4 - 3 = 1

14 - 9 = 5 | 10 - 7 = 3 | 6 + 5 = 11 | 10 - 5 = 5 | 8 + 8 = 16 | 9 - 0 = 9 | 7 + 8 = 15 | 2 + 1 = 3 | 8 - 6 = 2

168

14 - 8 = 6 | 11 - 4 = 7 | 5 + 7 = 12 | 9 - 0 = 9 | 4 + 8 = 12 | 4 + 1 = 5 | 7 - 6 = 1 | 4 + 2 = 6 | 8 + 6 = 14

4 + 4 = 8 | 15 - 6 = 9 | 16 - 8 = 8 | 5 - 4 = 1 | 4 - 3 = 1 | 6 + 5 = 11 | 3 + 3 = 6 | 2 + 3 = 5 | 13 - 7 = 6

6 - 4 = 2 | 1 + 4 = 5 | 5 + 8 = 13 | 2 + 8 = 10 | 8 + 2 = 10 | 6 - 5 = 1 | 14 - 9 = 5 | 17 - 9 = 8 | 2 + 5 = 7

6 + 3 = 9 | 7 + 3 = 10 | 1 + 8 = 9 | 2 + 2 = 4 | 7 + 9 = 16 | 14 - 6 = 8 | 2 + 9 = 11 | 6 - 3 = 3 | 16 - 9 = 7

9 + 8 = 17 | 10 - 7 = 3 | 7 + 7 = 14 | 9 - 7 = 2 | 3 + 7 = 10 | 9 - 5 = 4 | 15 - 8 = 7 | 9 + 4 = 13 | 4 - 2 = 2

1 + 2 = 3 | 3 + 5 = 8 | 11 - 7 = 4 | 2 + 6 = 8 | 7 + 1 = 8 | 2 + 4 = 6 | 3 + 2 = 5 | 13 - 6 = 7 | 5 + 1 = 6

10 - 3 = 7 | 12 - 8 = 4 | 3 - 2 = 1 | 4 + 5 = 9 | 10 - 4 = 6 | 6 - 2 = 4 | 8 + 4 = 12 | 9 - 4 = 5 | 9 - 1 = 8

5 + 2 = 7 | 7 + 5 = 12 | 12 - 5 = 7 | 17 - 8 = 9 | 8 - 6 = 2 | 3 + 6 = 9 | 1 + 5 = 6 | 9 + 5 = 14 | 12 - 7 = 5

5 - 3 = 2 | 11 - 6 = 5 | 8 - 5 = 3 | 8 + 7 = 15 | 7 - 3 = 4 | 12 - 9 = 3 | 6 + 6 = 12 | 6 + 9 = 15 | 10 - 8 = 2

169

9 - 0 = 9 | 16 - 8 = 8 | 2 + 9 = 11 | 4 + 7 = 11 | 17 - 9 = 8 | 9 - 7 = 2 | 3 + 7 = 10 | 2 + 5 = 7 | 5 + 6 = 11

7 + 1 = 8 | 18 - 9 = 9 | 8 + 4 = 12 | 4 + 1 = 5 | 6 + 8 = 14 | 11 - 8 = 3 | 14 - 8 = 6 | 6 + 3 = 9 | 15 - 7 = 8

6 + 6 = 12 | 2 + 2 = 4 | 12 - 5 = 7 | 15 - 6 = 9 | 7 + 6 = 13 | 5 + 4 = 9 | 2 + 8 = 10 | 10 - 4 = 6 | 1 + 3 = 4

11 - 5 = 6 | 13 - 7 = 6 | 17 - 8 = 9 | 6 + 5 = 11 | 3 + 8 = 11 | 14 - 7 = 7 | 8 - 2 = 6 | 4 + 2 = 6 | 2 + 6 = 8

1 + 7 = 8 | 8 + 7 = 15 | 8 - 7 = 1 | 14 - 6 = 8 | 5 - 4 = 1 | 7 - 3 = 4 | 8 + 8 = 16 | 7 - 5 = 2 | 11 - 6 = 5

11 - 7 = 4 | 16 - 9 = 7 | 3 - 2 = 1 | 1 + 5 = 6 | 3 + 5 = 8 | 10 - 8 = 2 | 8 + 3 = 11 | 8 - 4 = 4 | 9 + 7 = 16

5 - 2 = 3 | 6 - 5 = 1 | 2 + 7 = 9 | 13 - 5 = 8 | 9 - 5 = 4 | 4 + 6 = 10 | 5 + 5 = 10 | 3 + 6 = 9 | 7 + 7 = 14

10 - 7 = 3 | 2 + 1 = 3 | 4 - 3 = 1 | 16 - 7 = 9 | 6 + 4 = 10 | 3 + 9 = 12 | 13 - 6 = 7 | 10 - 5 = 5 | 5 + 9 = 14

1 + 9 = 10 | 9 + 4 = 13 | 9 - 2 = 7 | 3 + 4 = 7 | 2 + 4 = 6 | 9 - 8 = 1 | 7 + 5 = 12 | 13 - 8 = 5 | 5 - 3 = 2

170

5 + 8 13	8 + 5 13	8 - 4 4	18 - 9 9	3 + 9 12	7 + 6 13	3 + 2 5	6 - 4 2	7 + 3 10
5 - 3 2	10 - 8 2	7 + 8 15	16 - 9 7	3 - 2 1	3 + 8 11	2 + 3 5	14 - 5 9	7 + 1 8
5 + 6 11	5 + 1 6	16 - 7 9	2 + 2 4	17 - 8 9	6 + 5 11	12 - 4 8	2 + 4 6	8 - 3 5
7 - 5 2	4 + 9 13	9 - 5 4	15 - 8 7	8 - 2 6	9 + 5 14	12 - 3 9	3 + 6 9	1 + 3 4
3 + 7 10	13 - 9 4	4 + 3 7	12 - 5 7	1 + 4 5	11 - 3 8	5 + 7 12	5 + 2 7	7 - 6 1
4 - 2 2	11 - 2 9	5 + 3 8	16 - 8 8	6 + 3 9	9 + 6 15	13 - 8 5	12 - 7 5	11 - 4 7
14 - 6 8	7 + 2 9	6 - 3 3	6 + 2 8	4 + 6 10	6 + 6 12	2 + 6 8	9 - 6 3	8 + 8 16
1 + 5 6	2 + 8 10	6 + 8 14	5 + 5 10	4 + 7 11	14 - 7 7	15 - 7 8	8 + 4 12	9 - 3 6
10 - 6 4	6 + 4 10	11 - 6 5	10 - 2 8	3 + 3 6	13 - 6 7	6 - 5 1	5 - 2 3	7 - 2 5

171

5 + 8 13	15 - 6 9	3 + 6 9	13 - 5 8	5 + 4 9	3 + 7 10	7 + 4 11	18 - 9 9	16 - 8 8
14 - 6 8	16 - 7 9	6 - 5 1	7 - 4 3	3 - 2 1	2 + 5 7	6 + 5 11	5 + 3 8	7 - 2 5
3 + 5 8	5 - 4 1	8 - 5 3	1 + 5 6	3 + 3 6	6 + 3 9	13 - 8 5	10 - 7 3	4 - 3 1
5 + 6 11	17 - 9 8	9 + 8 17	11 - 6 5	4 + 5 9	8 + 5 13	6 - 4 2	3 + 8 11	15 - 7 8
4 - 2 2	5 + 2 7	14 - 8 6	6 + 4 10	13 - 7 6	8 + 8 16	9 + 6 15	2 + 3 5	10 - 1 9
3 + 4 7	12 - 6 6	3 + 1 4	2 + 8 10	4 + 4 8	6 + 1 7	12 - 8 4	2 + 6 8	9 - 3 6
10 - 8 2	10 - 6 4	6 + 9 15	7 - 5 2	6 + 2 8	4 + 1 5	10 - 4 6	6 + 6 12	8 - 2 6
4 + 9 13	7 + 3 10	10 - 5 5	11 - 3 8	2 + 4 6	16 - 9 7	7 + 8 15	5 + 9 14	7 - 6 1
4 + 3 7	6 - 2 4	7 + 2 9	6 - 3 3	10 - 9 1	9 - 2 7	2 + 9 11	7 + 5 12	12 - 7 5

172

5 + 6 11	14 - 6 8	13 - 7 6	9 - 2 7	5 + 8 13	4 + 5 9	7 - 3 4	3 + 5 8	8 + 6 14
12 - 6 6	6 - 3 3	9 - 3 6	8 - 3 5	3 + 4 7	2 + 9 11	15 - 7 8	4 - 3 1	8 - 4 4
6 - 4 2	6 + 2 8	6 + 8 14	13 - 5 8	7 + 6 13	10 - 3 7	17 - 8 9	2 + 2 4	4 + 6 10
4 + 9 13	8 + 3 11	2 + 8 10	8 - 5 3	15 - 6 9	18 - 9 9	9 + 1 10	6 + 6 12	8 + 8 16
16 - 9 7	7 + 4 11	4 + 8 12	9 - 8 1	12 - 4 8	2 + 5 7	7 + 3 10	9 - 5 4	2 + 7 9
17 - 9 8	5 + 7 12	9 + 7 16	3 + 3 6	14 - 5 9	7 + 1 8	6 + 7 13	14 - 8 6	11 - 3 8
12 - 8 4	12 - 5 7	3 + 2 5	5 + 9 14	7 - 6 1	2 + 6 8	15 - 9 6	7 + 5 12	6 + 1 7
11 - 5 6	6 + 4 10	7 - 5 2	3 + 6 9	10 - 5 5	7 + 7 14	5 - 4 1	3 - 2 1	13 - 6 7
9 - 6 3	10 - 9 1	5 + 3 8	10 - 6 4	4 + 4 8	3 + 8 11	9 + 4 13	5 - 2 3	5 + 2 7

173

2 + 8 10	14 - 6 8	7 + 9 16	5 + 8 13	18 - 9 9	8 + 5 13	1 + 8 9	4 + 7 11	2 + 2 4
13 - 8 5	11 - 3 8	11 - 7 4	15 - 8 7	11 - 5 6	7 + 2 9	3 + 1 4	2 + 6 8	7 - 6 1
4 - 3 1	8 - 4 4	3 - 2 1	13 - 4 9	17 - 9 8	7 - 2 5	7 + 8 15	9 - 8 1	13 - 5 8
6 + 7 13	8 + 4 12	4 + 2 6	6 + 9 15	3 + 8 11	5 + 1 6	5 + 6 11	5 + 4 9	12 - 7 5
12 - 5 7	4 + 9 13	3 + 4 7	10 - 4 6	7 - 3 4	14 - 5 9	14 - 8 6	7 - 4 3	5 + 3 8
6 + 6 12	6 + 2 8	5 + 7 12	9 + 4 13	6 + 5 11	5 + 2 7	8 - 5 3	14 - 9 5	7 + 5 12
5 - 4 1	5 + 5 10	4 + 3 7	14 - 7 7	13 - 7 6	8 + 3 11	3 + 7 10	17 - 8 9	15 - 7 8
4 + 5 9	9 + 5 14	7 - 5 2	11 - 4 7	16 - 8 8	6 - 3 3	6 + 4 10	4 - 2 2	3 + 3 6
9 - 1 8	8 + 8 16	7 + 1 8	9 - 3 6	5 - 3 2	16 - 9 7	13 - 6 7	9 + 2 11	2 + 7 9

174

7 - 3 = 4	3 + 8 = 11	8 + 1 = 9	13 - 8 = 5	3 + 3 = 6	12 - 9 = 3	11 - 3 = 8	1 + 1 = 2	6 - 3 = 3
4 + 9 = 13	7 - 4 = 3	7 + 2 = 9	8 + 4 = 12	8 - 4 = 4	1 + 5 = 6	14 - 8 = 6	5 + 5 = 10	8 + 2 = 10
5 + 8 = 13	6 - 4 = 2	3 + 6 = 9	2 + 2 = 4	2 + 8 = 10	17 - 8 = 9	3 - 2 = 1	4 + 4 = 8	2 + 5 = 7
7 + 9 = 16	15 - 6 = 9	5 + 3 = 8	2 + 4 = 6	8 + 8 = 16	7 + 1 = 8	11 - 5 = 6	5 + 6 = 11	6 - 5 = 1
3 + 2 = 5	10 - 9 = 1	3 + 5 = 8	17 - 9 = 8	6 - 2 = 4	6 + 4 = 10	6 + 3 = 9	5 - 4 = 1	15 - 8 = 7
4 - 3 = 1	14 - 9 = 5	7 - 5 = 2	14 - 5 = 9	9 + 2 = 11	13 - 7 = 6	1 + 3 = 4	9 - 3 = 6	18 - 9 = 9
4 + 5 = 9	3 + 4 = 7	9 + 4 = 13	15 - 9 = 6	11 - 8 = 3	6 + 1 = 7	13 - 9 = 4	8 - 3 = 5	5 + 2 = 7
16 - 8 = 8	9 + 3 = 12	14 - 7 = 7	2 + 6 = 8	15 - 7 = 8	8 - 7 = 1	5 - 3 = 2	4 + 3 = 7	3 + 9 = 12
10 - 8 = 2	12 - 7 = 5	3 + 7 = 10	4 + 7 = 11	6 + 9 = 15	9 - 8 = 1	4 - 2 = 2	7 - 6 = 1	7 + 7 = 14

175

4 + 4 = 8	4 - 3 = 1	1 + 4 = 5	5 - 3 = 2	3 - 2 = 1	5 + 3 = 8	8 + 4 = 12	4 - 2 = 2	13 - 6 = 7
8 + 2 = 10	13 - 5 = 8	7 + 1 = 8	5 + 7 = 12	6 - 5 = 1	17 - 8 = 9	7 - 4 = 3	7 + 7 = 14	6 - 3 = 3
9 - 0 = 9	4 + 3 = 7	16 - 7 = 9	6 + 2 = 8	2 + 3 = 5	9 + 9 = 18	2 + 2 = 4	12 - 7 = 5	10 - 8 = 2
4 + 2 = 6	1 + 5 = 6	5 - 4 = 1	9 + 6 = 15	11 - 8 = 3	2 + 5 = 7	14 - 7 = 7	5 + 2 = 7	9 - 6 = 3
18 - 9 = 9	8 + 6 = 14	9 + 3 = 12	16 - 8 = 8	5 + 9 = 14	14 - 8 = 6	13 - 7 = 6	9 - 7 = 2	7 - 5 = 2
14 - 6 = 8	5 + 8 = 13	6 - 2 = 4	6 + 7 = 13	15 - 7 = 8	8 + 5 = 13	3 + 7 = 10	10 - 4 = 6	4 + 5 = 9
2 + 6 = 8	9 + 7 = 16	17 - 9 = 8	15 - 9 = 6	3 + 3 = 6	4 + 9 = 13	2 + 8 = 10	15 - 8 = 7	11 - 3 = 8
7 - 3 = 4	7 + 9 = 16	5 + 4 = 9	6 + 8 = 14	12 - 6 = 6	6 + 6 = 12	2 + 9 = 11	1 + 2 = 3	7 + 3 = 10
1 + 3 = 4	13 - 4 = 9	8 - 7 = 1	9 + 2 = 11	8 - 5 = 3	6 - 4 = 2	16 - 9 = 7	8 + 7 = 15	12 - 8 = 4

176

4 + 8 = 12	5 - 4 = 1	7 - 3 = 4	11 - 7 = 4	3 - 2 = 1	9 - 2 = 7	7 + 3 = 10	6 + 5 = 11	3 + 5 = 8
9 - 1 = 8	9 + 2 = 11	7 + 1 = 8	2 + 2 = 4	7 - 5 = 2	16 - 9 = 7	17 - 8 = 9	13 - 8 = 5	14 - 5 = 9
11 - 4 = 7	14 - 7 = 7	18 - 9 = 9	5 + 3 = 8	8 + 1 = 9	9 + 7 = 16	6 + 4 = 10	2 + 9 = 11	9 + 4 = 13
2 + 3 = 5	17 - 9 = 8	4 + 2 = 6	3 + 3 = 6	4 + 1 = 5	6 - 3 = 3	4 - 3 = 1	9 - 7 = 2	6 + 6 = 12
8 - 7 = 1	11 - 8 = 3	4 + 6 = 10	2 + 8 = 10	1 + 5 = 6	8 - 6 = 2	11 - 9 = 2	11 - 2 = 9	8 + 9 = 17
11 - 6 = 5	5 + 4 = 9	8 + 6 = 14	3 + 4 = 7	15 - 9 = 6	2 + 6 = 8	5 - 3 = 2	5 + 8 = 13	4 + 7 = 11
7 + 6 = 13	12 - 7 = 5	8 + 4 = 12	16 - 8 = 8	3 + 6 = 9	5 + 7 = 12	1 + 1 = 2	8 - 3 = 5	1 + 4 = 5
9 - 0 = 9	11 - 3 = 8	6 + 1 = 7	15 - 7 = 8	15 - 6 = 9	5 + 5 = 10	10 - 3 = 7	6 + 2 = 8	2 + 7 = 9
10 - 4 = 6	15 - 8 = 7	10 - 9 = 1	8 - 2 = 6	5 + 6 = 11	13 - 4 = 9	3 + 8 = 11	7 - 2 = 5	7 + 8 = 15

177

6 + 1 = 7	10 - 4 = 6	11 - 6 = 5	7 + 4 = 11	7 + 7 = 14	10 - 8 = 2	8 - 3 = 5	2 + 5 = 7	13 - 6 = 7
6 - 2 = 4	15 - 6 = 9	3 + 6 = 9	2 + 3 = 5	4 - 3 = 1	14 - 8 = 6	1 + 4 = 5	18 - 9 = 9	4 + 7 = 11
3 + 5 = 8	12 - 4 = 8	7 + 8 = 15	9 + 4 = 13	9 + 7 = 16	1 + 5 = 6	3 + 8 = 11	9 + 6 = 15	2 + 7 = 9
4 + 8 = 12	6 + 2 = 8	12 - 6 = 6	7 + 3 = 10	3 - 2 = 1	6 + 8 = 14	6 - 3 = 3	9 - 7 = 2	17 - 9 = 8
2 + 2 = 4	9 + 3 = 12	11 - 3 = 8	5 - 4 = 1	4 + 6 = 10	8 - 5 = 3	8 - 7 = 1	6 - 5 = 1	8 + 2 = 10
5 + 3 = 8	15 - 8 = 7	5 - 3 = 2	7 - 3 = 4	7 - 5 = 2	12 - 5 = 7	2 + 1 = 3	3 + 2 = 5	5 + 6 = 11
5 + 4 = 9	1 + 2 = 3	6 + 5 = 11	8 + 3 = 11	17 - 8 = 9	7 + 2 = 9	6 - 4 = 2	8 - 4 = 4	5 + 9 = 14
12 - 8 = 4	16 - 9 = 7	8 + 9 = 17	11 - 7 = 4	7 + 6 = 13	16 - 7 = 9	8 + 6 = 14	8 - 6 = 2	13 - 5 = 8
13 - 8 = 5	2 + 9 = 11	9 + 2 = 11	3 + 3 = 6	6 + 9 = 15	12 - 7 = 5	11 - 9 = 2	13 - 9 = 4	7 - 2 = 5

178

5 - 4 = 1	8 + 7 = 15	5 + 1 = 6	14 - 7 = 7	14 - 8 = 6	7 - 5 = 2	16 - 7 = 9	8 + 3 = 11	6 + 8 = 14
2 + 5 = 7	7 + 8 = 15	9 + 8 = 17	4 - 2 = 2	12 - 8 = 4	11 - 5 = 6	1 + 5 = 6	10 - 4 = 6	6 - 4 = 2
8 - 7 = 1	4 + 7 = 11	2 + 7 = 9	17 - 8 = 9	18 - 9 = 9	6 + 4 = 10	3 + 1 = 4	6 + 6 = 12	16 - 8 = 8
15 - 8 = 7	3 - 2 = 1	16 - 9 = 7	7 + 2 = 9	5 + 5 = 10	8 - 6 = 2	12 - 7 = 5	15 - 9 = 6	17 - 9 = 8
4 + 6 = 10	8 + 4 = 12	4 + 8 = 12	3 + 3 = 6	2 + 2 = 4	6 + 7 = 13	13 - 8 = 5	5 - 3 = 2	7 + 5 = 12
3 + 8 = 11	10 - 3 = 7	3 + 2 = 5	9 - 8 = 1	11 - 8 = 3	15 - 7 = 8	9 - 7 = 2	2 + 6 = 8	10 - 9 = 1
4 + 4 = 8	9 + 6 = 15	8 - 5 = 3	5 - 2 = 3	9 + 7 = 16	2 + 8 = 10	8 + 5 = 13	10 - 8 = 2	1 + 1 = 2
8 - 3 = 5	2 + 3 = 5	4 - 3 = 1	3 + 5 = 8	7 + 3 = 10	7 - 3 = 4	7 + 1 = 8	8 - 4 = 4	14 - 9 = 5
7 + 4 = 11	8 + 2 = 10	1 + 7 = 8	7 + 7 = 14	11 - 3 = 8	10 - 7 = 3	1 + 2 = 3	4 + 5 = 9	14 - 6 = 8

179

9 + 5 = 14	15 - 6 = 9	4 + 6 = 10	5 - 4 = 1	17 - 8 = 9	3 + 2 = 5	6 + 4 = 10	3 + 8 = 11	2 + 3 = 5
3 + 6 = 9	14 - 7 = 7	15 - 9 = 6	9 - 0 = 9	10 - 7 = 3	9 - 3 = 6	5 + 2 = 7	4 + 8 = 12	10 - 8 = 2
2 + 4 = 6	3 - 2 = 1	8 + 9 = 17	14 - 8 = 6	9 - 7 = 2	13 - 9 = 4	9 + 2 = 11	3 + 7 = 10	11 - 5 = 6
4 + 4 = 8	2 + 8 = 10	12 - 7 = 5	10 - 4 = 6	6 - 5 = 1	4 - 3 = 1	16 - 8 = 8	2 + 2 = 4	6 - 3 = 3
9 - 8 = 1	7 - 3 = 4	12 - 9 = 3	13 - 6 = 7	5 + 4 = 9	16 - 9 = 7	6 + 3 = 9	13 - 4 = 9	5 + 8 = 13
8 + 1 = 9	8 + 4 = 12	4 + 1 = 5	10 - 1 = 9	4 + 5 = 9	2 + 5 = 7	13 - 8 = 5	7 - 5 = 2	16 - 7 = 9
14 - 5 = 9	17 - 9 = 8	4 - 2 = 2	1 + 5 = 6	5 + 6 = 11	5 - 3 = 2	9 + 3 = 12	8 - 7 = 1	2 + 1 = 3
12 - 5 = 7	8 + 2 = 10	7 + 3 = 10	15 - 8 = 7	8 + 5 = 13	4 + 7 = 11	2 + 9 = 11	7 + 7 = 14	7 + 5 = 12
11 - 6 = 5	9 - 2 = 7	6 + 1 = 7	3 + 3 = 6	8 + 3 = 11	8 - 6 = 2	7 + 8 = 15	7 + 4 = 11	3 + 4 = 7

180

16 - 9 = 7	2 + 7 = 9	8 + 4 = 12	1 + 2 = 3	2 + 4 = 6	11 - 7 = 4	7 + 8 = 15	7 - 4 = 3	4 - 3 = 1
5 + 7 = 12	9 - 5 = 4	8 - 7 = 1	17 - 9 = 8	17 - 8 = 9	6 - 5 = 1	10 - 6 = 4	5 + 8 = 13	1 + 8 = 9
5 + 4 = 9	12 - 3 = 9	14 - 5 = 9	16 - 8 = 8	3 + 6 = 9	3 + 3 = 6	8 + 5 = 13	8 - 2 = 6	3 + 1 = 4
3 + 4 = 7	14 - 6 = 8	15 - 6 = 9	5 - 4 = 1	10 - 5 = 5	10 - 4 = 6	8 + 3 = 11	2 + 3 = 5	5 - 3 = 2
7 - 6 = 1	13 - 5 = 8	6 + 2 = 8	6 - 4 = 2	6 + 8 = 14	18 - 9 = 9	3 - 2 = 1	9 - 6 = 3	15 - 9 = 6
12 - 9 = 3	10 - 3 = 7	8 - 6 = 2	8 - 5 = 3	6 + 5 = 11	8 + 2 = 10	6 + 9 = 15	7 + 6 = 13	6 + 6 = 12
3 + 5 = 8	5 + 6 = 11	2 + 6 = 8	4 + 6 = 10	4 - 2 = 2	5 + 2 = 7	9 + 7 = 16	7 + 3 = 10	13 - 8 = 5
11 - 4 = 7	9 - 1 = 8	7 + 4 = 11	4 + 9 = 13	11 - 6 = 5	2 + 8 = 10	3 + 8 = 11	15 - 7 = 8	9 + 3 = 12
8 + 1 = 9	15 - 8 = 7	14 - 7 = 7	7 + 9 = 16	1 + 3 = 4	9 + 2 = 11	7 + 5 = 12	12 - 7 = 5	5 + 3 = 8

181

3 + 1 = 4	2 + 3 = 5	11 - 6 = 5	13 - 6 = 7	2 + 6 = 8	4 + 6 = 10	16 - 7 = 9	11 - 3 = 8	6 - 3 = 3
3 + 7 = 10	5 - 3 = 2	4 - 3 = 1	6 + 3 = 9	4 + 8 = 12	10 - 3 = 7	2 + 4 = 6	7 + 6 = 13	4 + 5 = 9
5 + 8 = 13	3 + 3 = 6	16 - 9 = 7	4 + 7 = 11	6 - 4 = 2	3 + 9 = 12	13 - 4 = 9	9 + 5 = 14	8 - 4 = 4
9 + 4 = 13	9 - 5 = 4	14 - 6 = 8	9 - 0 = 9	1 + 7 = 8	5 + 3 = 8	7 - 4 = 3	5 + 9 = 14	5 - 4 = 1
11 - 4 = 7	15 - 8 = 7	13 - 8 = 5	14 - 8 = 6	2 + 7 = 9	15 - 7 = 8	15 - 9 = 6	7 + 7 = 14	4 + 1 = 5
12 - 6 = 6	7 + 8 = 15	18 - 9 = 9	16 - 8 = 8	4 - 2 = 2	4 + 3 = 7	3 + 8 = 11	8 + 7 = 15	4 + 9 = 13
2 + 5 = 7	8 - 5 = 3	12 - 8 = 4	13 - 7 = 6	12 - 7 = 5	6 - 5 = 1	9 + 6 = 15	9 - 4 = 5	3 + 4 = 7
6 + 2 = 8	17 - 9 = 8	9 + 3 = 12	11 - 9 = 2	5 + 2 = 7	12 - 4 = 8	7 + 9 = 16	14 - 7 = 7	14 - 5 = 9
1 + 2 = 3	3 + 2 = 5	7 - 5 = 2	13 - 9 = 4	5 + 7 = 12	9 + 7 = 16	5 + 4 = 9	8 + 5 = 13	7 + 4 = 11

182

8 + 4 12	8 - 5 3	5 + 4 9	2 + 8 10	9 + 9 18	2 + 7 9	4 - 2 2	9 - 8 1	2 + 6 8
5 + 5 10	5 - 4 1	1 + 9 10	15 - 7 8	5 + 7 12	8 - 4 4	4 + 8 12	7 - 5 2	7 - 4 3
6 + 1 7	7 - 2 5	1 + 5 6	3 - 2 1	9 - 1 8	9 - 7 2	7 + 7 14	9 + 7 16	17 - 9 8
8 + 5 13	14 - 7 7	3 + 7 10	3 + 3 6	1 + 2 3	7 - 6 1	15 - 6 9	3 + 8 11	5 - 3 2
11 - 4 7	4 + 4 8	6 + 4 10	17 - 8 9	4 + 9 13	5 - 2 3	2 + 3 5	4 - 3 1	9 + 4 13
9 + 6 15	4 + 7 11	4 + 3 7	13 - 6 7	16 - 9 7	7 + 8 15	6 - 3 3	5 + 3 8	10 - 2 8
6 - 5 1	13 - 7 6	7 + 2 9	8 + 8 16	6 + 3 9	11 - 7 4	5 + 2 7	5 + 1 6	7 - 3 4
10 - 5 5	6 - 4 2	9 - 3 6	8 + 6 14	5 + 6 11	14 - 8 6	7 + 4 11	8 + 3 11	11 - 8 3
11 - 6 5	6 + 2 8	14 - 6 8	12 - 4 8	16 - 8 8	9 - 4 5	2 + 2 4	8 - 7 1	7 + 6 13

183

8 - 6 2	2 + 7 9	8 + 5 13	11 - 6 5	4 + 1 5	18 - 9 9	17 - 8 9	5 + 8 13	5 + 6 11
16 - 8 8	5 + 7 12	9 + 5 14	6 - 3 3	14 - 7 7	1 + 8 9	6 + 5 11	3 + 3 6	1 + 3 4
10 - 3 7	11 - 5 6	3 - 2 1	9 - 2 7	7 + 8 15	9 - 1 8	2 + 4 6	6 + 4 10	12 - 4 8
4 + 4 8	5 - 3 2	3 + 5 8	9 - 3 6	7 + 2 9	4 + 7 11	5 - 4 1	5 + 9 14	4 + 6 10
10 - 6 4	4 - 2 2	7 - 6 1	6 + 2 8	8 - 3 5	4 + 9 13	7 + 5 12	10 - 7 3	12 - 7 5
10 - 4 6	1 + 2 3	10 - 2 8	8 + 7 15	15 - 8 7	15 - 7 8	17 - 9 8	12 - 6 6	16 - 7 9
6 - 5 1	2 + 2 4	8 + 4 12	15 - 9 6	2 + 5 7	3 + 2 5	7 + 7 14	5 + 5 10	7 + 4 11
13 - 7 6	9 - 7 2	9 - 0 9	2 + 8 10	4 + 5 9	3 + 9 12	14 - 8 6	8 + 3 11	8 + 8 16
15 - 6 9	8 + 2 10	6 + 9 15	6 - 2 4	13 - 5 8	2 + 9 11	14 - 5 9	8 + 9 17	4 - 3 1

184

15 - 9 6	13 - 8 5	7 + 3 10	5 + 3 8	6 + 6 12	2 + 5 7	10 - 5 5	8 - 2 6	2 + 9 11
5 + 8 13	9 + 5 14	2 + 3 5	7 - 4 3	3 + 7 10	3 + 9 12	9 - 4 5	15 - 7 8	7 - 5 2
10 - 4 6	5 + 6 11	4 + 7 11	12 - 6 6	7 - 3 4	11 - 5 6	7 + 6 13	2 + 1 3	4 + 8 12
2 + 8 10	8 - 4 4	5 + 4 9	14 - 8 6	4 - 2 2	13 - 6 7	6 - 4 2	5 - 2 3	15 - 8 7
18 - 9 9	3 + 4 7	6 - 5 1	12 - 7 5	6 - 2 4	9 - 6 3	1 + 7 8	6 + 7 13	9 + 6 15
13 - 4 9	17 - 9 8	14 - 6 8	4 + 5 9	9 + 7 16	11 - 3 8	7 + 9 16	7 + 1 8	3 + 3 6
5 - 3 2	8 + 5 13	5 + 2 7	4 - 3 1	4 + 2 6	13 - 7 6	6 + 3 9	5 + 7 12	2 + 6 8
8 + 3 11	8 - 3 5	4 + 6 10	9 + 4 13	8 - 5 3	13 - 5 8	1 + 2 3	10 - 3 7	3 + 5 8
8 + 7 15	11 - 6 5	8 - 7 1	16 - 8 8	4 + 1 5	5 + 5 10	11 - 8 3	4 + 3 7	11 - 7 4

185

1 + 5 6	11 - 3 8	5 + 9 14	14 - 8 6	7 + 4 11	4 - 3 1	8 + 2 10	2 + 4 6	4 + 7 11
5 + 2 7	7 - 5 2	6 - 5 1	5 + 8 13	2 + 3 5	6 - 3 3	9 + 2 11	5 + 1 6	2 + 8 10
5 + 4 9	3 - 2 1	2 + 6 8	3 + 1 4	13 - 7 6	5 - 3 2	7 + 7 14	3 + 9 12	8 + 1 9
17 - 8 9	17 - 9 8	4 + 4 8	6 + 3 9	7 - 3 4	4 - 2 2	18 - 9 9	3 + 2 5	10 - 7 3
12 - 9 3	14 - 5 9	6 - 4 2	10 - 8 2	3 + 3 6	11 - 6 5	11 - 7 4	12 - 7 5	11 - 4 7
13 - 4 9	8 - 4 4	7 - 2 5	1 + 3 4	4 + 5 9	9 - 2 7	7 + 2 9	7 - 4 3	9 + 9 18
4 + 6 10	6 + 1 7	8 + 5 13	9 + 5 14	16 - 7 9	9 + 8 17	9 - 8 1	9 - 6 3	9 - 0 9
9 + 6 15	8 + 6 14	16 - 8 8	4 + 3 7	7 + 3 10	10 - 3 7	13 - 9 4	13 - 6 7	3 + 8 11
3 + 6 9	5 + 3 8	3 + 7 10	1 + 9 10	8 + 3 11	15 - 6 9	10 - 2 8	14 - 9 5	8 - 3 5

186

187

9 − 5 = 4	5 − 4 = 1	8 + 3 = 11	3 + 8 = 11	3 + 9 = 12	12 − 8 = 4	16 − 9 = 7	9 + 8 = 17	15 − 7 = 8
1 + 1 = 2	8 + 7 = 15	3 − 2 = 1	4 + 5 = 9	6 − 3 = 3	6 + 3 = 9	1 + 5 = 6	5 + 9 = 14	4 − 2 = 2
12 − 6 = 6	13 − 6 = 7	17 − 8 = 9	2 + 3 = 5	4 + 7 = 11	7 + 6 = 13	12 − 4 = 8	11 − 7 = 4	10 − 7 = 3
7 − 5 = 2	3 + 2 = 5	3 + 5 = 8	11 − 2 = 9	8 + 1 = 9	13 − 7 = 6	5 + 8 = 13	8 − 3 = 5	5 − 2 = 3
14 − 5 = 9	18 − 9 = 9	6 + 8 = 14	6 + 2 = 8	6 − 5 = 1	12 − 7 = 5	16 − 8 = 8	5 + 3 = 8	10 − 4 = 6
4 + 3 = 7	7 − 3 = 4	7 + 7 = 14	3 + 4 = 7	4 + 8 = 12	1 + 6 = 7	2 + 8 = 10	16 − 7 = 9	5 + 4 = 9
8 + 8 = 16	1 + 3 = 4	7 + 5 = 12	17 − 9 = 8	2 + 6 = 8	13 − 9 = 4	14 − 7 = 7	7 + 4 = 11	9 − 4 = 5
3 + 6 = 9	15 − 6 = 9	5 + 2 = 7	12 − 9 = 3	2 + 7 = 9	14 − 8 = 6	13 − 8 = 5	8 + 9 = 17	5 − 3 = 2
4 − 3 = 1	6 + 5 = 11	8 − 2 = 6	8 + 5 = 13	1 + 4 = 5	3 + 3 = 6	15 − 9 = 6	10 − 8 = 2	2 + 2 = 4

188

11 − 5 = 6	7 + 2 = 9	8 + 2 = 10	4 + 4 = 8	7 + 7 = 14	2 + 9 = 11	2 + 7 = 9	14 − 9 = 5	8 − 7 = 1
3 + 4 = 7	10 − 2 = 8	6 − 4 = 2	4 − 2 = 2	11 − 6 = 5	12 − 4 = 8	6 − 5 = 1	13 − 6 = 7	7 − 6 = 1
14 − 5 = 9	6 − 3 = 3	1 + 9 = 10	12 − 5 = 7	15 − 7 = 8	11 − 3 = 8	1 + 2 = 3	15 − 8 = 7	6 + 5 = 11
7 + 1 = 8	5 + 7 = 12	2 + 3 = 5	1 + 6 = 7	8 + 5 = 13	8 + 7 = 15	5 + 2 = 7	16 − 8 = 8	9 − 6 = 3
4 + 7 = 11	4 + 3 = 7	3 − 2 = 1	3 + 2 = 5	14 − 8 = 6	3 + 6 = 9	12 − 6 = 6	7 + 3 = 10	4 + 8 = 12
11 − 7 = 4	6 + 1 = 7	2 + 2 = 4	4 + 2 = 6	7 − 3 = 4	18 − 9 = 9	10 − 8 = 2	7 + 6 = 13	10 − 9 = 1
2 + 5 = 7	4 + 1 = 5	16 − 7 = 9	12 − 7 = 5	10 − 5 = 5	15 − 9 = 6	13 − 4 = 9	9 + 3 = 12	6 + 7 = 13
7 − 4 = 3	5 − 3 = 2	7 + 5 = 12	5 + 4 = 9	17 − 9 = 8	9 + 1 = 10	5 + 8 = 13	10 − 1 = 9	13 − 5 = 8
13 − 8 = 5	3 + 3 = 6	2 + 4 = 6	9 − 2 = 7	3 + 9 = 12	5 + 5 = 10	8 + 3 = 11	16 − 9 = 7	2 + 1 = 3

189

1 + 8 = 9	7 − 5 = 2	11 − 5 = 6	16 − 9 = 7	13 − 8 = 5	14 − 8 = 6	8 − 3 = 5	3 − 2 = 1	6 + 1 = 7
12 − 7 = 5	10 − 7 = 3	17 − 8 = 9	5 + 7 = 12	18 − 9 = 9	6 − 4 = 2	5 − 4 = 1	2 + 7 = 9	6 + 4 = 10
6 + 6 = 12	15 − 7 = 8	7 − 4 = 3	2 + 3 = 5	17 − 9 = 8	5 + 5 = 10	5 + 3 = 8	8 + 5 = 13	10 − 2 = 8
6 + 2 = 8	4 + 5 = 9	9 − 7 = 2	9 + 5 = 14	5 + 4 = 9	14 − 9 = 5	9 − 2 = 7	7 + 7 = 14	9 − 6 = 3
8 + 4 = 12	12 − 8 = 4	6 + 3 = 9	5 − 3 = 2	5 + 1 = 6	16 − 8 = 8	3 + 7 = 10	3 + 6 = 9	4 + 9 = 13
8 + 9 = 17	8 − 4 = 4	13 − 4 = 9	6 + 8 = 14	14 − 5 = 9	6 − 3 = 3	4 + 1 = 5	15 − 9 = 6	2 + 1 = 3
9 − 3 = 6	2 + 8 = 10	12 − 5 = 7	16 − 7 = 9	5 + 9 = 14	3 + 8 = 11	3 + 9 = 12	1 + 5 = 6	8 + 8 = 16
7 − 2 = 5	9 + 1 = 10	4 + 4 = 8	8 − 6 = 2	5 − 2 = 3	7 + 5 = 12	8 − 5 = 3	2 + 2 = 4	4 − 2 = 2
6 + 7 = 13	11 − 9 = 2	1 + 6 = 7	7 + 3 = 10	8 + 2 = 10	4 + 8 = 12	14 − 6 = 8	9 + 7 = 16	9 − 8 = 1

190

9 + 2 = 11	10 − 2 = 8	8 − 3 = 5	17 − 8 = 9	4 − 3 = 1	8 + 3 = 11	5 + 1 = 6	3 + 6 = 9	14 − 7 = 7
17 − 9 = 8	3 + 8 = 11	6 + 2 = 8	18 − 9 = 9	12 − 9 = 3	8 + 7 = 15	8 + 6 = 14	8 + 8 = 16	7 + 5 = 12
9 − 4 = 5	2 + 2 = 4	14 − 9 = 5	10 − 7 = 3	5 + 7 = 12	9 − 5 = 4	5 − 3 = 2	2 + 5 = 7	8 − 7 = 1
1 + 1 = 2	15 − 9 = 6	4 + 5 = 9	5 + 2 = 7	7 + 2 = 9	6 − 5 = 1	3 − 2 = 1	10 − 9 = 1	7 − 4 = 3
9 + 9 = 18	16 − 9 = 7	12 − 3 = 9	15 − 8 = 7	8 + 4 = 12	13 − 7 = 6	5 + 3 = 8	4 + 9 = 13	6 + 9 = 15
5 + 4 = 9	15 − 6 = 9	2 + 7 = 9	7 + 7 = 14	6 + 3 = 9	10 − 4 = 6	7 + 1 = 8	12 − 7 = 5	5 − 2 = 3
9 + 7 = 16	15 − 7 = 8	6 − 4 = 2	13 − 9 = 4	6 + 8 = 14	6 − 3 = 3	2 + 4 = 6	1 + 8 = 9	7 + 4 = 11
6 + 1 = 7	16 − 8 = 8	8 − 4 = 4	4 − 2 = 2	4 + 3 = 7	11 − 7 = 4	7 − 6 = 1	2 + 8 = 10	9 − 7 = 2
1 + 2 = 3	8 − 5 = 3	2 + 1 = 3	2 + 3 = 5	3 + 3 = 6	1 + 7 = 8	13 − 6 = 7	3 + 5 = 8	5 − 4 = 1

13 - 7 = 6	9 + 1 = 10	9 - 1 = 8	4 + 4 = 8	3 + 3 = 6	13 - 8 = 5	9 - 5 = 4	5 - 4 = 1	13 - 5 = 8
14 - 8 = 6	4 - 2 = 2	3 + 4 = 7	5 + 2 = 7	7 + 2 = 9	3 + 5 = 8	14 - 5 = 9	9 - 7 = 2	3 + 6 = 9
2 + 3 = 5	8 + 3 = 11	4 + 6 = 10	8 + 4 = 12	8 + 7 = 15	6 - 2 = 4	6 + 8 = 14	6 + 4 = 10	4 + 7 = 11
7 + 5 = 12	16 - 8 = 8	2 + 4 = 6	7 + 1 = 8	8 + 2 = 10	1 + 6 = 7	18 - 9 = 9	3 + 8 = 11	11 - 6 = 5
9 - 4 = 5	5 - 3 = 2	11 - 8 = 3	2 + 6 = 8	4 - 3 = 1	12 - 8 = 4	10 - 9 = 1	15 - 8 = 7	17 - 9 = 8
7 + 4 = 11	2 + 9 = 11	10 - 7 = 3	11 - 3 = 8	11 - 4 = 7	9 - 2 = 7	4 + 1 = 5	13 - 6 = 7	6 - 5 = 1
9 - 6 = 3	8 - 4 = 4	7 - 2 = 5	5 + 7 = 12	14 - 6 = 8	12 - 4 = 8	10 - 8 = 2	5 + 8 = 13	8 + 8 = 16
3 - 2 = 1	8 - 5 = 3	5 + 5 = 10	16 - 7 = 9	7 + 7 = 14	11 - 5 = 6	6 + 3 = 9	2 + 5 = 7	8 + 6 = 14
1 + 4 = 5	3 + 2 = 5	6 - 4 = 2	1 + 8 = 9	3 + 7 = 10	2 + 2 = 4	4 + 8 = 12	6 - 3 = 3	4 + 3 = 7

191

5 + 6 = 11	2 + 3 = 5	6 + 2 = 8	15 - 9 = 6	3 + 9 = 12	10 - 9 = 1	9 - 3 = 6	3 - 2 = 1	8 + 6 = 14
10 - 4 = 6	5 + 4 = 9	7 + 7 = 14	7 + 4 = 11	12 - 4 = 8	5 + 1 = 6	6 + 3 = 9	2 + 7 = 9	4 + 8 = 12
6 + 6 = 12	12 - 8 = 4	5 + 5 = 10	9 + 3 = 12	6 - 3 = 3	7 + 5 = 12	5 - 4 = 1	1 + 2 = 3	14 - 6 = 8
4 + 7 = 11	7 - 3 = 4	9 + 2 = 11	10 - 2 = 8	7 + 3 = 10	10 - 7 = 3	8 + 9 = 17	7 + 9 = 16	15 - 8 = 7
17 - 9 = 8	6 + 7 = 13	11 - 4 = 7	4 + 6 = 10	8 - 7 = 1	8 - 2 = 6	4 - 3 = 1	6 + 5 = 11	5 - 3 = 2
8 + 7 = 15	12 - 5 = 7	16 - 8 = 8	9 - 4 = 5	13 - 4 = 9	6 + 4 = 10	14 - 9 = 5	9 + 5 = 14	13 - 6 = 7
11 - 3 = 8	11 - 5 = 6	6 - 4 = 2	5 - 2 = 3	6 + 9 = 15	1 + 8 = 9	1 + 6 = 7	10 - 6 = 4	14 - 8 = 6
9 - 7 = 2	17 - 8 = 9	14 - 7 = 7	2 + 6 = 8	4 + 2 = 6	10 - 3 = 7	18 - 9 = 9	9 + 4 = 13	8 - 3 = 5
3 + 8 = 11	8 + 5 = 13	16 - 9 = 7	3 + 1 = 4	2 + 8 = 10	2 + 9 = 11	5 + 7 = 12	8 - 6 = 2	3 + 3 = 6

192

13 - 4 = 9	7 - 6 = 1	11 - 9 = 2	18 - 9 = 9	5 + 4 = 9	3 - 2 = 1	4 + 4 = 8	7 + 6 = 13	12 - 5 = 7
2 + 5 = 7	13 - 5 = 8	7 + 9 = 16	5 - 3 = 2	4 + 2 = 6	5 - 4 = 1	4 + 1 = 5	15 - 8 = 7	12 - 8 = 4
2 + 7 = 9	6 + 3 = 9	8 - 2 = 6	5 + 2 = 7	3 + 9 = 12	1 + 5 = 6	17 - 9 = 8	5 - 2 = 3	5 + 5 = 10
4 + 9 = 13	8 + 6 = 14	3 + 4 = 7	13 - 9 = 4	4 + 3 = 7	9 - 5 = 4	4 + 8 = 12	8 - 6 = 2	7 + 7 = 14
6 - 5 = 1	3 + 6 = 9	13 - 6 = 7	2 + 8 = 10	1 + 9 = 10	1 + 7 = 8	9 - 4 = 5	8 - 5 = 3	9 - 3 = 6
14 - 8 = 6	16 - 8 = 8	7 + 5 = 12	3 + 5 = 8	5 + 3 = 8	8 + 3 = 11	11 - 7 = 4	16 - 9 = 7	3 + 2 = 5
4 + 7 = 11	6 + 7 = 13	8 - 3 = 5	14 - 5 = 9	5 + 7 = 12	10 - 8 = 2	8 + 2 = 10	13 - 8 = 5	4 + 6 = 10
11 - 6 = 5	10 - 1 = 9	8 + 5 = 13	9 + 4 = 13	12 - 6 = 6	4 - 3 = 1	2 + 1 = 3	11 - 3 = 8	9 - 0 = 9
2 + 9 = 11	15 - 7 = 8	2 + 4 = 6	3 + 8 = 11	14 - 6 = 8	12 - 4 = 8	7 - 5 = 2	8 + 1 = 9	7 + 1 = 8

193

10 - 5 = 5	17 - 8 = 9	7 + 5 = 12	4 + 3 = 7	4 + 7 = 11	6 + 4 = 10	6 + 1 = 7	10 - 2 = 8	1 + 1 = 2
2 + 7 = 9	4 - 3 = 1	3 + 3 = 6	5 + 5 = 10	9 - 1 = 8	17 - 9 = 8	8 - 5 = 3	9 - 4 = 5	10 - 9 = 1
3 + 5 = 8	4 + 4 = 8	1 + 7 = 8	4 + 8 = 12	16 - 8 = 8	8 - 6 = 2	1 + 8 = 9	14 - 6 = 8	6 - 5 = 1
3 + 6 = 9	5 - 2 = 3	2 + 5 = 7	6 - 2 = 4	9 - 2 = 7	6 + 6 = 12	14 - 8 = 6	9 + 7 = 16	8 + 3 = 11
7 + 2 = 9	8 - 2 = 6	4 + 2 = 6	2 + 4 = 6	8 + 4 = 12	6 + 3 = 9	6 + 8 = 14	3 + 8 = 11	7 - 5 = 2
8 + 7 = 15	2 + 9 = 11	13 - 5 = 8	9 + 8 = 17	7 + 3 = 10	6 - 4 = 2	5 - 4 = 1	8 - 3 = 5	11 - 6 = 5
8 + 2 = 10	3 - 2 = 1	5 + 2 = 7	5 - 3 = 2	16 - 7 = 9	10 - 7 = 3	5 + 6 = 11	7 - 3 = 4	14 - 7 = 7
7 + 7 = 14	2 + 6 = 8	11 - 4 = 7	12 - 8 = 4	15 - 8 = 7	11 - 8 = 3	4 + 6 = 10	6 + 9 = 15	6 + 2 = 8
9 - 6 = 3	3 + 7 = 10	9 - 8 = 1	4 - 2 = 2	8 + 9 = 17	5 + 7 = 12	6 - 3 = 3	12 - 7 = 5	18 - 9 = 9

194

9 - 8 = 1	5 + 6 = 11	8 - 4 = 4	14 - 5 = 9	3 + 3 = 6	13 - 7 = 6	2 + 8 = 10	8 - 6 = 2	5 + 8 = 13
3 + 4 = 7	7 + 3 = 10	14 - 6 = 8	6 - 4 = 2	11 - 3 = 8	17 - 8 = 9	1 + 8 = 9	15 - 7 = 8	14 - 7 = 7
9 - 4 = 5	12 - 6 = 6	2 + 9 = 11	4 + 2 = 6	5 - 4 = 1	3 - 2 = 1	9 - 0 = 9	5 + 1 = 6	7 - 6 = 1
4 + 8 = 12	16 - 7 = 9	3 + 6 = 9	2 + 6 = 8	2 + 4 = 6	6 + 8 = 14	5 + 7 = 12	8 + 5 = 13	17 - 9 = 8
9 + 3 = 12	8 + 7 = 15	8 + 2 = 10	12 - 8 = 4	4 + 9 = 13	1 + 3 = 4	8 + 4 = 12	6 + 5 = 11	7 + 8 = 15
7 + 4 = 11	5 - 3 = 2	7 + 1 = 8	11 - 6 = 5	7 - 2 = 5	9 - 1 = 8	4 + 5 = 9	9 + 8 = 17	16 - 8 = 8
12 - 7 = 5	1 + 2 = 3	2 + 3 = 5	4 - 2 = 2	8 - 3 = 5	1 + 6 = 7	4 - 3 = 1	10 - 5 = 5	14 - 8 = 6
10 - 8 = 2	14 - 9 = 5	15 - 8 = 7	6 + 2 = 8	10 - 7 = 3	18 - 9 = 9	6 + 7 = 13	7 + 6 = 13	6 + 4 = 10
9 + 6 = 15	5 + 4 = 9	12 - 3 = 9	3 + 5 = 8	9 + 2 = 11	15 - 6 = 9	5 - 2 = 3	8 - 7 = 1	2 + 2 = 4

195

9 + 7 = 16	2 + 9 = 11	1 + 3 = 4	3 + 6 = 9	2 + 8 = 10	4 + 5 = 9	6 - 3 = 3	4 - 3 = 1	3 - 2 = 1
16 - 9 = 7	14 - 8 = 6	6 + 2 = 8	1 + 5 = 6	7 + 2 = 9	17 - 9 = 8	5 + 5 = 10	9 + 3 = 12	11 - 5 = 6
9 - 2 = 7	9 + 8 = 17	5 - 4 = 1	2 + 3 = 5	8 + 7 = 15	15 - 7 = 8	15 - 8 = 7	18 - 9 = 9	5 - 3 = 2
10 - 2 = 8	12 - 4 = 8	6 + 4 = 10	7 - 3 = 4	8 + 8 = 16	6 + 7 = 13	2 + 5 = 7	13 - 7 = 6	12 - 7 = 5
5 + 2 = 7	14 - 6 = 8	3 + 7 = 10	14 - 9 = 5	8 + 2 = 10	7 + 8 = 15	5 - 2 = 3	10 - 4 = 6	7 - 2 = 5
17 - 8 = 9	6 + 6 = 12	8 - 7 = 1	2 + 7 = 9	2 + 1 = 3	8 + 4 = 12	8 + 3 = 11	3 + 2 = 5	9 + 1 = 10
5 + 1 = 6	9 - 6 = 3	7 - 6 = 1	14 - 7 = 7	13 - 9 = 4	3 + 3 = 6	8 + 1 = 9	5 + 8 = 13	11 - 6 = 5
13 - 5 = 8	3 + 9 = 12	3 + 8 = 11	15 - 9 = 6	2 + 2 = 4	7 - 4 = 3	13 - 6 = 7	12 - 6 = 6	4 + 7 = 11
7 + 6 = 13	10 - 7 = 3	6 + 5 = 11	12 - 8 = 4	16 - 8 = 8	10 - 1 = 9	9 - 5 = 4	5 + 6 = 11	6 + 8 = 14

196

4 + 8 = 12	6 + 9 = 15	16 - 8 = 8	9 - 7 = 2	14 - 6 = 8	5 - 4 = 1	5 + 3 = 8	7 + 4 = 11	6 - 3 = 3
7 - 5 = 2	10 - 5 = 5	10 - 6 = 4	4 - 2 = 2	10 - 2 = 8	5 - 2 = 3	9 + 3 = 12	11 - 5 = 6	8 + 4 = 12
6 + 4 = 10	9 + 2 = 11	4 - 3 = 1	15 - 8 = 7	3 - 2 = 1	7 - 6 = 1	7 + 6 = 13	8 - 4 = 4	5 + 6 = 11
8 + 5 = 13	5 + 7 = 12	11 - 7 = 4	1 + 8 = 9	3 + 6 = 9	6 - 4 = 2	8 - 6 = 2	3 + 9 = 12	18 - 9 = 9
8 + 3 = 11	12 - 7 = 5	7 - 2 = 5	7 - 4 = 3	6 - 2 = 4	7 + 2 = 9	11 - 6 = 5	2 + 2 = 4	5 + 8 = 13
8 - 7 = 1	3 + 3 = 6	2 + 3 = 5	8 + 7 = 15	9 - 3 = 6	5 + 2 = 7	16 - 9 = 7	8 + 6 = 14	2 + 9 = 11
5 + 4 = 9	15 - 7 = 8	7 + 7 = 14	4 + 6 = 10	8 + 2 = 10	13 - 8 = 5	7 + 9 = 16	17 - 8 = 9	7 + 5 = 12
4 + 7 = 11	4 + 1 = 5	8 + 8 = 16	11 - 2 = 9	3 + 2 = 5	11 - 3 = 8	6 - 5 = 1	10 - 3 = 7	1 + 6 = 7
6 + 2 = 8	3 + 8 = 11	14 - 9 = 5	9 - 5 = 4	3 + 7 = 10	4 + 2 = 6	11 - 4 = 7	4 + 5 = 9	17 - 9 = 8

197

7 + 7 = 14	9 - 2 = 7	9 + 8 = 17	7 + 5 = 12	4 + 2 = 6	11 - 5 = 6	9 + 5 = 14	9 + 2 = 11	9 - 5 = 4
5 + 7 = 12	7 + 8 = 15	12 - 4 = 8	3 + 8 = 11	18 - 9 = 9	7 - 3 = 4	14 - 6 = 8	1 + 6 = 7	17 - 8 = 9
8 - 7 = 1	7 - 4 = 3	10 - 7 = 3	1 + 8 = 9	6 + 7 = 13	1 + 5 = 6	3 + 6 = 9	5 + 3 = 8	6 + 8 = 14
3 - 2 = 1	12 - 5 = 7	12 - 7 = 5	10 - 6 = 4	14 - 8 = 6	4 + 9 = 13	7 - 6 = 1	16 - 7 = 9	7 + 6 = 13
7 + 1 = 8	8 + 9 = 17	3 + 2 = 5	12 - 9 = 3	11 - 7 = 4	13 - 8 = 5	9 - 3 = 6	6 + 3 = 9	11 - 8 = 3
9 - 1 = 8	17 - 9 = 8	7 - 5 = 2	5 - 4 = 1	3 + 3 = 6	15 - 6 = 9	4 - 2 = 2	2 + 8 = 10	10 - 5 = 5
9 - 8 = 1	9 + 4 = 13	16 - 8 = 8	8 - 4 = 4	5 + 2 = 7	9 + 7 = 16	5 + 8 = 13	6 + 4 = 10	8 + 8 = 16
2 + 4 = 6	9 + 6 = 15	3 + 4 = 7	3 + 7 = 10	8 + 4 = 12	4 + 5 = 9	10 - 8 = 2	4 - 3 = 1	15 - 8 = 7
5 - 3 = 2	5 + 4 = 9	4 + 8 = 12	4 + 4 = 8	3 + 5 = 8	10 - 3 = 7	13 - 4 = 9	5 + 5 = 10	12 - 3 = 9

198

12 - 4 8	6 + 9 15	6 + 4 10	8 + 3 11	6 + 8 14	8 - 3 5	8 - 4 4	3 + 3 6	7 + 4 11
8 - 6 2	12 - 6 6	5 + 5 10	4 + 8 12	9 + 4 13	5 - 3 2	8 + 4 12	17 - 9 8	12 - 7 5
9 - 7 2	9 + 8 17	7 - 6 1	7 - 5 2	7 + 9 16	15 - 7 8	8 - 7 1	8 - 2 6	4 - 2 2
5 + 9 14	10 - 8 2	3 + 6 9	9 - 3 6	9 - 4 5	9 + 2 11	7 + 5 12	9 - 2 7	13 - 8 5
10 - 4 6	10 - 6 4	15 - 8 7	8 + 7 15	16 - 8 8	6 + 3 9	4 + 2 6	4 - 3 1	2 + 4 6
3 - 2 1	1 + 8 9	6 - 2 4	3 + 1 4	2 + 7 9	5 + 7 12	9 - 8 1	8 + 9 17	6 + 6 12
13 - 6 7	6 + 1 7	7 - 2 5	6 - 4 2	8 + 8 16	7 + 6 13	3 + 5 8	7 + 8 15	4 + 9 13
14 - 9 5	9 + 9 18	8 - 5 3	1 + 2 3	6 + 2 8	7 - 4 3	5 - 2 3	2 + 1 3	6 - 3 3
4 + 5 9	13 - 4 9	4 + 4 8	6 + 7 13	9 + 5 14	18 - 9 9	1 + 6 7	15 - 6 9	16 - 9 7

199

4 - 3 1	18 - 9 9	4 + 1 5	6 + 7 13	8 + 3 11	2 + 3 5	3 - 2 1	9 - 5 4	7 + 1 8
13 - 8 5	1 + 6 7	14 - 6 8	11 - 8 3	4 + 4 8	9 - 2 7	7 - 4 3	7 + 4 11	5 - 3 2
16 - 8 8	14 - 9 5	3 + 4 7	3 + 2 5	7 + 5 12	8 - 5 3	8 + 2 10	5 + 8 13	8 + 7 15
2 + 8 10	4 + 8 12	5 - 2 3	12 - 7 5	7 - 6 1	13 - 7 6	11 - 7 4	3 + 1 4	16 - 7 9
3 + 7 10	6 + 1 7	9 + 1 10	5 - 4 1	6 + 5 11	4 + 6 10	6 - 4 2	2 + 4 6	8 + 4 12
13 - 5 8	17 - 8 9	15 - 8 7	15 - 6 9	10 - 9 1	4 + 9 13	5 + 5 10	6 + 2 8	7 - 3 4
3 + 5 8	7 + 8 15	8 - 6 2	13 - 9 4	11 - 6 5	2 + 6 8	15 - 7 8	4 + 7 11	17 - 9 8
5 + 3 8	10 - 1 9	10 - 4 6	2 + 5 7	2 + 7 9	8 - 3 5	1 + 8 9	6 + 3 9	11 - 2 9
12 - 3 9	3 + 3 6	10 - 8 2	5 + 7 12	3 + 8 11	9 - 3 6	10 - 6 4	2 + 2 4	5 + 1 6

200

14 - 6 8	1 + 5 6	3 + 6 9	15 - 9 6	12 - 8 4	7 + 5 12	7 + 3 10	10 - 3 7	8 + 2 10
4 + 5 9	2 + 3 5	4 + 6 10	6 + 5 11	6 - 5 1	7 - 5 2	17 - 9 8	17 - 8 9	8 + 6 14
4 + 2 6	7 - 4 3	12 - 7 5	5 + 8 13	2 + 5 7	11 - 8 3	14 - 8 6	5 - 2 3	2 + 4 6
15 - 7 8	4 + 9 13	3 + 2 5	8 - 2 6	6 + 7 13	7 + 1 8	5 + 6 11	13 - 6 7	13 - 5 8
6 + 4 10	15 - 6 9	5 - 4 1	1 + 8 9	10 - 5 5	3 + 9 12	7 + 2 9	11 - 3 8	6 + 3 9
9 + 4 13	5 + 3 8	18 - 9 9	8 + 8 16	8 + 3 11	8 + 9 17	11 - 2 9	1 + 3 4	9 + 9 18
2 + 7 9	16 - 8 8	13 - 4 9	7 + 9 16	4 - 2 2	14 - 7 7	9 - 7 2	6 - 3 3	5 + 4 9
5 + 2 7	9 + 8 17	5 + 5 10	4 - 3 1	9 - 2 7	6 - 2 4	16 - 9 7	10 - 7 3	11 - 7 4
9 - 4 5	10 - 8 2	2 + 8 10	3 - 2 1	5 - 3 2	7 + 7 14	9 + 3 12	2 + 6 8	13 - 8 5

201

16 - 8 8	4 + 8 12	4 - 3 1	5 + 7 12	9 + 8 17	14 - 9 5	13 - 5 8	17 - 8 9	12 - 5 7
7 + 7 14	3 + 6 9	17 - 9 8	6 + 7 13	15 - 8 7	18 - 9 9	3 - 2 1	6 + 5 11	5 + 8 13
7 - 6 1	3 + 1 4	3 + 2 5	2 + 1 3	10 - 1 9	15 - 6 9	16 - 9 7	1 + 3 4	8 + 7 15
6 - 3 3	13 - 9 4	5 + 1 6	10 - 4 6	4 + 6 10	2 + 4 6	9 - 0 9	7 + 5 12	8 - 6 2
4 + 3 7	6 + 2 8	7 - 4 3	5 + 3 8	8 + 3 11	7 + 4 11	3 + 3 6	8 + 5 13	5 - 3 2
4 + 5 9	7 - 3 4	3 + 5 8	14 - 6 8	2 + 7 9	9 - 5 4	4 - 2 2	9 - 1 8	13 - 8 5
12 - 4 8	5 + 2 7	11 - 4 7	2 + 6 8	7 + 6 13	11 - 7 4	12 - 9 3	6 + 3 9	8 - 3 5
2 + 8 10	8 + 9 17	7 - 5 2	2 + 2 4	2 + 5 7	14 - 8 6	7 + 8 15	4 + 9 13	12 - 8 4
10 - 5 5	7 - 2 5	12 - 3 9	9 + 2 11	9 + 7 16	5 - 2 3	7 + 2 9	1 + 6 7	6 - 4 2

202